权威·前沿·原创

皮书系列为
"十二五""十三五"国家重点图书出版规划项目

河北蓝皮书

BLUE BOOK OF HEBEI

河北能源发展报告（2019）

ANNUAL REPORT ON ENERGY DEVELOPMENT OF HEBEI
(2019)

主　编／袁建普　康振海
副主编／郭占伍　唐丙元　刘　娟　魏孟举

社会科学文献出版社
SOCIAL SCIENCES ACADEMIC PRESS (CHINA)

图书在版编目(CIP)数据

河北能源发展报告.2019/袁建普,康振海主编. -- 北京：社会科学文献出版社，2019.10
（河北蓝皮书）
ISBN 978-7-5201-5544-1

Ⅰ.①河… Ⅱ.①袁…②康… Ⅲ.①能源发展-研究报告-河北-2019 Ⅳ.①F426.2

中国版本图书馆CIP数据核字（2019）第205262号

河北蓝皮书
河北能源发展报告（2019）

主　编／袁建普　康振海
副主编／郭占伍　唐丙元　刘　娟　魏孟举

出版人／谢寿光
组稿编辑／高振华
责任编辑／丁　凡

出　版／社会科学文献出版社·城市和绿色发展分社（010）59367143
　　　　　地址：北京市北三环中路甲29号院华龙大厦　邮编：100029
　　　　　网址：www.ssap.com.cn
发　行／市场营销中心（010）59367081　59367083
印　装／天津千鹤文化传播有限公司
规　格／开本：787mm×1092mm　1/16
　　　　　印张：17.25　字数：255千字
版　次／2019年10月第1版　2019年10月第1次印刷
书　号／ISBN 978-7-5201-5544-1
定　价／128.00元

本书如有印装质量问题，请与读者服务中心（010-59367028）联系

版权所有 翻印必究

《河北能源发展报告（2019）》编委会

主　编　袁建普　康振海

副主编　郭占伍　唐丙元　刘　娟　魏孟举

委　员（以姓氏笔画为序）

丁健民　习　朋　马国真　王　涛　王悠然
吕广亮　刘　钊　齐晓光　安佳坤　孙鹏飞
李　欣　李顺昕　李笑蓉　杨　洋　杨　硕
杨金刚　张　章　张学海　陈　亮　邵　华
罗永斌　岳　昊　岳云力　周俊峰　单体华
赵　阳　胡　珀　胡诗尧　胡梦锦　凌云鹏
高　威　檀晓琳

主要编撰者简介

袁建普 男，河北安国人，正高级工程师，国家电网河北省电力有限公司经济技术研究院院长。从事电力系统规划、设计和建设等方面研究。发表学术论文十余篇，获得发明专利授权 1 项、实用新型专利 2 项。主持完成多项科技研究和管理项目，多次获得"河北省科技厅技术成果奖""河北省电力公司年度科技成果一等奖"等省部级及以上奖励，先后获得"国家优质工程奖""河北省五一劳动奖章""河北省电力公司年度先进工作者""安康企业家"等荣誉称号。

康振海 男，河北南和人，河北省社会科学院院长。历任河北省委宣传部副部长，河北省作家协会党组书记、副主席，河北省社会科学院党组书记、院长、省社科联第一副主席等职。在《人民日报》、《光明日报》、《经济日报》、《河北日报》、《河北学刊》和河北人民出版社等重要报刊和出版社发表、出版论著多篇（部），主持并完成"《宣传干部行为规范》可行性研究和草案初拟研究"等多项国家级、省部级立项课题。

摘 要

能源安全是关系国家经济社会发展的全局性、战略性问题,对国家繁荣发展、人民生活改善、社会长治久安至关重要。面对能源供需格局新变化和京津冀协同发展、雄安新区规划建设、筹办冬奥会以及大气污染防治等新形势、新任务,河北必须加快优化能源供给和消费结构,不断提升清洁能源供应保障能力,为经济社会持续健康发展提供有力支撑。

为全面客观展示河北省能源供给侧结构性改革情况,深入探究能源绿色发展的路径模式,国家电网河北省电力有限公司经济技术研究院与河北省社会科学院联合撰写了《河北能源发展报告(2019)》。本书以"能源绿色发展"为主题,从河北能源发展全链条角度出发,系统分析了2018年河北能源相关行业发展态势和存在问题,并对2019年河北能源发展形势进行了展望,提出了推动能源转型升级、绿色发展的对策建议,对政府部门施政决策,对能源企业、研究机构和社会公众了解研判河北能源发展状况具有较高的参考价值。全书主体内容包括四大部分:总报告、行业发展篇、专题研究篇和实证调研篇。

本书总报告分析了2018~2019年河北能源发展状况与前景,并指出了新时代背景下河北能源发展的对策建议。总报告指出,2018年河北坚持以习近平新时代中国特色社会主义思想为指导,遵循稳中求进的工作总基调,能源工作主动适应经济发展新常态、新要求,着力统筹供给与需求、当前与长远、增量与存量、自给与外供,推动能源发展由速度消耗型向质量效率型转变。2019年河北能源消费总量控制在3.2亿吨标煤以内,其中煤炭消费量控制在2.5亿吨以内,煤炭消费占比降至75%。煤炭清洁高效利用水平显著提高,电煤占煤炭消费比重提高到40%,农村地区生活和取暖散煤基

001

本清零。预计2019年河北省全社会用电量达到3824亿千瓦时，同比增长4.3%，全省新增可再生能源发电装机530万千瓦左右。

本书行业发展篇，依托河北省能源行业和研究机构的专家学者团队，重点对煤炭、石油、天然气、电力和可再生能源等行业的发展现状、发展态势进行了分析评估，并对各行业2019年的形势进行了展望，提出了能源绿色发展背景下各行业转型升级的重点任务及措施建议。

本书专题研究篇，分别分析了现阶段产业结构调整对能源消费的影响、新能源消纳面临的主要问题、农村能源发展主要症结、"煤改电"运行情况、雄安新区综合能源服务市场情况、京津冀协同发展下的电力负荷特性，各个专题研究均提出了切合实际的相关措施建议。

本书实证调研篇，通过实地调查分析，研究了河北南部地区供电服务情况、乡镇地区家庭配电及用能情况，指出了当前供电服务和配电用能方面存在的问题，提出了高效配电新模式等相关政策建议。

关键词： 河北　能源转型升级　农村能源　绿色发展

Abstract

Energy security is an overally important and strategic matter of state economic and social development, and crucial for state prosperity and development, people's livelihood improvement and social stability. Faced with new changes of energy supply/demand patterns and new situations and tasks such as Beijing-Tianjin-Hebei collaborative development, Xiongan New Area planning & construction, preparation for Winter Olympic Games and air pollution control, Hebei must accelerate improving energy supply and consumption structure, and keep upgrading capacity of supply guarantee of clean energy, so as to provide strong support for sustainable and sound economic and social development.

With a view to overally and objectively exhibiting situation of energy supply-side structural reform in Hebei Province, and deeply exploring path modes of energy green development, Economic & Technical Research Institute to State Grid Hebei Electric Power Co., Ltd. and Hebei Academy of Social Sciences have jointly written *Annual Report on Energy Development of Hebei (2019)*. This book focuses on the theme of "energy green development", systematically analyzes development trends and existing problems of energy-related industries in Hebei Province in 2018 from the perspective of energy development whole-chain, looks ahead at the energy development situation in 2019, and puts forward solution proposals of promoting energy transformation and upgrading and green development, which has a high value of reference for governmental departments making decisions and energy enterprises and research institutions and the public getting to know and judge Hebei's energy development situations. This book mainly covers the four parts: General Report, Industry-specific Development Reports, Special Reports and Field Survey Reports.

General Report in this book expounds basic viewpoints of situations and forecasts of Hebei's energy development in 2018 – 2019, and solution proposals for

Hebei's energy development in the background of the new era. General Report points out that Hebei had been taking Xi Jinping's Thought on Socialism with Chinese Characteristics for a New Era as the guidance, following the overall work guideline of seeking progress amid stability, adapting the energy work to the new normal and requirements of economic development, and focusing on overall planning of supply and demand, the present and the future, the increment and the existing, and the self-supporting and the externally-supplied, with a view to promoting the transformation of energy development from the speed/consumption-dominated into the quality/efficiency-dominated in 2018. In 2019, Hebei's energy consumption will be controlled within the limit of 320 million ton standard coal in total, of which the coal physical-consumption will be within the limit of 250 million ton, and the proportion of the coal consumption will fall to 75%. The clean efficient use of coal will improve markedly, the proportion of thermal coal in the coal consumption will increase to 40%, and the scattered coal use for living and heating in rural areas will be eliminated basically. The total power consumption in Hebei Province is expected to reach 382.4 billion kilowatt hours in 2019, increasing by 4.3% compared with that in last year, and the newly-added power generation installed-capacity of renewable energy will be approximately 5.3 million kilowatt in the whole province.

Industry-specific Development Reports in this book, relying on expert and scholar teams in energy industries and research institutions in Hebei Province, focus on analysis and assessment of development situations and trends in such industries as coal, petroleum, natural gas, electricity and renewable energy, look ahead at situations in 2019 in these industries, and put forward priority tasks and measure proposals of transformation and upgrading of these industries in the background of energy green development.

Special Reports in this book respectively analyze effects of the present industrial restructuring on energy consumption, main problems facing the new energy absorption, main cruxes in the rural energy development, situation of "coal-to-electricity substitution" operation, the composite energy service market situation of Xiongan New Area, and power grid load characteristics in Beijing-Tianjin-Hebei collaborative development, with each special report putting forward

Abstract

workable relevant measure proposals.

Field Survey Reports in this book research situations of power supply service, town/township home power distribution and energy use in the south of Hebei Province through field survey and analysis, point out problems existing in the current power supply service and power distribution and energy use, and put forward relevant policy proposals such as new modes of efficient power distribution.

Keywords: Hebei; Energy Transformation and Upgrading; Rural Energy; Green Development

目　录

Ⅰ 总报告

B.1 促进能源绿色发展转型升级，推动经济社会可持续发展
　　………………………………… 河北能源蓝皮书课题组 / 001

Ⅱ 行业发展篇

B.2 2018～2019年河北省煤炭行业发展形势分析与展望
　　…………………………………………………… 胡梦锦 / 014

B.3 2018～2019年河北省石油行业发展形势分析与展望
　　………………………………… 刘　钊　唐丙元　高　威 / 024

B.4 2018～2019年河北省天然气行业发展形势分析与展望
　　…………………………………………………… 陈　亮 / 037

B.5 2018～2019年河北省电力行业发展形势分析与展望
　　………………… 马国真　单体华　安佳坤　习　朋　赵　阳 / 049

B.6 2018～2019年河北省可再生能源发展形势分析与展望
　　………………… 岳　昊　杨金刚　武冰清　李笑蓉　张泽亚 / 072

Ⅲ 专题研究篇

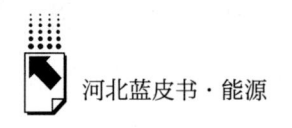

B.7 河北省产业结构调整与能源消费关系研究
　　……………………………………… 王悠然　黎　特　李　欣 / 090
B.8 河北省新能源消纳问题研究………… 杨　洋　周俊峰　张学海 / 103
B.9 河北农村能源革命典型案例研究
　　…………………… 李顺昕　岳云力　高　峰　张　绚　吕　昕 / 114
B.10 2018~2019年度河北南网取暖季"煤改电"运行情况分析与建议
　　…………………… 胡诗尧　檀晓琳　齐晓光　庞　凝　翟广心 / 132
B.11 雄安新区综合能源服务市场分析及研究…… 杨　硕　罗永斌 / 139
B.12 京津冀协同发展下电网负荷特性研究
　　…………………… 李笑蓉　丁健民　汲国强　牛东晓　赵伟博 / 150
B.13 河北"外电入冀"专题研究……… 齐晓光　刘　芮　张　章 / 198

Ⅳ 实证调研篇

B.14 河北乡镇地区家庭配电及用能情况调研 ………… 陈　亮 / 219

Ⅴ 附　录

B.15 2018年河北省能源十大热门事件
　　………………… 孙鹏飞　黄　凯　胡　珀　高　珊　胡梦锦 / 242

CONTENTS

Ⅰ General Report

B.1 Promoting Energy Green Development and Transformation
and Upgrading to Push Forward the Economic and Social
Sustainable Development　　*Research group of Blue Book of Hebei Energy* / 001

Ⅱ Industry-specific Development Reports

B.2 An Analysis and Forecast of Coal Industry Development Situation
in Hebei Province in 2018-2019　　*Hu Mengjin* / 014

B.3 An Analysis and Forecast of Petroleum Industry Development Situation
in Hebei Province in 2018-2019　　*Liu Zhao, Tang Bingyuan and Gao Wei* / 024

B.4 An Analysis and Forecast of Natural Gas Industry Development Situation
in Hebei Province in 2018-2019　　*Chen Liang* / 037

B.5 An Analysis and Forecast of Power Industry Development Situation
in Hebei Province in 2018-2019
　　Ma Guozhen, Shan Tihua, An Jiakun, Xi Peng and Zhao Yang / 049

河北蓝皮书·能源

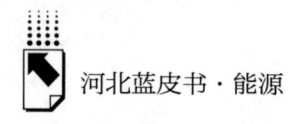

B.6　An Analysis and Forecast of Renewable Energy Development Situation in Hebei Province in 2018-2019

Yue Hao, Yang Jingang, Wu Bingqing, Li Xiaorong and Zhang Zeya / 072

Ⅲ　Special Topics Reports

B.7　A Study of Relations between Industrial Restructuring and Energy Consumption in Hebei Province

Wang Youran, Li Te and Li Xin / 090

B.8　A Study of New Energy Absorption in Hebei Province

Yang Yang, Zhou Junfeng and Zhang Xuehai / 103

B.9　A Study of Typical Cases of Rural Energy Revolution in Hebei Province

Li Shunxin, Yue Yunli, Gao Feng, Zhang Xuan and Lv Xin / 114

B.10　An Analysis of "Coal-to-Electricity Substitution" Operation Situation of Hebei South Power Grid in the Heating Season and Proposals in 2018-2019

Hu Shiyao, Tan Xiaolin, Qi Xiaoguang, Pang Ning and Zhai Guangxin / 132

B.11　An Analysis and Study of the Composite Energy Service Market Situation of Xiongan New Area　　*Yang Shuo, Luo Yongbin* / 139

B.12　A Study of Power Grid Load Characteristics in Beijing-Tianjin-Hebei Collaborative Development

Li Xiaorong, Ding Jianmin, Ji Guoqiang, Niu Dongxiao and Zhao Weibo / 150

B.13　A Special Study of "External Power Entry into Hebei" in Hebei Province

Qi Xiaoguang, Liu Rui and Zhang Zhang / 198

004

IV Field Survey Report

B.14 A Survey of Situation of Town/township Home Power Distribution
and Energy Use in Hebei Province　　　　　　　*Chen Liang* / 219

V Appendix

B.15 Top 10 Hot Events of Energy in Hebei Province in 2018
　　　Sun Pengfei, Huang Kai, Hu Po, Gao Shan and Hu Mengjin / 242

总报告

General Report

B.1 促进能源绿色发展转型升级, 推动经济社会可持续发展

——2018~2019年河北省能源发展分析与展望

河北能源蓝皮书课题组*

摘　要： 2018年，河北以习近平新时代中国特色社会主义思想为指导，坚持稳中求进的工作总基调，能源工作主动适应经济发展新常态、新要求，着力统筹供给与需求、当前与长远、增量与存量、自给与外供，推动能源发展由速度消耗型向质量效率型转变。全年累计生产原煤5055.3万吨，同比减少7.7%；生产原油537.2万吨，同比减少0.4%；生产天然气6.2亿立方米，同比减少0.8%；电力装机快速增长，累计发

---

* 课题组组长：袁建普、康振海。课题组副组长：郭占伍、唐丙元、刘娟、魏孟举；课题组成员：杨洋、李顺昕、邵华、刘钊、陈亮、胡梦锦、吕广亮、张学海。

电量3048.4亿千瓦时，同比增长3.2%，可再生能源发电量占总发电量的10.7%。煤炭消费总量、占比双下降，五年累计压减煤炭实物消费量4300万吨左右；清洁能源利用快速增长，非化石能源占比由1.6%提高到4.6%。2019年，河北能源发展将以习近平新时代中国特色社会主义思想和党的十九大精神为引领，着力深化供给侧改革、推动清洁能源高效利用、提升创新驱动能力、推进体制机制改革，严格执行能源消费总量和强度"双控"政策，不断提升清洁能源供应保障能力，扩大可再生能源和清洁能源消费，优化能源供给和消费结构，实施更加严格的用能权制度。全省能源消费总量控制在3.2亿吨标煤以内，其中煤炭实物消费量控制在2.5亿吨以内，煤炭消费占比降至75%。煤炭清洁高效利用水平显著提高，电煤占煤炭消费比重提高到40%，农村地区生活和取暖散煤基本清零。预计2019年河北省全社会用电量达到3824亿千瓦时，同比增长4.3%，全省新增可再生能源发电装机530万千瓦左右。

关键词： 河北省　绿色发展　可再生能源　煤炭消费量

一　2018年河北省能源发展态势分析

2018年，河北省按照清洁、高效、安全、可持续发展原则，全省能源工作主动适应经济新常态、新要求，统筹供给与需求、当前与长远、增量与存量、自给与外供，推动能源发展由速度型、消耗型向质量型、效率型转变。

（一）能源保障取得新成效，多元化供应格局基本形成

能源生产总量趋于稳定，以化石能源主导的能源生产总量已过峰值。

2013年受煤炭行业整体不景气、去产能等因素影响，能源生产总量呈现大幅减少态势，近年来河北通过积极化解过剩产能、严控新增产能、产能置换等举措，初步扭转了煤炭供需失衡的局面。2017年河北省能源生产总量达到6778.5万吨标准煤，同比增长0.4%（见图1）。2018年全年累计生产原煤5055.3万吨，同比减少7.7%；生产原油537.2万吨，同比减少0.4%；生产天然气6.2亿立方米，同比减少0.8%。电力装机快速增长，2017年电力装机容量达6680万千瓦，比2012年增长39.2%。2018年全年累计发电量3048.4亿千瓦时，累计增长3.2%，其中水力、风力、太阳能分别发电6.8亿千瓦时、261.8亿千瓦时、56.55亿千瓦时，可再生能源发电量占总发电量的10.7%。省外煤、气、电供应得到进一步拓展，与山西、内蒙古、陕西等资源大省和三大油、国家电网等央企战略合作持续深化，2012～2017年新增跨省输电能力1900万千瓦、输气能力257亿方、海上LNG接卸能力350万吨，优质能源保障能力增强；出台《京津冀能源协同发展行动计划（2017—2020年）》，京津冀区域协调联动、优势互补的一体化能源系统加速形成。

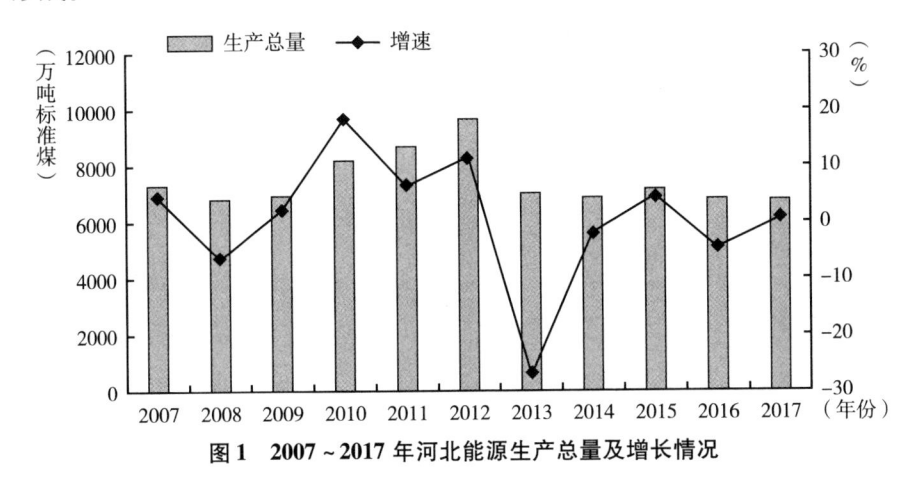

图1 2007～2017年河北能源生产总量及增长情况

（二）能源消费呈现新变化，绿色低碳转型进程加快

能源消费总量和强度"双控"有效实施，能源消费保持低速增长，

2013~2017年年均增长1%,比上个五年回落3个百分点;单位GDP能耗五年累计下降24.7%(见图2)。能源消费结构加快优化,煤炭消费总量、占比双下降,五年累计压减煤炭实物消费量4300万吨左右,煤炭消费占比由2012年的89%降至2017年的84%;清洁能源利用快速增长,天然气消费由45亿方增加到100亿方,增长1.2倍;非化石能源占比由1.6%提高到4.6%。

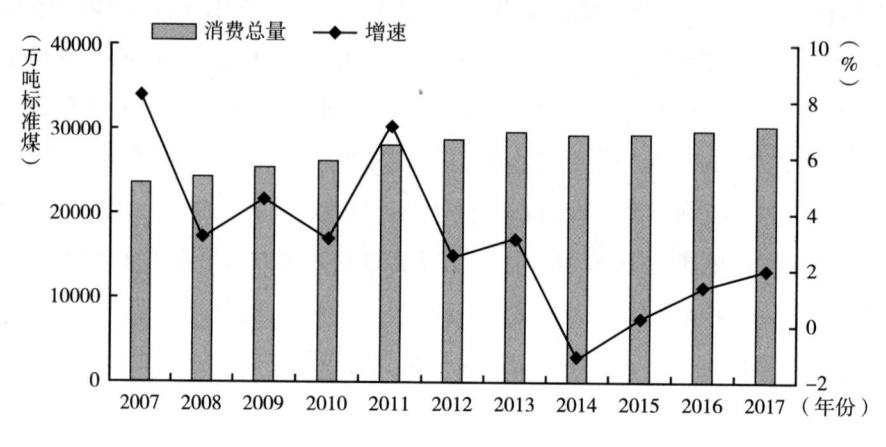

图2 2007~2017年河北能源消费总量及增长情况

(三)供给侧改革实现新突破,能源供应质量持续改善

强力推进煤炭、火电行业去产能,2012~2017年累计退出煤炭产能3369万吨,关停煤电机组207.35万千瓦,煤矿安全生产、煤电机组节能和油品质量改造升级加快推进。清洁能源逐步成为增量主渠道,风电跨入千万千瓦级省份,五年累计新增风电装机810万千瓦,光伏发电从无到有,光电装机达到700万千瓦;新增新能源发电装机1150万千瓦,占全部新增电力装机的61%。2018年末,风电装机容量达到1391万千瓦,比上年同期新增并网容量210万千瓦,累计发电量283亿千瓦时,比上年同期增加7.6%,弃风率5.2%,比上年同期减少1.8个百分点,平均利用小时数2276小时,比上年同期增加1.2%。

（四）项目建设取得新进展，发展后劲进一步增强

2012~2017年累计投资8400亿元推进重大项目建设。煤炭行业，完成129个煤矿安全改造和灾害治理，涉及产能1.5亿吨；15个矿正在改造，产能达3500万吨。电力行业，曹妃甸百万千瓦机组、蔚县电厂2个超超临界机组、世界最大的丰宁抽水蓄能电站获国家核准并开工建设；530万千瓦热电机组、1100万千瓦张承风电基地项目及锡林郭勒盟-山东、榆横-潍坊（河北段）1000千伏交流特高压等3条特高压输电通道建成投运；700万千瓦热电项目、北京西-石家庄特高压项目、山西孟县至河北省500千伏输电工程以及承德风电二期、张家口风电三期、海上风电等101个新能源核准在建项目加快推进；海兴核电、行波堆等前期工作取得重大进展。油气行业，陕京四线、青吴线、黎沙线3条气源主干线建成投运；华北石化千万吨炼油，锦郑成品油管线，鄂安沧、冀中十县二期、三期等输气管线和唐山LNG接收站扩建等项目加快建设；曹妃甸石化基地炼化一体化、任京航煤管线、中俄东线、京石邯复线前期工作积极推进；苏桥储气库群为京津冀供气调峰发挥重要作用。2018年，国家电网雄安新区供电公司正式挂牌成立，1000千伏山东-河北特高压环网工程开工建设，±500千伏张北可再生能源柔性直流电网试验示范工程开工，天津南港工业区中石化LNG（液化天然气）码头正式对外开放，京津冀地区冬季天然气保供工作正式启动。

（五）改革创新迈出新步伐，发展动能加快转换

煤炭过剩产能有序退出政策体系逐步完善，产能指标市场化交易率先探索出成功经验；电力、油气体制改革进一步深化，出台全省电力体制改革实施方案、有序放开增量配电业务项目、售电公司准入与退出等管理办法，建立完善相关协调机制和规则，开展增量配电业务项目等试点，南北电网输配电价获国家核准批复。张家口获批全国唯一国家级可再生能源示范区，地热开发利用创造"雄县模式"并在全国推广，7个能源互联网、多能互补集成优化项目列入国家示范工程。

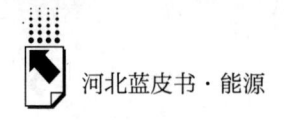

（六）惠民工程开创新局面，群众获得感不断提升

持续深入实施农村电网改造工程，2012~2017年累计投资245亿元，完成电网线路建设7.27万公里；建成集中式光伏扶贫电站31个、村级光伏扶贫电站1017个，总规模111.7万千瓦，帮扶贫困人口8.7万户；全面启动冬季清洁取暖，强力推进农村气代煤电代煤工程，完成禁煤区建设任务；启动电动汽车充电站桩设施建设，初步建成满足河北省及周边省市需求的充电网络。

（七）政策体系形成新架构，引领指导作用充分发挥

围绕大气污染治理出台煤炭清洁高效利用、散煤治理和清洁能源替代、燃煤锅炉治理等政策举措，制定实施"十三五"能源发展及电力、煤炭、石油、天然气、可再生能源等"1+8"规划体系，衔接落实京津冀能源协同发展规划，构建起立体式、多层次政策规划体系，基本确立能源发展改革"四梁八柱"主体框架。

二 2018年河北省能源发展存在的问题

河北省能源发展虽然取得了一定成绩，但面对京津冀协同发展、大气污染防治等新任务、新要求，问题依然突出。

（一）安全保障能力低

河北省煤炭、石油、天然气等一次能源需求量的77%需外部输入，二次能源加工能力不足，输配保障措施有待完善。燃气及热力管网、电力及天然气调峰设施建设滞后，外受电比例维持在25%左右，电力、天然气等输送通道短板明显，能源安全保障不稳定因素仍然存在。

（二）供需结构层次低

供需平衡严重依靠煤炭，"一煤独大"的难题亟须破解。煤炭在全省的

消费比重高于全国平均水平23个百分点，天然气、非化石能源消费比重分别低于全国2.6个和9个百分点，电力在终端能源消费比重与先进省份存在差距。

（三）综合利用效率低

单位GDP能耗较全国平均水平高35%，煤电单位供电煤耗高于全国3克标准煤，梯级利用、分质利用、循环利用、集成利用等发展不足。

（四）生态环境污染重

煤炭消费总量大、方式落后，电煤比重低于全国14个百分点，散煤直燃直排大量存在，成为大气污染及二氧化碳排放重要源头。与此同时，油气生产消费过程减排有待深化，煤炭采选疏干水、矸石治理及矿山生态恢复有待加强。

三 2019年河北能源发展形势展望

2019年是全面贯彻落实党的十九大精神，实现全省加快转型、绿色发展、跨越提升的重要历史窗口期和战略机遇期，能源工作将面临更加复杂多变的经济形势和市场环境，有利条件与不利因素交织共存、深入叠加。

（一）重大机遇

国际能源技术、供需格局变革加速，发达国家能源需求趋于饱和，石油、天然气多极供应格局逐步形成，国际市场供需相对宽松。国内经济社会发展进入新时代，社会主要矛盾发生变化，经济转型、绿色发展深入推进，高耗能产业加快调整，能源消费减速换挡，消费强度持续下降，为能源生产消费的转型调整提供了相对宽松的市场环境。京津冀协同发展、绿色冬奥、雄安新区建设深入推进，能源作为基础保障的地位显著提高，绿色低碳能源体系建设不断推进，区域能源合作的空间进一步扩大。以清

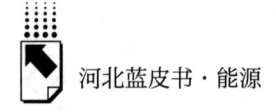

洁、高效、智能为主要特征的能源科技创新持续发力，能源发展内在动力显著增强。体制机制改革不断深化，制约因素逐步减少，行业发展活力进一步释放。

（二）困难挑战

从外部看，2018年以来，国际贸易保护主义不断抬头，对全球及我国经济增长造成威胁，河北省外贸经济受国际贸易摩擦影响，在一定程度上影响能源消费增长趋势。同时，大气污染环境的形势日趋紧迫，能源开发利用面临的环保压力也逐渐增大。

从内部看，产业结构对河北省能源消费锁定效应仍然明显，能源结构调整的制约因素较多。天然气利用、电能替代面临的成本因素及通道保障问题突出，水电、核电等清洁能源的开发受资源和政策因素制约，风能、太阳能等可再生能源运行成本和消纳瓶颈问题亟待破解。煤炭、炼油、煤电等能源二次加工行业政策约束增强，产业规模受到限制。这些因素都为河北绿色低碳能源结构转型升级带来了挑战。

（三）2019年河北能源发展形势总体判断

2019年，河北能源发展将以习近平新时代中国特色社会主义思想和党的十九大精神为引领，着力深化供给侧改革、推动清洁能源高效利用、提升创新驱动能力、推进体制机制改革，严格执行能源消费总量和强度"双控"政策，不断提升清洁能源供应保障能力，扩大可再生能源和清洁能源消费，优化能源供给和消费结构，实施更加严格的用能权制度。预计全省能源消费总量保持低速增长，控制在3.2亿吨标煤以内，其中煤炭消费量控制在2.5亿吨以内，煤炭消费占比降至75%。煤炭清洁高效利用水平显著提高，电煤占煤炭消费比重提高到40%，农村地区生活和取暖散煤基本清零。预计2019年河北省全社会用电量达到3824亿千瓦时，同比增长4.3%，全省新增可再生能源发电装机530万千瓦左右，其中，新增风电装机300万千瓦左右，新增光伏发电装机230万千瓦左右。到2019年底，河北省可再生能源发电累计装机 3400 万千瓦左右，风电累计装机 1700 万千瓦左右，光伏发电累计装机 1460 万千瓦左右。

四 河北促进能源绿色发展转型升级与经济社会可持续发展的对策建议

（一）着力深化供给侧改革

坚持把供给侧改革作为推进能源生产革命的重要抓手，按照存量调优、增量清洁的要求，优化省内资源开发，补足供给短板，提升供给质量，构建安全、绿色、多元、高效的供给体系。

优化煤炭供应。推进煤炭去产能，推动地质条件复杂、开采难度高、安全隐患大、产能落后的煤矿退出市场，保留矿井实现集约化生产，通过技术改造促进绿色安全开采；强化市场监管，优化省外煤源。

强化油气安全。做好华北、冀东油田资源接续开发，开展非常规油气资源勘探，优化原油加工生产布局，加快曹妃甸石化基地建设，增强沧州炼油能力，改造和提升油品质量。完善油气输配管网，加快建设陕京四线等气源干线，推进 LNG（液化石油气）接卸站建设，增强接卸能力，完善天然气输配管网建设。

发展绿色电力。安全发展核电，争取尽早核准建设海兴核电，推进长河、冀东核电具备核准条件，加快核小堆、核燃料产业园建设；有序开发风电、光电，加快张、承风电基地和海上风电建设，合理布局低风速风电和光热发电示范；加快优化火电，大力实施淘汰落后、改造提升、置换替代、退城进郊"四个一批"工程，推动超临界热电机组和超临界大型支撑电源建设，鼓励发展背压机组、燃气分布式电站，构建布局合理、清洁高效、保障有力的火电系统。

建设坚强智能电网。完善输电主网架，推进南北电网互联互通，推动蒙西－天津南等特高压输电通道、张北 ±500 千伏柔性直流示范工程建设，促进张承可再生能源输送消纳，继续加大城乡电网改造力度。

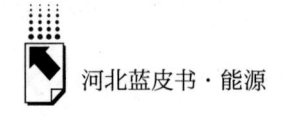

（二）着力推动清洁高效利用

坚持把清洁高效利用作为优化能源结构、促进能源消费升级的主攻方向，大力提高清洁能源消费比例，积极推广先进用能模式，降低污染排放量，提高能源综合利用效率。

推进煤炭清洁高效利用。继续压减煤炭消费，采取"工程减煤、技改节煤、政策限煤、清洁代煤"措施，严控增量，减少存量；加强散煤治理，以集中供热、改气、改电等方式，加快替代各领域分散燃煤，完成燃煤锅炉治理。开展燃煤减排提效，统筹使用燃煤替代指标，加快燃煤向清洁化集约利用集中，优先支持发展燃煤热电。

扩大天然气利用。完善燃气管网，增强储气调峰能力，形成以管道气为主、多渠道补充的配送体系。结合清洁取暖，实现居民生活燃气全覆盖，推进工业、交通等重点领域煤改气，有序发展燃气热电，大力发展燃气分布式能源。

推广利用非化石能源。发展新能源产业，积极开发风力、太阳能和生物质能发电，合理优化布局。完善体制机制，保障绿色能源全额优先上网。建设示范工程，加快张家口市可再生能源示范区、崇礼零碳奥运专区、奥运光伏廊道、风光储输一体化等示范工程，提高可再生能源就地消纳，加强面向京津冀及雄安新区外输能力建设。

推进电能替代。结合传统工业改造、燃煤锅炉治理、绿色交通体系建设、冬季清洁取暖，实施电能替代工程，提高电能终端消费比重。

全面深化节能。把优化能源结构与产业转型升级紧密结合起来，强化能源消耗政策标准约束，继续实施能源总量、强度"双控"，推广节能新技术和用能新模式，提高能效水平。

（三）着力提升创新驱动能力

坚持把技术创新作为引领能源技术革命的动力支撑，落实创新驱动战略，增强能源科技创新能力，实施科技进步工程，构建推进能源生产消费革命的创新支撑体系。

打造科技创新平台。依托河北省能源产业链，发挥京津冀人才、技术优势，打造京津冀联合创新平台；加大资金投入和人才引进力度，培育建设国际或国内领先的能源技术中心和重点实验室，支持能源企业培育"人才高地"和"能源智库"；完善能源科技创新激励政策，加快科技成果转化。

实施技术进步工程。推广一批燃煤高效发电和超低排放、燃气热电冷联供系统、地热集中供暖等相对成熟的先进技术，推进一批智能微网和"互联网＋"智慧能源、多能互补集成优化等示范项目，实施一批能源核心设备研发、生物液体燃料、大功率储能技术、碳捕获和封存等重大关键技术攻关行动。

提升能源装备水平。提升输变电成套设备、高压电瓷、煤矿机械等传统优势产业，保持领先地位；做强保定"中国电谷"、邢台新能源产业基地，打造新能源装备基地；壮大余热余压利用、清洁能源替代等技术研发力量，促进节能环保产业发展；建设沧州核材料产业园、环渤海核电装备制造产业带，形成优势突出的核电装备制造产业集群。

（四）着力推进体制机制改革

全面落实国家和全省能源体制改革部署，完善能源市场体系和竞争机制，打造公平市场环境，激发能源产业发展活力。

深化电力体制改革。遵循《中共中央国务院关于进一步深化电力体制改革的若干意见》确定的"管住中间、放开两头"的总体架构，按照河北省政府关于深化电力体制改革的实施方案，积极推进增量配电业务、电力交易机构建设、清洁能源消纳、煤电联营、规范燃煤自备电厂、电力行业信用体系建设等重点改革任务，加快建立有效竞争的电力市场体系。

推进油气体制改革。以完善市场准入机制为基础，推进网运分离，促进油气管网公平开放，鼓励社会资本参与油气储输设施建设和运营，推动油气管输运营主体多元化。促进区域性天然气交易中心建设，鼓励天然气供应与大用户开展现货交易。逐步放开油气领域竞争性环节价格，形成主要由市场

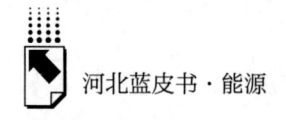

决定价格的机制。完善油气市场监管制度，规范市场竞争。

推进供热计量改革。推进既有居住建筑供热计量及节能改造，建立完善标准体系，加强供热系统节能管理。

（五）着力加快京津冀协同发展

贯彻落实京津冀协同发展战略，以能源设施互联互通为基础，发挥各自优势，强化战略协同、设施协同、治理协同、绿色发展协同、能源管理协同、创新协同、市场协同、政策协同，加快构建优势互补、合作共赢的能源协同发展体系，巩固和扩大能源战略合作空间。

建设京津冀清洁能源供应保障基地。统筹区域内电源热源建设和非化石能源开发利用，加快形成风电、光电、地热、生物质能等可再生能源、低碳能源优先使用和区域一体化消纳机制，夯实雄安新区"零碳"电力保障。统筹区域清洁能源输入，加强区域外电力、天然气等清洁能源供应，共同推动气源干线和受电通道建设，实现开放条件下能源安全。

推进区域能源设施一体化。统筹电网网架建设，规划建设雄安新区环网，与京津环网、河北环网协同构筑一体化坚强主网架。统筹油气管网互联互通，完善油气输配系统和区域内联络通道。统筹应急调峰系统，提高区域电力系统协调性和灵活性，提高区域天然气互济调峰和应急保障能力。

打造智能高效的能源系统。增强需求侧响应能力，大力推广分布式能源、智能微网等新型用能方式；推进供用能终端集成优化，统筹电力、热力、燃气、供冷等设施建设，加快推动能源生产耦合、互补利用；积极发展"互联网+"智慧能源。

（六）着力推进能源惠民共享

坚持以人民为中心，在保障居民供暖、提高用能质量和推进农村能源清洁化等方面继续着力，实施能源惠民工程，提高能源普遍服务水平，构建优质高效的惠民服务体系，促进能源充分平衡发展。

发展集中供热。在城镇及周边热负荷集中区，优先发展热电联产、工业余热、地热等集中供热方式，鼓励发展燃气热电、燃气锅炉、电锅炉、热泵、生物质热电等新型清洁热源，力争国家首个核小堆示范项目在河北省落地。

推进农村清洁取暖。在乡镇地区因地制宜实施清洁煤集中供热，在农村地区积极推广生物质能供暖，在条件成熟地区按照以供定改原则进行气代煤、电代煤，建立农村清洁取暖的长效支持机制、招投标机制和安全监管机制，拓宽清洁供暖渠道，切实保障人民群众温暖过冬，构筑多元化清洁取暖格局。

完善城乡用能设施。持续推进农网改造升级工程，补齐农网发展短板，解决农村配电网"卡脖子""低电压"问题，实现城乡供电服务均等化。加快完善城镇配气管网，扩大管道气覆盖范围，在管网难以覆盖的区域积极推进LNG、CNG、LPG直供，优先保障民生用气。完善城镇综合用能管网，支持城市供热、供气管网向周边有条件的村镇区域延伸。

实施光伏扶贫工程。因地制宜选择扶贫模式，分阶段推进光伏扶贫工程建设，在具备条件的贫困村建设村级光伏扶贫电站。

参考文献

国家统计局：《中国统计年鉴2018》，中国统计出版社，2018。
国家统计局：《中国能源统计年鉴2017》，中国统计出版社，2017。
河北省统计局：《河北经济年鉴2018》，中国统计出版社，2018。
河北省人民政府：《2019年河北省政府工作报告》，2019。
河北省人民政府办公厅：《河北省"十三五"能源发展规划》，2017。

行业发展篇

Industry – specific Development Reports

B.2
2018~2019年河北省煤炭行业发展形势分析与展望

胡梦锦*

|摘　要：|按照《国务院关于煤炭行业化解过剩产能实现脱困发展的意见》（国发〔2016〕7号）和《河北省人民政府关于印发河北省煤炭行业化解过剩产能实现脱困发展的实施方案的通知》（冀政发〔2016〕18号）要求，2017~2020年，河北省退出煤矿123处（占总数的62%）、退出产能5013万吨（占总产能的42%）。2017年河北省退出煤矿27处、产能1000万吨（国家任务为11处、753万吨），分别完成国家要求的245%、133%。河北省在全国率先开展去产能指标市场化交|

---

* 胡梦锦，国家电网河北省电力有限公司经济技术研究院工程师，工学硕士，研究方向为能源经济与能源供需。

易,筹集资金26.2亿元。

关键词: 河北省 煤炭行业 煤改电 去产能

一 河北省煤炭资源及行业发展总体特征

(一)煤炭资源基本情况

截至2017年底,河北省煤炭去产能效果显著,全年煤炭产量比上年下降10.2%,退出煤矿27处。2017年,省内原煤产量6010万吨,比上年下降10.2%,比2012年减产2000万吨;原煤入洗率达到80%,精煤比重比2012年提高约10个百分点。

河北具有丰富的煤炭资源,2017年底,累计探明煤炭资源238.4亿吨,203.6亿吨保有资源储量分布在唐山、邯郸、邢台、张家口、承德、秦皇岛、保定、廊坊、沧州9市。基本储量43.3亿吨,占全国的1.7%,居全国第12位。按目前年产煤炭6000万吨左右计算,省内煤炭资源可采年限约72年。

(二)河北省主要煤田(矿区)、煤企简介

河北省目前煤矿资源主要分布情况如表1所示,主要有六大矿区,分别为位于唐山的开滦煤矿、张家口的蔚县煤矿和宣化下花园矿区、石家庄的井陉矿区、邯郸的峰峰矿区、邢台矿区。

表1 河北省主要煤炭资源分布

矿区名称	矿区面积(平方公里)	开采条件
唐山开滦煤矿	约670	7座开采矿山,地质资源76亿吨;煤层位置较深,开采难度较高
张家口蔚县煤矿	约550	资源分布比较分散,约有15亿吨保有储量,其中0.34亿吨可利用资源

续表

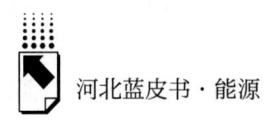

矿区名称	矿区面积（平方公里）	开采条件
张家口宣化下花园矿区	约502	以花园、八宝山两大煤矿为主，约4亿吨煤炭资源总量2.3亿吨保有储量，仅1600万吨可利用资源
邯郸峰峰矿区	约353	9座开采矿山，煤炭储量约有21.2亿吨，可开采储量仅1.7亿吨
石家庄井陉矿区	约68.62	资源几乎枯竭
邢台矿区	500	矿井6座,煤炭储量约有17.1亿吨

2017年，河北省现有煤矿及矿井123处、产能9520万吨，其中生产矿50处、产能7621万吨，在建矿73处、产能1899万吨。2008年省内对钢铁煤炭企业进行整合，形成了以两大煤业集团为主导、以中小煤矿为附属的内部结构。两大煤业集团分别为唐山开滦集团和邢台冀中能源集团（见表2），煤炭产量占全省总产量的99.6%。2014年河北省煤炭原煤产量实际完成19293万吨，全国排名第六，省内产量8688万吨，全国排名第十，精煤产量4936万吨，全国排名第三。

表2 河北省主要煤炭企业一览

企业	主要业务与公司构成	生产能力	特点
冀中能源集团	辖11个子公司。业务以煤炭为主，还包括综合电力、医药、机械装备、物流等	2015年原煤产量达到2500万吨以上，精煤产量1300万吨以上。年营业收入125亿元	优势：生产规模大，煤种齐全，并且冶金全国保护性稀缺煤种精焦煤。劣势：生态环境压力大；开采成本高，条件差；技术人员素质不高
开滦集团	辖国内外46个分公司。主要业务包括煤炭生产、洗选加工、煤化工、现代物流、节能环保、建筑施工等	"十二五"末期，营业收入达到2500亿元，煤炭年生产能力1亿吨	优势：我国冶炼焦煤主要生产基地，主供鞍钢、首钢、宝钢等大型钢铁企业；转型发展较为成功；技术人员素质较高。劣势：矿区衰竭，资源锐减，社会负担重

二 河北省煤炭行业发展情况分析

（一）煤炭生产消费稳步下降，煤炭行业供需呈现基本平稳态势

1. 煤炭产量消费量呈下降趋势

2017年，累计探明煤炭资源238.4亿吨，保有资源储量203.6亿吨。基本储量43.3亿吨，占全国的1.7%（第12位）。按目前年产煤炭6000万吨左右计算，省内煤炭资源可采年限约72年。2017年，省内原煤产量6010万吨，同比下降10.2%（见图1）。原煤入选率80%，洗精煤品种比重较2010年提高10个百分点。

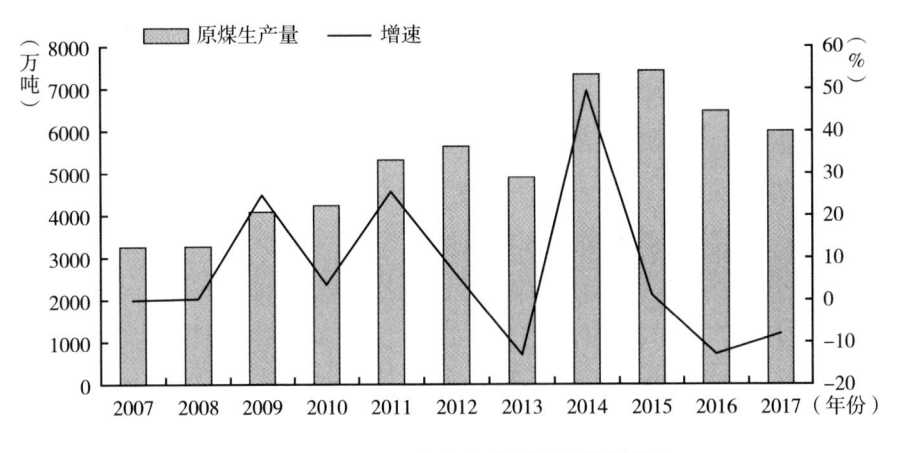

图1 2007~2017年河北省煤炭产量及增速

2017年煤炭消费总量27417万吨，比2012年压减4416万吨（见图2）。其中，电煤9600万吨，占35%，比2012年提高1.1个百分点；其他五大高耗煤行业13152万吨，占48%，比2012年压减3475万吨，占比下降14.2个百分点；另外，削减替代散煤2500万吨以上。

2. 煤炭对外依存度偏高，供应保证隐忧增大

2017年，原煤生产总量6010万吨，煤炭消费总量为27417万吨，煤炭

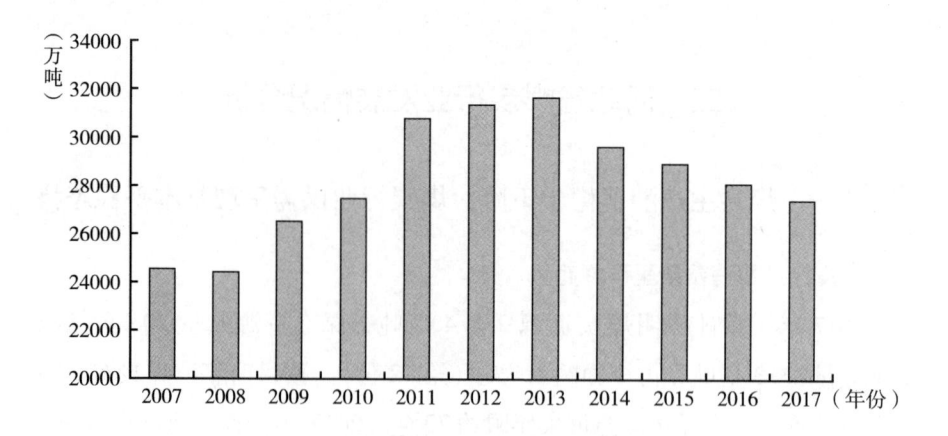

图 2　历年河北省煤炭消费量

外供21407万吨，占煤炭消费总量的比例达到78.1%，安全保供不确定因素增多。2017年，省内能源生产总量6778.5万吨标准煤，比2012年减少2781万吨标准煤，煤炭自给率仅为22%，对外依存度偏高。

煤炭自有资源不足、生产受限，外部输入规模不断扩大，安全稳定供应对外依存度持续上升；国际贸易冲突不断升级，加剧了煤炭供给的不确定性。2007~2017年河北煤炭缺口情况如图3所示。

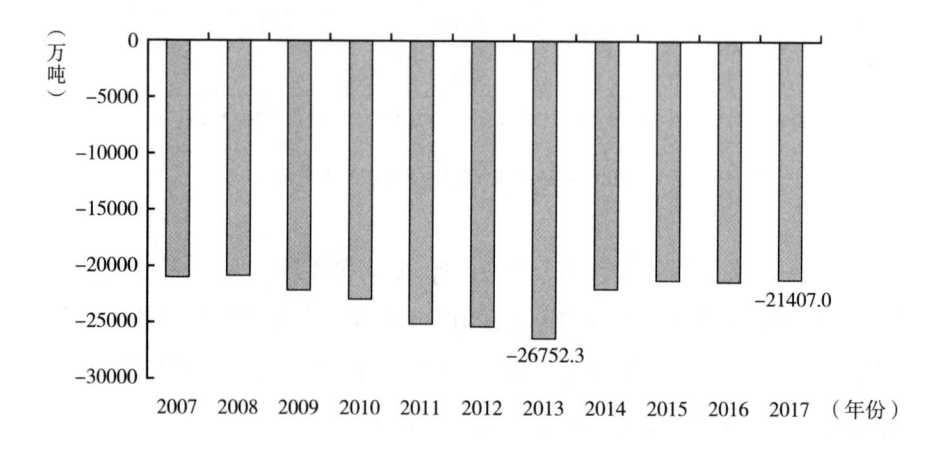

图 3　历年河北省煤炭缺口情况

（二）煤炭改革加速推进，煤炭转型发展效果显著

1. 积极化解煤炭过剩产能

按照《国务院关于煤炭行业化解过剩产能实现脱困发展的意见》（国发〔2016〕7号）和《河北省人民政府关于印发河北省煤炭行业化解过剩产能实现脱困发展的实施方案的通知》（冀政发〔2016〕18号）要求，2017~2020年，河北省将退出煤矿123处（占总数的62%）、退出产能5013万吨（占总产能的42%）。2017年河北省退出煤矿27处、退出产能1000万吨（国家任务：11处、753万吨），分别完成国家要求的245%、133%。河北省在全国率先开展去产能指标市场化交易，筹集资金26.2亿元。

2. 大力实施电能替代

大力实施电能替代重点在居民采暖领域，扩大电力消费规模，提升电气化水平。居民采暖，重点对不具备集中供热条件的公共建筑和居民住宅，推广蓄热式电锅炉、热泵、分散电采暖，实施以电代煤。

3. 加快核能利用

核电既清洁又经济，成本明显低于风电和太阳能，在清洁低碳能源发电中运行最稳定。为降低河北省化石能源消费依赖、减少污染排放，必须坚持安全发展大型核电，建设省内清洁支撑性电源，保障电力供应安全，按照《京津冀协同发展纲要》要求，加快推进海兴核电项目前期工作，争取尽早核准开工建设，做好长河、冀东核电厂址保护和前期论证等工作。积极推进邢台核能小堆供热项目前期工作，争列国家首批示范工程，并在2025年之前建成投产，探索清洁取暖新模式。

三 2019年河北省煤炭行业发展形势展望

党的十八大以来，全省围绕大气污染防治和供给侧结构性改革，积极压减煤炭消费，加快实施煤电机组综合节能和超低排放改造，主动推进煤炭、火电去产能，全面开展冬季清洁取暖改造，深度治理散煤污染，大力发展可

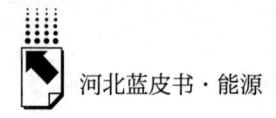

再生能源，光伏发电从无到有，风电达到千万千瓦级规模，煤炭消费占比明显下降，天然气等清洁能源消费大幅提升，能源结构得到有效改善，初步呈现消费增长减速换挡、供应保障绿色多元、新旧动能转换提速的良好态势。

（一）发展形势

1. 去产能力度将持续加强

大力实施散煤替代，严格执行民用燃煤质量标准，杜绝劣质煤流入；因地制宜选用集中供热、改电、改气等方式，加快替代居民生活、工业、服务业、农业等领域分散燃煤，到2020年传输通道平原农村生活和采暖散煤基本清零，山坝等边远地区推广使用洁净煤。积极推广煤炭清洁高效利用，依托省内煤矿，配套原煤洗选设施，改造提升洗选技术水平，到2025年省内原煤入洗率将达到95%以上；利用淘汰关停煤电机组容量，等容量替代建设高效机组，稳定煤电装机规模，提高电煤消费比重；构建高端煤化工产业链条，积极发展醇基燃料、煤制油、制气、制氢。

2. 煤炭供需环境保持宽松

加快实施农村清洁取暖，通过电代煤、气代煤和推广"光伏+"、"光热+"、地热、醇基燃料、生物质等新能源取暖替代散煤，到2020年，全省农村清洁取暖率将达到85%，其中传输通道区域农村达到90%左右。

3. 煤炭消费结构大幅优化

持续优化煤炭消费结构，压减高耗能行业煤炭消费，继续推进钢铁、焦化、水泥等去产能，加快高耗能行业转型升级，实施工业窑炉、燃煤锅炉等集中供热替代和清洁能源置换，逐步降低用煤强度。

4. 体制机制逐步完善

国家正在全面深化能源体制改革，河北省以电力、油气为主的体制机制改革稳步推进，能源领域行政性垄断和市场垄断逐步被打破，制约行业发展的体制机制障碍逐步消除，为能源结构转型创造有利条件。

积极谋划火电扶贫项目，以等容量、减煤量替代方式，通过发展县城连片集中供热，优先在贫困地区布局大型热电联产项目，壮大县域经济，加快推进脱贫攻坚。

（二）发展展望

严格执行能源消费总量和强度"双控"政策，不断提升清洁能源供应保障能力，扩大可再生能源和清洁能源消费，优化能源供给和消费结构，实施更加严格的用能权制度，倒逼全省经济产业结构调整，到2025年，基本建成清洁低碳、安全高效的能源体系。

1. 消费结构方面

全省能源消费总量控制在3.2亿吨标煤以内，其中煤炭消费实物量控制在2.5亿吨以内，煤炭消费占比降至75%。煤炭清洁高效利用水平显著提高，电煤占煤炭消费比重提高到40%，农村地区生活和取暖散煤基本清零。

2. 供给结构方面

预计2019年全省煤炭产量稳定在5000万吨左右，煤炭对外依存度提升至80%。煤炭消费强度加快降低，万元GDP能耗下降至0.7吨标准煤。

3. 质量结构方面

节能减排深入推进，煤电单位供电煤耗降至300克标准煤，雄安新区绿色、低碳、高效、智慧能源体系初步建成，形成引领全国的城市样板。

四 2019年河北省煤炭行业发展对策建议

动员社会各方力量，开展形式多样的"节能理念、生态理念"宣传，加强新闻报道、政策解读和教育普及，准确阐述习近平生态文明思想，把"清洁低碳、安全高效"的理念融入社会主义核心价值观宣传教育体系加以推广、弘扬。注重引导舆论，回应社会关切，传递有利于加快能源结构转型的好声音和正能量，积极营造浓厚、持久的社会氛围，推动形成社会共识和自觉节能意识，引导公众参与能源结构转型任务贯彻落实的全过程。

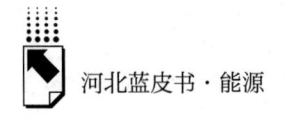

（一）稳定煤电产能

利用淘汰落后煤电机组容量，通过等容量、减排放替代建设布局热电联产和大型支撑电源；利用其他行业压减煤量，重点用于煤电建设，保持全省支撑电源规模稳定，保障电力供应安全。2025年，煤电装机规模稳定在5300万千瓦左右。

（二）优化煤电结构

关停淘汰落后产能，重点淘汰关停小型纯凝、违法违规、去产能配套、服役期满以及环保、节能不达标机组，"十三五"累计淘汰关停400万千瓦以上；2020年之后按期关停服役期满的20万千瓦及以上机组，到2030年累计关停机组730万千瓦。优化热电布局，对城市建成区内的石热、邯热、唐热等燃煤火电机组，在保障供电供热安全的前提下，稳妥实施退城搬迁；对城市周边的热电机组，运行期满后，可综合考虑建设、交通、环境、供热等因素，采用最先进的环保、节能等技术，科学选择厂址等容量建设新机组；在建设条件较好的县城连片区域、大中城市周边建设大型热电联产机组。建设先进高效机组，支持新建机组应用最先进的清洁高效发电技术，鼓励应用700℃超超临界、二次再热等先进技术，探索60万千瓦等级超超临界供热机组、超临界水蒸煤发电等前沿技术应用；在沿海地区以及负荷中心区，建设技术最先进的超超临界支撑电源；在热负荷集中稳定的开发区、工业园区，规划建设背压机组。到2030年，全省新建清洁高效机组达到1000万千瓦以上。

（三）改造提升煤电机组

推进机组节能和供热改造，继续推进现役煤电机组汽轮机通流改造、锅炉烟气余热回收利用、电机变频等综合节能改造，统筹周边热负荷需求加快30万千瓦等级及以上纯凝机组供热改造，到2020年和2025年，全省在役煤电机组平均供电煤耗分别降至305克、300克标准煤/千瓦时。开展灵活性改造，推动现有大型机组开展低负荷运行、热电解耦、汽机通流改造等灵活性改造，2025年前完成3000万千瓦以上，调峰能力提高600万千瓦以上，到2030年力争实现全部在役主力机组具备深度调峰能力。推进燃煤耦合生物质发电技改试点，依托现役煤电高效发电系统和污染物集中治理设施，消纳农林废弃残余物、生活垃圾以及污水处理厂水体污泥等生物质资源，加快任丘热电、邯峰电厂等6个国家试点项目建设，适时扩大应用范围。探索开展碳捕捉技术试点，争取到2030年建成1个火电碳捕集试点示范项目，降低煤电行业碳排放水平。

（四）加快煤炭生产绿色整治

进一步化解过剩产能，逐步退出环境脆弱和生态水源涵养地区煤炭开发，产能逐步集中到唐山、邯郸、邢台三市，煤炭生产企业集中到开滦集团、冀中能源集团，到2020年实现张家口、承德、保定、秦皇岛四市建成基本无煤矿市。加快现有煤矿改造升级，开展安全装备、机械化装备和洗选加工设备升级改造，做到精挖细采，提高资源回收率，促进煤炭生产向高端、优质的产能转型。加强煤矿副产品综合利用，进一步扩大矸石在发电、建材、筑路等方面综合利用规模，提升矿井水循环利用水平，支持条件具备的矿井建设瓦斯发电项目，提高煤矿瓦斯的综合利用率。加快推进煤矿绿色生产和生态修复，推广充填开采，进一步减少矸石上井量，减小环境生态影响；按照宜农则农、宜林则林、宜建则建的原则，实施塌陷坑充填复垦工程，持续加强采煤沉陷区环境修复，建设生态文明矿山。

参考文献

河北省人民政府办公厅：《河北省"十三五"能源发展规划》，2017。
国家发展改革委：《关于进一步推进煤炭企业兼并重组转型升级的意见》（发改委运行〔2017〕2118号），2017年12月。
国家统计局：《中国能源统计年鉴2017》，中国统计出版社，2017。
河北省人民政府：《河北经济年鉴2018》，中国统计出版社，2018。

B.3
2018~2019年河北省石油行业发展形势分析与展望

刘 钊 唐丙元 高 威*

摘 要: 受河北省华北和冀东等油田产量递减的影响,河北省近十年原油产量呈下降趋势,由于经济和投资快速增长、交通运输业发展,近十年石油消费快速增长,但随着经济增速放缓以及河北省能源结构转型,2018年较2017年石油消费量呈下降趋势,2018年油价整体平稳,呈先升后降态势。本文从石油供需情况、石化行业发展趋势、行业运行压力等角度,对河北省2018年石油行业发展情况进行了分析,对2019年河北省石油行业发展形势进行了展望,并根据面临的机遇和挑战,提出了河北省石油行业发展对策建议。

关键词: 河北省 石油 能源供给侧改革 绿色发展

一 河北省石油资源及行业发展总体特征

(一)河北省石油资源及行业发展基本情况

从20世纪70年代发现石油资源以来,河北省石油工业快速发展,相继

---

* 刘钊,国家电网河北省电力有限公司经济技术研究院高级经济师,管理学硕士,研究方向为能源经济与能源供需;唐丙元,河北省社会科学院财贸经济研究所所长,研究员,研究方向为宏观经济;高威,河北省石油和化学工业协会秘书长,研究方向为石油化工行业发展。

发现、勘探和开发了华北和冀东两大油田，40年来累计原油产量超过2.8亿吨，为我国跻身石油大国做出了重要贡献。1978~1986年，全省原油年产量均超过1000万吨，随后开始逐年下降，从90年代开始，全省原油年产量基本维持在500万吨以上。随着石油需求的强劲增长，省内石油产量已难以满足需要，石油进口和国家的石油调配为全省石油炼制和化工行业发展提供了有利条件。2017年，全省原油加工量达1441.5万吨，连续11年超1000万吨。

（二）河北省主要油田简介

1. 华北油田

华北油田是中国石油天然气股份有限公司华北油田分公司的简称，公司主要从事油气能源的勘探与生产、集输及储运，并具有勘探工艺及规划研究等石油和天然气开发重点职能。公司拥有油气资产原值201.29亿元，净值84.65亿元，在河北省的注册区域主要集中在冀中地区和冀南—南华北地区。公司共拥有53个油气田，油气集输管线3500多公里。

2. 冀东油田

中国石油冀东油田公司是中国石油天然气股份有限公司的地区公司，主营油气勘探、开发及销售业务。总部位于渤海湾北部沿海，作业区域覆盖河北省的秦皇岛和唐山等地，勘探总面积5797平方公里，其中陆地4797平方公里，潮间带和浅海面积1000平方公里。相继发现高尚堡、柳赞、杨各庄等7个油田13套含油层系。

二 2018年河北省石油行业发展情况分析

（一）石油供需整体平稳

1. 原油产量呈下降趋势

近十年，受河北省华北和冀东等油田产量递减的影响，河北省原油产量呈下降趋势，2017年省内原油产量539.1万吨，较2007年下降120.91万吨，下降18.32%（见图1）。

图1 2007~2017年河北省原油产量及增速

2. 消费量呈上升趋势，占能源生产总量的比重呈下降趋势

近十年，河北省石油消费量增长较快，2017年河北省石油消费量达到1695万吨，较2007年上升561万吨，上升49.47%（见图2）。上升的主要因素一是经济和投资快速增长，二是交通运输业发展拉动石油消费。但随着经济增速放缓以及河北省能源结构转型，2017年石油消费量较2016年下降105万吨，下降5.8%。

图2 2007~2017年河北省石油消费量及增速

2017年，随着河北省能源消费品种的不断优化，河北省石油消费约合2421.75万吨标准煤，占能源消费总量的比重为7.97%，与2016年相比，石油所占比重下降0.66个百分点（见图3）。

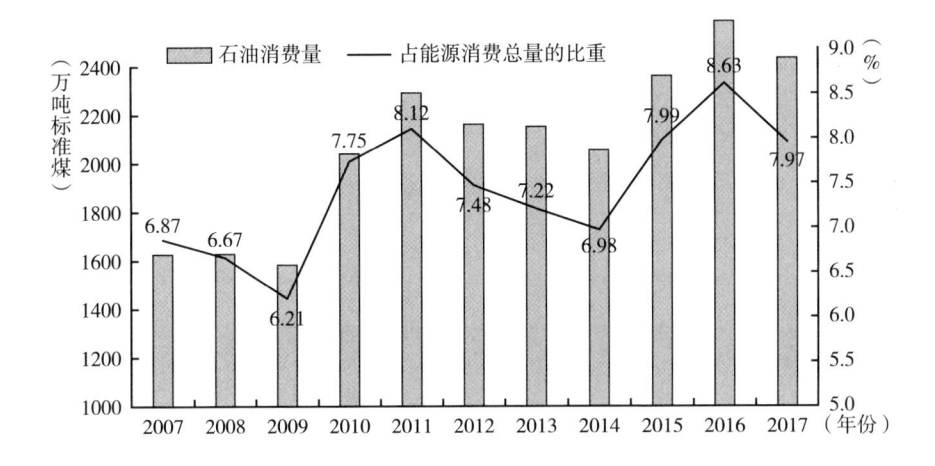

图3 2007~2017年河北省石油消费量及其占能源消费总量比重

3. 油价整体平稳，呈先升后降态势

2018年，国内成品油市场在政策、供需等诸多影响下，如成品油消费税、成品油出口方式转型、炼油领域专项整治等相继实施，成品油市场，尤其是汽柴油的价格变化波动较大。

从价格变化情况来看，2018年河北省成品油价格呈现先升后降态势，根据国内成品油定价机制"十个工作日一调"原则，2018年共有25轮的油价调整（见图4）。目前，2018年河北省已进行的成品油调价情况为"十三涨十跌一搁浅"，92号汽油、0号柴油，年末较年初分别下降127元/吨（1.41%）、110元/吨（1.47%），整体价格变化较小。2018年上半年，受国际油价影响，油价呈上涨态势，在下半年，OPEC和俄罗斯等产油国开始考虑减产保价，自2018年11月2日起，汽、柴油价格迎来"四连跌"，不断刷新2018年内最大跌幅，截至2018年底，年内涨幅基本全部回吐。

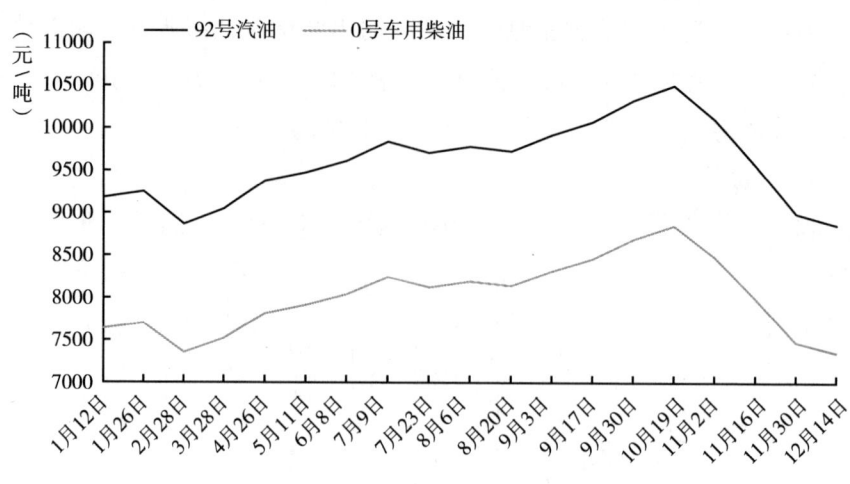

图 4　2018 年度河北省油价基准价格变化

（二）行业发展趋势向好

2018 年，全省石油和化学工业经济运行有所放缓，生产和消费增长基本平衡，增加值增速回落；市场供需基本稳定；价格总水平波动较大，单位成本略有上浮。在国家和河北省宏观政策调控下，全省石油行业整体效益保持稳定增长。

1. 供给侧结构性改革成果显著

化学工业涉及门类相当广阔，其行业运行情况既关系国计民生，也受到多种因素制约。自 2018 年以来，随着国家宏观政策调控影响，行业供给端产能扩张缓慢，且持续的环保压力导致部分企业产能持续下降，不少企业为了蓄积能量，逐渐退出市场谋划新的组合。随着经济性较差的产能有序退出，进一步完善了市场环境，给名牌、优质、高质量的新产品释放了发展空间，带动了优秀企业和产业快速发展。加之在国家供给侧改革不断实施中，成本端原油、电、天然气、煤炭等价格中枢向上，对化工产品又形成了高位支撑，这两大因素对企业利润增长起到了主导作用。从行业整体来看，高端产业、精细化学品、部分化工新材料发展正在稳步提升，但产业发展依然不平衡，特别是河北省传统产业（化工原材料产业），占比相对较大，但产品升级改造的步子却不大,将直接影响全行业提速发展。

河北省"十三五"期间承担全国1/3的钢铁压减任务,去产能与寻找环保接续产能、优化产业布局并存。总投资140多亿元的华北石化千万吨炼油升级改造工程于2018年10月投产,投产后年炼油能力将提高到1000万吨,该工程是中国石油"十三五"期间确定的唯一炼油扩能项目,建设完成后为产业大布局提供重要的产能和经济补给,为北京新机场、雄安新区提供重要油源支撑。2018年4月,河北省政府批准了《曹妃甸石化产业基地总体发展规划》。曹妃甸石化产业基地是我国重点石化产业基地之一,基地规划建设5000万吨级炼油以及千万吨级轻烃加工、百万吨乙烯和芳烃生产能力,2018年基地完成固定资产投资760亿元。曹妃甸石化产业基地位于河北省唐山市曹妃甸工业区,距离北京约250公里,将承接京津石化产业转移,满足华北地区对石油和化学产品的需求,推进产业调整和升级。曹妃甸区钢铁、石化、物流、装备制造、陶瓷生产等重点产业加速发展,为曹妃甸石化产业基地迈向世界一流的现代化临港石化产业基地奠定了坚实基础。

2018年,河北省石油和化学工业新产品研发及市场投入种类多、质量高,石油和化学工业新产能不断壮大。位于任丘市的华北石化千万吨炼油升级改造项目投产,2019年起每年可为北京机场提供200万吨航空煤油。同时,石家庄炼油厂完成酰胺技术改造进一步降低生产成本,新启元能源等技术公司通过设备升级,促进油品质量大幅提升,多种精细化学品相继研发成功并投入市场。沧州彩客化学集团生产工艺的技术改造、沧州大化新上一套15万吨TDI、阳煤深州化肥新上一套20万吨乙二醇、中捷石化高端"98号国Ⅵ乙醇汽油组分油"等,一大批较大项目的投资建设和快速投产,为行业经济运行增添了较大动力。曹妃甸是河北省最早规划的重点区域之一,2019年预计开工亿元以上项目有150个,其中包括中国交建集团系列项目、大连铭源百万吨乙烯项目等。

2. 园区建设不断规范优化

2018年,河北省石油和化学工业园区运行进一步精细化,园区规模也进一步扩大，先后建成约20个石油和化学工业园区，即：沧州临港化工园区、中国（衡水）工程橡胶产业制造基地、邢台旭阳煤化工园区、邯郸峰峰煤化工产业园区、河北唐山南堡经济开发区、宁晋盐化工园区、曹妃甸化学工业园区、沧州临港经济技术开发区、任丘石油化工基地、承德双滦钒钛冶金产业聚集区、乐亭临港产业聚集区、石家庄循环经济化工示范基地、深州市化工产业聚集区、沧州渤海新区化工产业园区、元氏县化工园区、馆陶新型化工产业园等。这些园区，对当地经济发展起到了较大的促进作用，园区安全消防一体化、物流储运一体化、原料产品一体化、生态环保一体化、管理服务一体化运营体系逐步形成，极大地促进了园区规范、有序、高水平发展，为广大搬迁入园企业提供了良好的发展条件。

3. 石化产业发展基础逐步加强

2018年，河北省石化行业稳步发展，产业结构更加优化，市场竞争力明显提升。一是高端石化项目不断建成投产，不仅为行业发展注入新动能，一些产品还填补了国内空白，对活跃市场、减少进口、拓宽产业起到了明显的促进作用。二是基本化工原材料、煤化工等行业，通过结构调整和技术改造，产业由粗放型向科技型、精细化型加速转变。三是环保检查和安全事故问责制度化，行业绿色发展、安全生产的意识和理念不断增强，发展质量不断提高。四是近年来的供给侧改革，使不少企业进行了重新组合，新一轮基本建设周期正在逐步形成，有利于加快新技术新成果的推广，进一步延伸、拓宽产业链。

4. 改革开放步伐明显加快

2018年，我国出台了外商投资准入负面清单，大幅缩小准入禁限范围，同时还出台了积极有效利用外资推动经济高质量发展、建立"一带一路"国际商事争端解决机制和机构、优化口岸营商环境促进跨境贸易便利化等一系列政策措施，极大地提振了外商在华投资信心。加上巨大的市场、完整的产业配套实施，都将吸引更多海外、省外石化企业家和资本进入河北省市场。不论是炼油、炼化还是化工新材料、化学药物生产，都将迎来发展期。不论是"走出去"还是"引进来",都会共同建设上下游配套、循环低碳的化学工业体系,进一步拉动行业较快增长。

(三)行业运行压力依然较大

1. 行业成本攀升

国家已在不断为企业减税降负,但产品成本却不断攀升。其中在资金问题上,大型企业反映,当企业达到一定规模后,银行信用贷款和抵押贷款仅能满足一部分资金需求,迫切需要通过股权融资来解决融资难、融资贵等问题。但由于石化行业大多数项目资金周转较长较慢,需要长期资本投入,风投资金、创投资金持股者根本不感兴趣。中小微企业则由于受许多金融政策及信誉度影响,融资更为困难。另外,人工成本提高"吃掉"了企业部分利润。石化行业除受危险性质影响外,还受传统产业"脏乱差"、劳动强度大等因素影响,高科技人才短缺,长期缺乏科技人才的状况越来越突出。另外,原材料成本上涨侵蚀了企业部分利润,随着宏观政策调控和供给侧改革,供需市场发生了较大变化,物美价廉的原材料难寻,低质低价原材料更难求,生产经营运行压力越来较大。

2. 市场需求乏力,产量下降

2018年,全省石化行业,经济运行出现低速增长态势。世界贸易增长率下降,受其影响,价格虽有支撑,产量却出现明显下降。随着市场不断发展变化,特别是中美贸易摩擦影响,一些主要化学品及部分大宗商品,市场需求出现乏力,部分产品价格大幅下滑,企业资金短缺,行业投资动力不足的问题犹存。

三 2019年河北省石油行业形势展望

2019年是"十三五"规划实施关键之年,国家将不断出台一系列改革、开放措施,加快推进国民经济发展和进步,河北省石化行业将迎来大好发展时机。但是,随着我国经济由高速增长阶段转向高质量发展阶段,经济运行面临结构性调整等问题。

（一）面临的机遇

1. 稳中求进有条件、有底气

2019年是"十三五"规划即将收官、全面建成小康社会进入冲刺阶段的关键之年，石油产业作为国民经济的基础性支柱产业，实现高质量发展具有深远意义。一方面，高端石化项目将连续建成投产，不仅增添行业发展动力，而且对下游产业产生较大拉动作用。现代煤化工业，经过结构调整，将迎来良性发展的爆发期。另一方面，随着全行业绿色发展意识的提高，产业发展质量将明显提升，通过社会环境治理，停产、下马的石化企业，越来越多地走上重新发展之路。

2. 宏观政策调控有力支撑

在国内政治、经济新形势下，国家大政方针不断出台，特别是支持、扶持民营经济发展、进一步减免税费，将有力拉动全国经济发展。随着金融市场的不断改革发展，一些高科技、新成果、新项目将不断研发生产，都将对全国经济发展产生较大拉动作用。

3. 民营经济将迎来重大利好

经过40年的发展，河北省石油和化学工业民营经济已成为全行业的重要骨干力量，主要经济指标均占全行业的50%以上。2018年习近平总书记做过多次重要讲话，肯定了民营经济的历史地位和重要作用，确定了六个方面措施：减轻企业税费负担，解决民营企业融资难、融资贵问题，营造公平竞争环境、完善政策执行方式，构建亲情新型政商关系，保护企业家人身和财产安全，有关部门和全国各地的落实举措正在接连落地。此外，一系列金融政策陆续出台，将小微企业和民营企业债券和贷款纳入央行合格担保品范围，同时将小微企业贷款利息收入免征增值税单户授信额度上限由100万元提高到1000万元。这对加快民营经济建设，提供了良好的发展前景和大好时机。

（二）面对的挑战

1. 行业景气度或有所回落

石油和化工作为经济的重要支柱产业，与宏观经济有着80%～90%

的相关性。2019年，随着世界经济增速的放缓和国内宏观经济的下行压力加大，石化行业在经历自2016年底启动持续近两年的行业复苏周期后，景气度将有所下降，面临二次探底的重要转折。随着发达经济体增长减速和出口大宗商品的主要新兴市场复苏趋渐平缓，以及贸易保护主义升级给全球经济带来相当大的下行风险，后期全球经济增长将逐渐放缓，预测增速在2.9%，在宏观经济调整减速的主基调下，石化行业景气度也将有所回落。

2. 低油价可能成为新常态

油品是世界经济的温度计，同时也是整个实验和化工产业链市场的起搏器和发动机。2018年国际油价经过激烈市场博弈，最终向下突破低位运行，上半年，在美国严厉制裁伊朗等地缘政治风险预期下，油价一路攀升，但下半年尤其进入10月以后，油价表观一落千丈，纽约油价从80美元/桶，持续下跌年底的40美元/桶，跌幅超过50%。预测2019年，随着世界经济的调整减速，油价也将继续低位运行，不排除出现极低油价。跟油价连动的成品油、煤炭等将向石化产业链传导，影响其整个价格体系。

3. 困难和问题交叉重叠严重

国际国内政治、经济新形势不断发生变化，对加快行业与市场接轨、产业结构调整，将产生较大推动作用。但目前河北省石化行业，整体依然处于新旧产能调整和传统产业升级改造关键期。困难和问题依然较为突出，特别是流动资金超度紧张，给整个行业带来较大负面影响。结构调整速度进一步放缓、传统产业升级改造表现乏力、项目投资建设连续下降、新成果研发生产、新旧动能转换等方面依然缺少较大动力支撑；高新技术产业受国际贸易及中东经济新秩序影响，生产经营也不断遭遇挑战，这些因素都将极大地影响和拖延上下游产业的发展。

4. 行业高度分化可能更显著

2019年，低油价将向整个石油和化工产业链传导，产业链的价格体系将重构。但分行业看，高度分化将是主基调。炼化、基础化工产业喜忧参半，降本增效、内部挖潜，将成为发展主题。作为替代油气能源和油头化工，探索多元化路径的重要新兴产业，将经受严酷市场洗礼。有技术壁垒、有市场余量的高端化学品行业可以长期享受技术和市场溢价。

对整个产业而言，原材料和化工产品的价格关联度高，是影响企业发展的重要因素之一。同时需要看到，随着产品产业升级，基础化工业，需求增长放缓，价格下滑可能难以逆转，伴随着清洁环保、安全生产治理工作将进一步强化，部分企业受国家供给侧改革政策实施影响和调控政策约束，生产和消费市场将进一步萎缩。

四　2019年河北省石油行业发展对策和建议

基于新的形势，石油行业运行的主要矛盾依然是供给侧结构性的矛盾。2019年，抓住高质量发展阶段的主要矛盾和矛盾的主要方面，有针对性地解决和应对供给体系不适应需求结构变化，保持河北省石油化工行业发展的稳定。

（一）把握河北省战略发展机遇

河北省地理位置特殊，随着能源结构转型和美丽河北建设的不断推进，石油产业安全、环保压力逐步增加。河北省石油和化工行业在顶层设计上，应把握以安全环保、效益为主，培育潜在产业发展的理念，争取近期以产业结构调整、产品质量升级为契机，快速加快环保效益和经济效益提升。同时要围绕京津冀协同发展、雄安新区和冬奥会等重大历史机遇的叠加，要抓住国家机关、央企、大学、院所、大集团搬迁的大好机会，全面对接企业、院校、产业链的搬迁，进一步引进科技人才和管理人才，同时加强单位和产业间的合作。在石化行业结构调整上，坚持大型园区化集中发展模式，坚持新产品研发理念。

（二）加快进行供给侧结构性改革

发挥消费中心区、"一带一路"能源合作节点区、沿海临港等优势，结合油品质量升级工程，推进石化基地建设。加强国内外战略合作，促进燕山石化等省外炼化企业迁入，加快整合省内地方炼厂，结合淘汰落后产能，加快建设曹妃甸石化基地，推动产业聚集发展。依托海上原油进口通道，提升改造沧州地区炼油能力。推进千万吨级炼油企业油品质量升级改造。

特别要围绕行业"短板"不断攻关，加快发展高端、终端和化工新材料，整合省内地方炼厂，结合淘汰落后，加快曹妃甸炼化一体化石化基地建设，发展清洁油品、烯烃等产品炼化一体化项目，延伸炼油加工产业链，推动产业集聚发展，提高企业效益。要加快化工原材料行业的提质增效，加快引进先进适用技术和核心关键技术，加大有特色、有市场、精细化、专用化产品研发力度，加快规范和提高园区建设水平。在技术含量方面，提升企业经济运行的质量和效益；围绕重大工作任务，充分发挥全省技术平台广阔、科技人才聚集、全国交流畅通的优势，帮助和协助企业大力开拓国内国际市场，增强微观主体的发展活力和市场竞争能力，充分发挥行业经济运行监测体系的综合分析和引领作用。

（三）突出绿色高质量发展主线

随着"蓝天保卫战"的打响，河北环保要求越来越严格，产业结构绿色升级、安全升级是适应美丽河北建设的必由之路。河北省石化行业应以绿色安全发展为核心理念，坚持园区化、规模化发展，重点在沿海园区打造一流产业园区；坚持关键技术的研发投入，多产出竞争力强的石化产品。

参考文献

河北省人民政府办公厅：《河北省"十三五"能源发展规划》，2017。

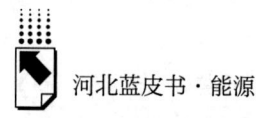

河北省发展和改革委员会：《河北省石化产业发展"十三五"规划》，2016。

中国石油化工集团公司经济技术研究院：《中国石油产业发展报告（2018）》，社会科学文献出版社，2019。

河北省人民政府：《河北经济年鉴2018》，中国统计出版社，2018。

B.4 2018~2019年河北省天然气行业发展形势分析与展望

陈 亮*

摘 要： 2017年是我国《大气污染防治行动计划》目标年，河北省进一步加强清洁供暖工作，提升可再生能源在能源消耗中的占比。按照要求，2017年河北需完成居民煤改气180万户，锅炉煤改气4500蒸吨，当年实际完成居民煤改气260万户，锅炉改造11700蒸吨。2017年入冬以来，河北省多数地区出现了"气荒"现象，天然气价格暴涨，创历史新高。12月1日，液化天然气挂牌价格创出了9400元/吨的历史新高。针对该问题，中央有关部门出台措施，在国家发展改革委组织召开会议后，环保部下发文件，提出"进入供暖季，凡是没有完工的项目或地区，继续沿用过去的燃煤取暖方式或其他替代方式"。

关键词： 天然气 煤改气 储气 调峰

一 河北省天然气资源及行业总体特征

（一）河北省天然气资源情况

天然气是自然界中天然存在的一切气体的统称，包括地球上通过各种自

---

* 陈亮，国家电网河北省电力有限公司经济技术研究院高级工程师，工学博士，研究方向为能源经济与能源供需。

然过程形成的气体。生活中常说的"天然气"是指经过长期的变化过程天然蕴藏于地层中的烃类和非烃类气体混合物。天然气主要存在于油田气、气田气、煤层气、泥火山气和生物生成气中，也有少量出于煤层。天然气通常可以分为两种类型：一种是在地层中以气态形式天然存在，称为非伴生气，其中包括纯气田天然气和凝析气田天然气两种；另一种为伴生气，是与原油共同存在，开采时通常和原油一起被采出的油田气。凝析气田天然气被开采出后，由于地表大气压较地层低而温度高，凝析气田天然气呈现出气相和液相两种形式。呈现气相的则为天然气，而呈现液相的则称为凝析油。按照天然气的存在形式，又分为煤矿天然气、构造性天然气和水溶性天然气。其中，构造性天然气还包括干性和湿性两种形式。湿性天然气开采时需要伴随原油一起开采，而干性天然气则单独开采，因此不含液体成分。

河北省拥有大量煤炭资源，是我国重要的矿产资源基地，也是全国近代能源工业发展较早的地区。然而，河北省多煤少气，天然气储量1800亿立方米，地质储量1401亿立方米，年产量近10亿立方米。

作为城市能源供应体系的关键一环，城市天然气是国民经济中先导性、全局性的基础产业。城市天然气可以为城镇居民提供优质能源，降低城市环境污染，提升群众生活质量。20世纪70年代，河北省城市开始使用液化气。随着河北石油冶炼行业的不断发展，石家庄以及周边城市为提高生活质量，改善自然环境，对居民燃料结构进行了优化，相继成立液化石油气公司。最初供应能力十分有限，仅能为几万户居民提供石油气。

截至2015年底，全省已建成运营国家气源干线和省内支干线25条，总长度3264公里，设计年输气能力500亿立方米；城镇管网总长4000公里，81%以上的县实现了管道通气。全省已经形成了包括国家气源干线、省际供气直线、省内集输管线、省际联络线、城镇管网和调峰储气设施的天然气基础设施网络。

（二）河北省天然气企业基本情况

1. 河北省天然气有限责任公司

2001年4月27日，经河北省人民政府批准，河北建设投资集团有限责任公司出资设立河北省天然气有限责任公司。公司主营业务是危险货物运输、液化天然气进口、燃器具销售及安装维修以及天然气输送、销售和综合利用；建设和经营燃气汽车加气站、建设城市管道燃气项目；输气管线运行、维护的劳务服务；市政公用工程总承包业务以及燃气工程设计。2006年2月，河北建投集团与香港中华煤气有限公司建立合作关系，将公司进行改组，使其成为一家具有竞争力的中外合资企业。2010年2月，河北省天然气公司与建投新能源公司并入建投新天绿色能源股份有限公司。

2. 河北盛德燃气有限公司

河北盛德燃气有限公司原名为"黄骅市液化石油气服务总公司"，是隶属于黄骅市政府的自收自支事业单位。该公司主营业务是城市燃气基础设施建设、向城市居民和工业用户提供优质燃气供应服务，同时负责天然气管网中下游和输配系统的投资、建设和运营管理，液化天然气（LNG）、压缩天然气（CNG）、天然气汽车加气站项目运营管理及新能源推广。该公司投资兴建门站及CNG、LNG汽车加气站30余座，组建100部天然气专用运输（CNG、LNG）车辆的危险品运输公司，分别完成高压输气管道和中压城市管网180公里和400公里；年供气10亿立方米。

3. 河北高源燃气有限公司

河北高源燃气有限公司主要从事河北省地区天然气的经营与销售、城市天然气管网建设、车用燃气（LNG \ CNG），并提供燃气设备的技术咨询和售后服务。公司具有国内较先进的城市天然气输配应用管理手段和专业技术，是功能齐全、技术力量雄厚、整体实力较强的城市天然气服务性企业。

公司现有燃气高中低压管网300余公里，完成和在建CNG供气站4座、CNG汽车加气站3座、LNG供气站5座、LNG汽车加气站2座、加油站2座。发展居民用户3.5万余户。

4. 河北亚创天然气股份有限公司

河北亚创天然气股份有限公司成立于2012年。公司坐落于河北省霸州市，地处北京、天津、雄安新区的核心区域，是一家集天然气产业链全生命周期服务、信息化运营、数字化管理为一体的新型天然气服务企业。

亚创发展理念上，紧跟能源发展趋势，以优化城市用能环境为己任，在全面分析城市能源发展的新特征、新趋势的基础上，打破能源市场的传统壁垒，用LNG保障区域能源供应；响应能源利用政策，以能源储备空间为战略支点，加快储气设施建设，建立中游服务体系，提升储、销能力；专注智慧能源发展，以"互联网+LNG"数据管理创新驱动，分别设立了智能数据平台和物联网装备研发中心，力求用信息化和云服务技术为客户带来全新的清洁能源消费体验。

5. 河北华燃长通燃气有限公司

河北华燃长通燃气有限公司，始建于2003年，年输气能力5亿立方米，建有城市门站20座，加气站30座和省内最先进的"天然气输配动态集控中心"，现已敷设高中压天然气管网1000多公里，形成具有天然气管道施工和运营较强实力的邯郸市唯一的综合性大型民营天然气输配企业。

6. 河北华油天然气有限责任公司

河北华油天然气有限责任公司成立于2006年10月，主要从事压缩天然气加气站的开发利用项目的建设，压缩天然气技术培训及咨询服务，天然气设备租赁；压缩天然气销售；危险货物运输。公司已经成为河北省最大的CNG供应商和零售商之一。

随着市场的发展和天然气的普及，河北华油天然气有限责任公司按照河北省及石家庄市城市燃气的总体规划及双燃料汽车的发展状况，逐步有计划、有步骤地建设压缩天然气加气站，使天然气的推广和利用不断深入，以减少城市污染、改善生活环境、缓解能源紧张的局面。

7. 河北新奥集团股份有限公司

河北新奥集团股份有限公司现位于河北廊坊经济技术开发区。公司的主营业务是清洁能源利用，兼营房地产开发和旅游酒店经营等业务。公司拥有多家控股公司和分支机构，在能源产业方面拥有新奥燃气控股有限公司，主要负责城市天然气供应、天然气管网设计以及运维管理等。经过不断努力，公司已经在天然气业务方面积累了丰富经验，同时也构建了自身特色的管理运营模式，在天然气相关设备研发方面具有一定规模，形成了较为完善的燃气产业链。

二 2018年河北天然气行业发展面临的问题

(一)天然气生产量呈逐年下降趋势

随着我国对气候问题及能源结构的不断关注和优化,我国天然气需求量经历了十余年的快速增长,但随着我国经济放缓及替代能源的不断开发,油价、煤价下跌等因素削弱了天然气的竞争力和需求动力,近两年来天然气生产增速明显放缓,达到历史低点。省内天然气生产量自2011年开始增长,到2014年达到最大值,随后逐年下降(见图1)。

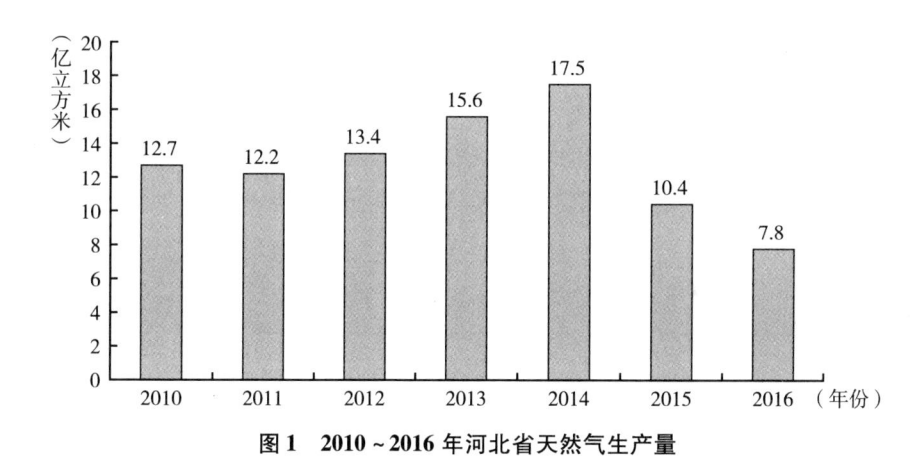

图1 2010~2016年河北省天然气生产量

(二)供应不足,需求快速增长

不断推进的"煤改气"使天然气的需求量快速增加。"煤改气"实施的主要对象是冬季取暖的散煤用户、钢铁、化工和水泥等重要工业企业和燃煤电厂。为完成《大气污染防治行动计划》制定的2017年目标,全省各地不断加快"煤改气"进程,提升清洁能源消费占比。尽管部分地市煤改气已经超额完成任务,但一些地市仍然制定了煤改气的量化指标。

在国家政策的大力支持下,河北省天然气消费量自2017年夏天以来呈持续增长趋势，受冬季供暖需求影响，天然气消费量峰谷差不断扩大，天然气供应呈现储气调峰能力不足，天然气供应形势面临巨大考验。

随着我国城镇化进程的加速推进，城市人口迅速增长，天然气基础设施不断完善，石油液化气和煤气的消费量呈现加速下降趋势，城市居民对天然气的需求快速增长。从天然气用户构成看，城市天然气的消费主要为民用，每日天然气消费量超过1万立方米的工商业用户寥寥无几。随着我国对环境保护问题的重视程度越来越高，以及能源结构的不断调整，工商业用户对天然气的需求将持续上涨。虽然我国天然气供应能力不断提高，但仍然无法满足快速增长的用气需求（见图2和图3）。

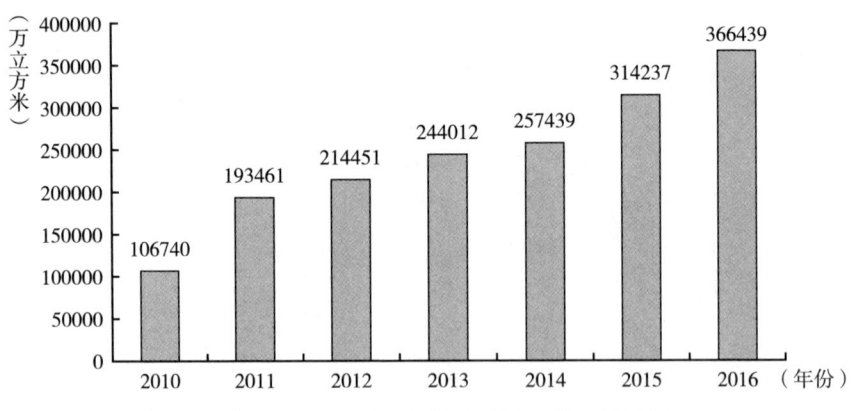

图2 2010～2016年采暖季河北省天然气消费量

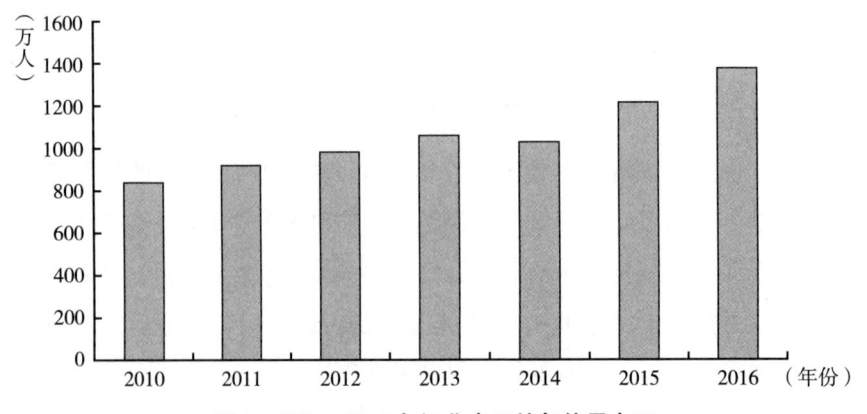

图3 2010～2016年河北省天然气使用人口

（三）冬季天然气短缺问题凸显

中央政策大力推进煤改气，生态文明上升为千年大计，环保督察、大气污染专项督察有效对地方政府和企业传导环保压力。在这一背景下，地方政府对环保的重视度空前提高，自行出台"煤改气"政策，自加压力，制定的煤改气完成目标数超上一级制定计划数。从省一级来看，部分省份自加压力，改造目标超过中央。

根据2017年8月环保部等多部门联合下发的京津冀及周边地区秋冬季大气污染综合治理攻坚行动方案，治理范围包括北京、天津两个直辖市，以及河北、河南、山西、山东的26个城市（简称"2+26"城市），要求2017年10月前，完成以电代煤、以气代煤（"双代"）300万户以上，其中河北省180万户。河北省超额完成2017年煤改气任务：根据河北省人民政府新闻办公室发布会数据，截至2017年10月底，全省共完成"双代"（气代煤、电代煤）验收通气通电户数233.9万户，与原计划的180万户相比，超额完成近30%。居民用气量根据天气情况变化有较大波动，一般每日用量为6~12立方米，若按照每日平均使用10立方米测算，目前完成煤改气的用户整个采暖季实际新增需求约27亿立方米。

天然气新增需求的另一大来源，是燃煤锅炉的替代。根据国家部署，河北省各市和直管县建成区淘汰35蒸吨及以下燃煤锅炉；石家庄、保定、廊坊市行政区域内全部淘汰10蒸吨及以下燃煤锅炉，其他城市县城和城乡接合部也要全部淘汰。这部分燃煤锅炉包括居民集中供热，也包括工业生产使用，不达标的锅炉要么被淘汰，要么改燃气锅炉。根据管网测算的数据，最终改燃气的有5700多台，这使一个供暖季新增气量需求10亿立方米。

2016年整个采暖季，河北省天然气消费总量约为36.6亿立方米，而上述农村地区煤改气以及燃煤锅炉改气合计需要37亿立方米天然气。公共服务、商业、交通等其他领域对天然气的需求也有所增长。

针对该问题，各地主要以限制工业用气的方式"挤出"气源，并通过跨地区调运来保障居民取暖用气，能在一定程度上缓解华北地区"气荒"。

综合考虑天然气供需的技术经济特征，拒绝"气荒"重来，需从基础设施建设和价格机制完善两个方面发力。

（四）采暖季天然气价格上涨

2017年10月，受用气企业增多、气源库存紧张的影响，开始出现天然气短缺的情况。河北省发展改革委启动全省天然气需求侧管理机制，全省进入橙色预警状态。河北省会石家庄分时削减供热公司天然气消耗指标，受此影响，供暖被迫低温运行。

2017年入冬以来，国内天然气供应紧张，天然气价格也持续上涨，液化天然气价格一度突破万元，华北、华中等地区甚至出现大面积"气荒"现象并引发社会各界关注。在国家发展和改革委员会、商务部、环保部采取一系列紧急应对措施后，河北省液化天然气到货价稍有回落，但仍然高达七八千元每吨。与此形成鲜明对比的是，在上一个取暖季，即2016年11月到2017年3月，河北省液化天然气到货价的波动区间为3200~3750元/吨。由此可见，液化天然气价格是上一个取暖季中最高水平的2.16倍。

（五）天然气基础设施落后

河北省的天然气基础设施建设相对落后，只有少量的管道沿线附近地区可以方便使用。在使用天然气的所有人口中，煤气和天然气管道输配供气人口占供应人口的55%，仍然有将近一半居民还在通过灌装液化石油气用气。与其他先进省份相比，河北的管道气供应还存在较大差距。

三 2019年河北天然气行业发展形势展望

为加快补足我国储气能力短板，国家发展和改革委员会、国家能源局于2018年4月26日联合印发《关于加快储气设施建设和完善储气调峰辅助服务市场机制的意见》。根据国家部署，到2020年供气企业和城镇燃气企业的储气能力要分别达到合同年销售量的10%和年用气量的5%；县级以上地方人民政府至少形成不低于保障本行政区域日均3天需求量的储气能力。

为进一步完善储气基础设施，河北省充分利用相关政策，推进重点项目建设，力争短时间内增强储气能力。

2018年河北省天然气重点项目如下。

（一）续建项目（4项）

（1）沙河市正康能源有限公司高效清洁燃气（沙河市）。
（2）河北油气管道及储气设施建设。
（3）唐山LNG接收站应急调峰保障工程（曹妃甸）。
（4）张家口地区长输天然气管道"县县通"工程。

（二）保投产（含部分投产）项目（1项）

中广核生物燃气河北有限公司车用生物天然气工程（衡水高新区）。

（三）前期项目（2项）

（1）通用哈动力合资建设燃气轮机（秦皇岛开发区）。
（2）河北油气管道及储气设施建设。

四 2019年河北省天然气行业发展对策建议

（一）采用激励措施调节天然气供需不平衡

当需求高峰期居民用气紧张时，通常是以行政手段减少工业用气。在特定时期，"限生产、保民生"固然有一定合理性。这使天然气市场中诸多行为主体难以形成稳定的预期，从而加剧了市场的波动，间接提高了发生"气荒"的概率。

在天然气市场季节性供需矛盾突出的情况下，以价格手段加强需求侧管理，是引导市场实现短期平衡的重要手段。《天然气发展"十三五"规划》

提出："加强需求侧管理，利用调峰气价、阶梯气价等价格手段，拓展可中断用户，激励各类用户参与调峰。"2018年10月，上海发布了《关于调整上海非居民用户天然气价格的通知》。实行季节性差价，收到了较为显著的降低用气峰谷差的效果。

（二）大力开展接收站建设

完善的基础设施是确保天然气供需平衡的前提。天然气供需具有"准实时平衡"的特征，市场交易有明显的区域性，对于管网基础设施有很强的依赖性。尽管从全球来看，近些年随着LNG生产技术的进步，天然气交易对管网设施的依赖性在逐步降低，但对终端市场来说，LNG接收站也是重要的基础设施。LNG接收能力不足，导致取暖季新增需求难以得到满足。

2017年12月8日，华南地区码头气库的进口LNG批发价为4780.8元/吨，与2017年10月13日的价格相比，只提高了3.5%。在天然气勘探开采技术快速进步的背景下，全球天然气供需形势相对宽松的大环境发生重大变化的可能性很低，因此，海上LNG进口气供应是充足的。

海上LNG进口气能否成为保障国内天然气消费的主力，关键在于接收站建设能否跟上。从供给端看，2016年我国自产气、陆上管网进口气、海上LNG进口气在总供给量中的占比分别是66%、18%、16%。由于近些年国内天然气需求增速下降，自产气和陆上管网进口气的投资增速持续低迷，2017年国内天然气市场需求复苏后，增量需求部分基本由海上LNG进口气来满足。这一方面使我国LNG进口逐月增长，另一方面也让LNG接收站接近满负荷运行。进入供暖季后，华北地区大规模推行"煤改气"后形成的增量需求，超出管网和LNG满负荷输送能力。由于LNG的经济运输半径在300公里以内，超过部分每百公里就要增加成本60~80元/吨，这就使河北地区的LNG价格持续飙涨。

在国内自产气、陆上管道进口气未来几年增长空间有限的前提下，需要加大LNG接收站建设力度，以缓解很可能会出现的天然气需求旺季LNG产能严重不足的矛盾。尤其在河北地区工业燃煤锅炉改造和居民取暖"煤改气"持续推进的背景下,天然气需求尤其是取暖季的需求预计每年都会以20%以上的速度增长。因此,应在确保不影响海洋生态环境的前提下,加快推动环渤海地区 LNG 接收站建设进程,增强河北地区 LNG 接收能力,提高天然气供应能力,降低供应价格。

(三) 加快开展储气库建设

加快推进储气调峰设施建设,是保障用气高峰期供气充足,避免出现"气荒"现象的重要途径。尽管我国已经成为仅次于美国、俄罗斯的世界第三大天然气消费国,但储气调峰设施起步晚、发展慢,明显无法满足季节调峰需求。在海上 LNG 进口气占比越来越大的条件下,有必要鼓励各地根据实际情况,因地制宜建设岸基 LNG 接收站增建储罐、浮式 LNG 接收站、小型 LNG 液化厂及 LNG 卫星站等 LNG 储备调峰设施。只要地质条件适合,就可规划建设地下储气库。然后与主管道相连通,形成全国储气库联网。CNG 管道气气价低廉的中小城市则可以考虑建设与汽车加气站相结合的 CNG 储气井群。

(四) 通过价格机制激励储气调峰设施建设

对地下储气库、LNG 调峰站提供的调峰气实行单独核价,促进储气调峰设施建设。从发达国家天然气产业发展经验看,储气库提供的调峰服务市场化是促进储气设施建设的有效手段。当然,建立健全储气调峰价格体系的前提是理清储气库建设运营成本。目前,我国储气库建设和运营支出从石油企业的天然气管道建设运营费用中列支,无法体现出不同季节或不同时段的供气成本差异。如果不能准确识别储气库的调峰供气成本,那么在给储气库提供的调峰气核价时就会面临很大困难。

此外,在居民用气占比持续提高的背景下,当前工业、车用、发电等非居民户补贴居民的格局要继续维持,将会面临越来越多的问题。特别是,如果非居民户一直都需要承担交叉补贴居民的成本,那么非居民户用气需求的增长前景会比较模糊。非居民户用气的稳定性比较强,而且在恰当的激励

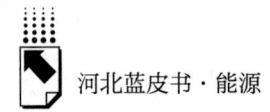

下，部分非居民户还可以在需求高峰期提供调峰服务。也就是说，非居民户是天然气需求侧的稳定力量。这类稳定力量发展不足的话，在多种因素推动居民用气连年增长的情况下，应对"气荒"就需要付出越来越大的努力。因此，需要决策层以更大的决心统筹谋划、坚定推进天然气价格体系改革的"顶层设计"。

参考文献

河北省发展和改革委员会：《河北省天然气发展"十三五"规划》，2017年1月。

《中国统计年鉴2017》，中国统计出版社，2017。

《河北经济年鉴2018》，中国统计出版社，2018。

《中国能源统计年鉴2017》，中国统计出版社，2017。

国家能源局：《北方地区冬季清洁取暖规划（2017-2021年）》（发改能源〔2017〕2100号），2017年12月5日。

国家发改委：《关于降低非居民用天然气基准门站价格的通知》（发改价格规〔2017〕1582号），2017年8月29日。

B.5
2018~2019年河北省电力行业发展形势分析与展望

马国真 单体华 安佳坤 习朋 赵阳*

摘 要： 2018年，河北电力行业发展情况良好，发展环境优化，电力供应保障能力加强，电网发展质量提升，电力体制改革持续深化，电力行业对落实国家、河北省重大战略支撑能力不断加强。全省全社会用电量增长6.5%，用电结构不断优化，负荷需求受季节性影响，存在较大的增长空间，高峰时段的电力供应仍然偏紧。2019年，河北省电力行业将持续提升发展质量，服务和保障京津冀协同发展，进一步深化电力体制改革，释放改革红利，落实河北省大气污染防治、重点行业去产能等重大战略部署，加快外电入冀与新能源发展步伐，为建设经济强省、美丽河北贡献力量。预计全省全社会用电量3824亿千瓦时，同比增长4.3%，冬夏高峰时段用电负荷保持平稳较快增长，电力供应仍偏紧。

关键词： 河北省 电力行业 电网建设 电力供需

---

* 马国真，国家电网河北省电力有限公司经济技术研究院高级经济师，管理学硕士，研究方向为电网规划；单体华，国家电网冀北电力有限公司经济技术研究院高级工程师，工学硕士，研究方向为能源电力；安佳坤，国家电网河北省电力有限公司经济技术研究院工程师，工学硕士，研究方向为电网规划；习朋，国家电网河北省电力有限公司经济技术研究院高级工程师，工学硕士，研究方向为电网规划；赵阳，国家电网河北省电力有限公司经济技术研究院高级工程师，工学硕士，研究方向为电网规划。

2018年,是全面贯彻党的十九大精神开局之年,在河北省委、省政府的领导下,全省国民经济稳中向好、稳中有进,质量效益不断提高,为电力行业提供了良好的发展环境。面对国内外宏观经济形势变化、大气污染治理、新一轮重点行业去产能等复杂的形势,河北省电力行业以提高发展质量为核心,持续推进供给侧结构性改革,全力做好火电行业去产能、服务和保障京津冀协同发展、落实新一轮农网、清洁取暖电网改造和脱贫攻坚部署等重点工作,实现了安全保持良好局面、新能源快速发展、新技术持续推广应用,电力行业整体发展质量不断提升。

电力行业作为重要基础性产业,是国民经济发展的"晴雨表"与"风向标"。本文通过系统分析2018年河北电力行业发展环境、现状与未来趋势,对于社会各界了解河北省电力行业发展现状,研判河北电力乃至地区国民经济的发展形势,具有十分重要的作用。

一 2018年河北省电力行业发展情况分析

(一)电力行业发展环境优化

2018年,全省坚持稳中求进工作总基调,践行新发展理念,把握高质量发展要求,深化供给侧结构性改革,全力推动京津冀协同发展、雄安新区规划建设、冬奥会筹办三件大事,实施重点行业去产能、工业转型升级、战略性新兴产业发展战略,经济增长稳中向好,稳中有进,全年全省生产总值增长6.6%,为电力行业发展提供了良好的环境(见图1)。

(二)电力供应保障能力加强

电源结构不断优化。2018年,河北省继续开展火电结构优化调整,加快新能发展,电源结构不断优化。截至2018年底,河北省区域内整体装机容量达到7426.3万千瓦,较上年增加619.2万千瓦。其中,河北南网3654.96万千瓦,较上年增加277.48万千瓦;冀北电网3771.34万千瓦,较上年增加341.72万千瓦。

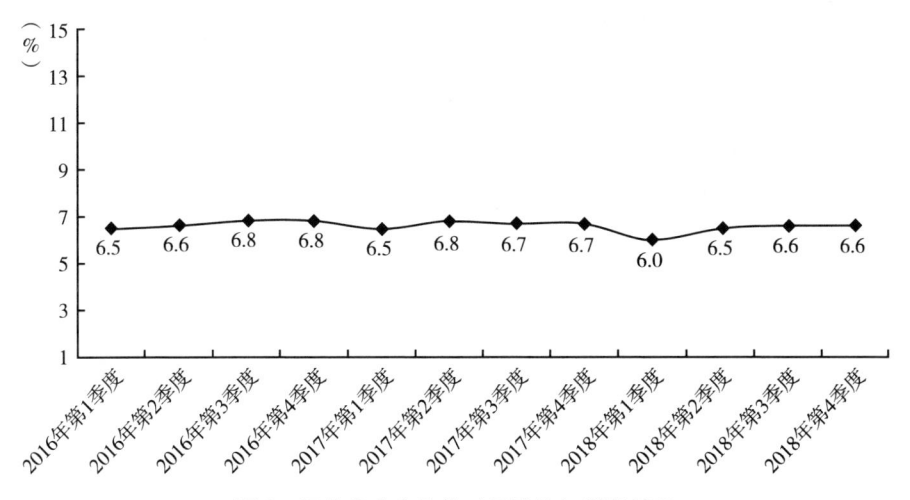

图 1 河北省生产总值（累计值）增长情况

从发电结构看，火电装机4615.96万千瓦，占比62.16%，较上年降低5.03个百分点；水电装机182.26万千瓦，规模与上年持平；风电、太阳能装机分别1390.74万千瓦、1234.14万千瓦，分别较上年增加209.66万千瓦、365.88万千瓦，占比分别为18.73%、16.62%，较上年分别提升1.38个、3.86个百分点。从发电量看，2018年河北省内机组发电量达到2786.71亿千瓦时，同比增加129.97亿千瓦时；其中河北南网机组发电量1529.21亿千瓦时，同比增加97.07亿千瓦时；冀北1257.5亿千瓦时，同比增加32.9亿千瓦时；火电发电量2361.02亿千瓦时，占比84.72%，较上年降低1.7个百分点；风电、太阳能发电量分别为282.64亿千瓦时、126.47亿千瓦时，占比分别为10.14%与4.54%，较上年分别提升0.24个与1.63个百分点（见表1）。

表1 2018年河北省电源装机结构

单位：万千瓦，亿千瓦时

区域	水电		火电		风电		太阳能		储能	合计	
	容量	发电量	容量	发电量	容量	发电量	容量	发电量	容量	容量	发电量
冀北电网	56.07	5.75	1836.82	918.43	1257.29	265.53	617.95	67.79	3.2	3771.34	1257.50
河北南网	126.19	10.83	2779.14	1442.59	133.45	17.11	616.19	58.68	0	3654.96	1529.21
合计	182.26	16.58	4615.96	2361.02	1390.74	282.64	1234.14	126.47	3.2	7426.30	2786.71

电网结构不断完善。2018年，河北南网特高压交流电网建成"两站两通道"；500千伏电网在"四横三纵"的大格局下，局部形成石家庄双环网、保定"C"形双环网、石保衡沧环网、邯邢环网等结构；220千伏电网分成6个供电区（慈云、保定北部、保定南部、石家庄、衡沧、邯郸与邢台6个分区）；110千伏、35千伏电网大部分形成双侧电源供电模式。冀北电网500千伏主网架结构与受电方向维持不变，初步形成唐承秦"三纵三横"的网架结构，并与北京、天津紧密联系形成500千伏大环网。220千伏电网保持原8个分区运行方式，廊坊北部电网通天津联络运行。

电网规模稳步增长。2018年，河北南网共有1000千伏变电站2座，变压器4台，总容量1200万千伏安；500千伏变电站23座，变压器60台，总容量5000万千伏安；220千伏公用变电站184座，变压器406台，总容量6824万千伏安；110千伏公用变电站718座，变压器1427台，总容量6348万千伏安；35千伏公用变电站1159座，变压器2340台，总容量2161万千伏安；10千伏配变41.6万台，配变容量6606万千伏安。冀北电网共有1000千伏特高压站1座，变压器2台，总容量600万千伏安；500千伏变电站24座，变压器50台，总容量4745.1万千伏安；220千伏公用变电站125座，变压器279台，总容量5172万千伏安；110千伏公用变电站368座，变压器759台，总容量5172万千伏安；35千伏公用变电站590座，变压器1192台，总容量1326.39万千伏安。

（三）电力需求增长保持平稳

1. 全社会用电量平稳增长

2018年，河北省全社会用电量累计达到3665.7亿千瓦时，同比增长6.51%，增速较上年提高1.1个百分点。用电量增长的主要原因一是冬夏季节性电力需求保持较快增长；二是产业转型升级成效良好，第二产业用电量增速不断回稳，第三产业用电量持续攀升。

逐月看，2月、3月受春节前后停工与复产年度差异的影响，全社会用电量较上年小幅下降，其他月份用电量均呈平稳较快增长趋势，冬夏季电量增长较快（见图2）。

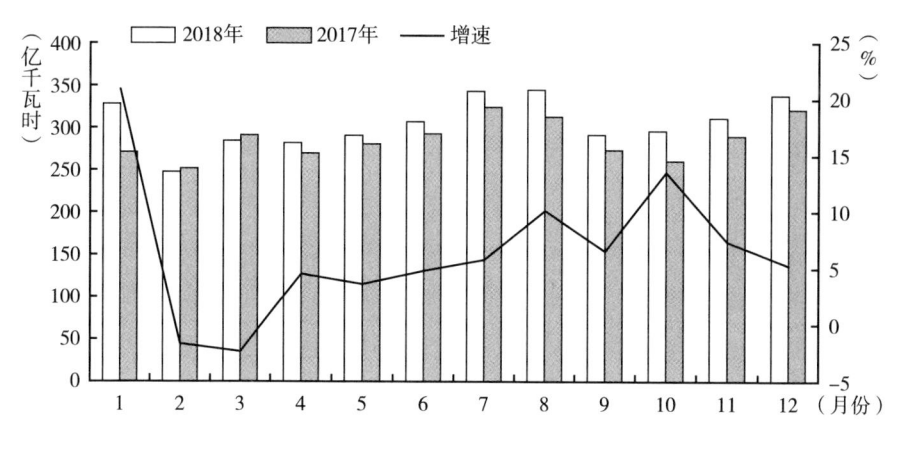

图2 2018年河北全省全社会用电量变化情况

2. 各产业用电增长情况

第一产业用电量受气候影响波动明显。2018年，河北省第一产业用电量累计52.2亿千瓦时，同比增长11.3%，占全社会用电量比重同比提高0.06个百分点。第一产业受种植与灌溉政策、气候季节等因素影响较大，2018年河北春季降水偏多，对灌溉用电影响较大。夏、秋、冬季持续雨水相对较少，且上年电量基数偏低，用电增速不断加快。

第二产业用电量保持平稳，占全社会用电量比例逐步下降。2018年，河北省第二产业用电量完成2505.7亿千瓦时，同比增长3.3%，占全社会用电量比重为68.4%，同比下降2.1个百分点。钢铁、化工等传统产业市场回暖，用电量呈恢复性增长，同时随着供给侧结构性改革深入推进，工业结构调整力度进一步加大，装备制造与战略性新兴产业发展良好，也带动了第二产业用电量增长。

第三产业用电量增速居各产业之首。2018年，河北省第三产业完成用电量613.7亿千瓦时，同比增长15.12%，占全社会用电量比重为16.7%，同比提高1.25个百分点，是各产业中增长最快的部门。随经济结构的不断调整，第三产业成为河北经济增长的主要动力，第三产业用电量持续攀升。

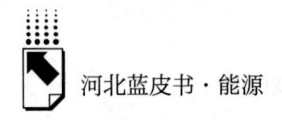

表2　2018年河北省全社会用电量情况

单位：亿千瓦时，%

指标名称	实际用电量	累计占比	上年同期	同比增长	贡献率
全社会用电量	3665.7	100.0	3441.7	6.5	100.0
其中:第一产业	52.2	1.4	46.9	11.3	2.4
第二产业	2505.7	68.4	2425.7	3.3	35.7
第三产业	613.7	16.7	533.1	15.1	36.0
城乡居民生活用电	494.1	13.5	436.1	13.3	25.9

城乡居民生活用电量增长较快。2018年，河北省城乡居民生活用电累计完成494.1亿千瓦时，同比增长13.30%，占比13.48%，比重同比提高0.81个百分点。随着居民生活水平与城镇化率的不断提升，城乡居民夏季制冷与冬季取暖的季节性用电需求大幅增长。

3.各地区用电增长情况

各地用电量均实现平稳增长。2018年，河北南网六地市完成用电量2093亿千瓦时，同比增长7.5%，增速高于全省平均水平1个百分点。受第三产业、居民生活水平提高的强力拉动与第二产业的恢复性增长的影响，六地市均实现平稳增长，其中沧州、衡水、邢台实现两位数增长，其他地市除邯郸外，增速超过5%。冀北电网五地市完成用电量1572.6亿千瓦时，同比增长5.3%，增速低于全省平均水平1.2个百分点。工业电量占比高，增速相对偏低，拉低了全社会用电整体增速。五地市均实现正增长，其中张家口实现两位数增长，其他四地市增速均低于5%（见表3）。

表3　2018年河北省全社会用电量情况

单位：亿千瓦时，%

指标名称	实际用电量	累计占比	去年同期	同比增长	贡献率
全社会用电量	3665.7	100.0	3441.7	6.5	100.0
其中:河北南网	2093.0	57.1	1947.6	7.5	64.9
冀北电网	1572.6	42.9	1494.1	5.3	35.1
石家庄市	497.5	13.6	468.1	6.3	13.1
邢台市	276.3	7.5	250.6	10.2	11.5

续表

指标名称	实际用电量	累计占比	去年同期	同比增长	贡献率
邯郸市	407.0	11.1	393.4	3.5	6.1
衡水市	152.8	4.2	138.3	10.4	6.4
沧州市	338.5	9.2	298.1	13.6	18.1
保定市	381.7	10.4	357.8	6.7	10.7
张家口市	165.5	4.5	146.9	12.7	8.3
承德市	169.8	4.6	164.0	3.5	2.6
廊坊市	286.6	7.8	273.9	4.6	5.7
唐山市	795.5	21.7	761.4	4.5	15.2
秦皇岛市	154.5	4.2	147.5	4.8	3.2

说明：张河湾抽水蓄能抽水电量未计入地市。

4. 负荷需求增长情况

（1）河北南网

季节性负荷带动整体负荷需求增长。2018年，河北南网地区气候波动较大，夏季高温、高湿天气持续时间长，空调制冷负荷增长迅猛，最大负荷屡创历史新高；冬季较往年气温偏低，随"煤改电"的推进，冬季取暖负荷较往年大幅攀升。整体来看，2018年负荷波动加大，由2017年"三峰两谷"特征变化为"两峰两谷"特征，春灌高峰逐步削弱，度夏（7月、8月）和度冬（11月、12月）两峰并存，春节、秋季为两个低谷，并且负荷运行的季节性凸显。迎峰度夏期间，高温高湿持续时间较长，同时降水频次较2017年迎峰度夏期间整体降低，在第三产业与居民空调制冷负荷快速增长的带动下，负荷攀升较快；7月21日，全网最大负荷达到3657万千瓦，同比增长3.16%（见表4）。由于电力供应不足，河北南网实施最大规模512万千瓦有序用电，潜在最大负荷需求远高于实际负荷水平（见图3）。

分地市看，河北南网各地市均实现正增长，受产业结构与上年基数影响，各地市增速存在一定差异。邯郸2018年负荷增速最高，2018年钢铁行业逐步回暖，与夏季空调负荷叠加，带动邯郸负荷增长，增速为河北南网六

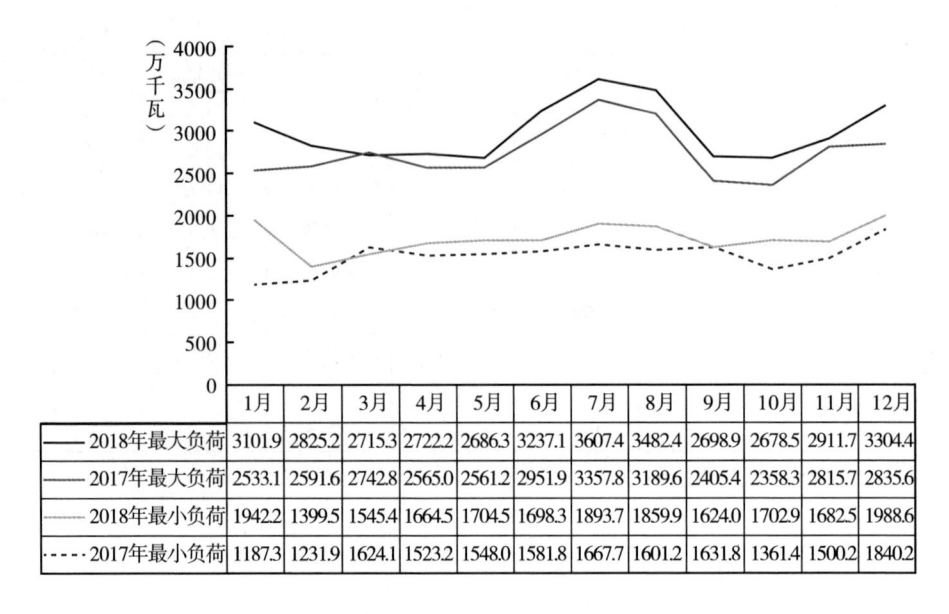

	1月	2月	3月	4月	5月	6月	7月	8月	9月	10月	11月	12月
2018年最大负荷	3101.9	2825.2	2715.3	2722.2	2686.3	3237.1	3607.4	3482.4	2698.9	2678.5	2911.7	3304.4
2017年最大负荷	2533.1	2591.6	2742.8	2565.0	2561.2	2951.9	3357.8	3189.6	2405.4	2358.3	2815.7	2835.6
2018年最小负荷	1942.2	1399.5	1545.4	1664.5	1704.5	1698.3	1893.7	1859.9	1624.0	1702.9	1682.5	1988.6
2017年最小负荷	1187.3	1231.9	1624.1	1523.2	1548.0	1581.8	1667.7	1601.2	1631.8	1361.4	1500.2	1840.2

图3 2017~2018年河北南网负荷曲线（整点负荷）

地市最快，达到16.67%。其他各地市均实现正增长，衡水、沧州增速较高，分别为7.59%与7.36%。保定、石家庄增速偏低，分别为2.82%与0.85%（见表4）。

表4 2017年、2018年河北南网各地市网供最大负荷增长情况

单位：万千瓦，%

地区	2017年	2018年	增速
河北南网	3545.00	3657.00	3.16
石家庄	794.28	801.00	0.85
保定	585.20	601.70	2.82
邯郸	570.40	665.50	16.67
邢台	464.47	481.96	3.77
沧州	521.80	560.20	7.36
衡水	259.18	278.84	7.59

说明：地市负荷统计口径为220千伏网供口径，厂用电、500千伏及以上网损未计入地市负荷。

（2）冀北电网

2018年，冀北电网调度最大负荷呈"W"形变化趋势，全年出现夏、冬两个用电高峰，最大负荷发生在迎峰度夏期间。度夏期间，冀北地区气温逐渐上升，电网负荷水平快速上涨，8月3日冀北调度最大负荷达到2327万千瓦，同比增长3.88%，创历史新高，同比增长剔除有序用电因素，潜在最大负荷2407万千瓦，同比增长7.43%。度冬期间，受大规模寒潮影响，大气扩散条件好于预期，工业限产压力降低，负荷水平较上年同期增长明显（见图4）。

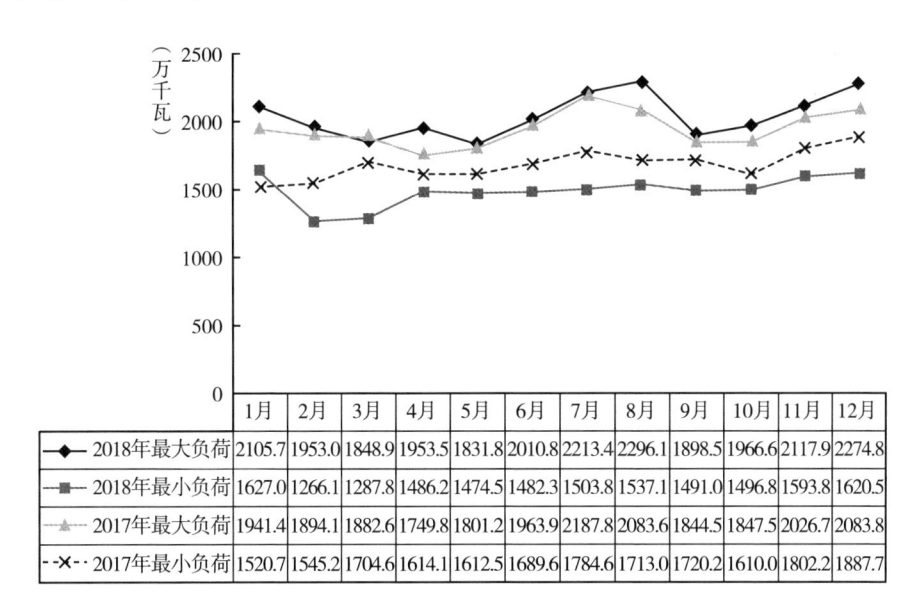

（万千瓦）	1月	2月	3月	4月	5月	6月	7月	8月	9月	10月	11月	12月
2018年最大负荷	2105.7	1953.0	1848.9	1953.5	1831.8	2010.8	2213.4	2296.1	1898.5	1966.6	2117.9	2274.8
2018年最小负荷	1627.0	1266.1	1287.8	1486.2	1474.5	1482.3	1503.8	1537.1	1491.0	1496.8	1593.8	1620.5
2017年最大负荷	1941.4	1894.1	1882.6	1749.8	1801.2	1963.9	2187.8	2083.6	1844.5	1847.5	2026.7	2083.8
2017年最小负荷	1520.7	1545.2	1704.6	1614.1	1612.5	1689.6	1784.6	1713.0	1720.2	1610.0	1802.2	1887.7

图4 冀北电网2018年月负荷曲线（整点负荷）

分地市看，冀北电网各地市均实现较快增长，各地市增速较为均衡。从负荷规模看，唐山负荷水平五市最高，且持续受到去产能、环保等政策因素影响，2018年由于钢铁供需形势显著改善、环保压力略有减轻，钢铁等支柱性产业扩大生产，带动地区用电水平触底攀升。廊坊负荷水平位于第二位，并随着经济结构调整，新兴高科技产业和服务业快速发展，近几年用电负荷水平保持快速增长（见表5）。

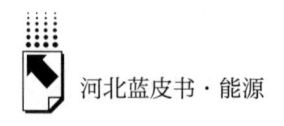

表5　冀北电网各地市网供最大负荷增长情况

单位：万千瓦，%

地区	2017年	2018年	增速
冀北电网	2240.0	2327.0	3.88
张家口市	220.0	239.3	8.77
承德市	236.0	256.4	8.64
廊坊市	500.0	539.0	7.80
唐山市	1042.0	1128.0	8.25
秦皇岛市	225.0	244.0	8.44

（四）电力供需形势持续偏紧

近年来，河北南网与冀北电网负荷需求持续增长，网内机组无法满足尖峰时刻的电力需求增长，均出现了不同程度的电力供应缺口，需要采取有序用电等需求侧管理措施保障电网安全。

2018年，河北南网夏季空调与冬季采暖需求增长较快，冬夏均实施了有序用电以保障电力供应，全年实施有序用电6天，最大有序用电电力512万千瓦，较2017年增加127万千瓦。夏季最大空调负荷达到1520万千瓦，冬季采暖负荷达到500万千瓦，大大增加了电网时段性运行压力。

冀北电网实施京津冀北统一的电力平衡。2018年冀北电网电力供需总体平衡，迎峰度夏期间受地区连续高温影响，用电负荷持续攀升，电网电力平衡紧张，8月2~3日发生有序用电，最大有序用电电力80.52万千瓦，唐山、廊坊、承德等地616家用户实施错避峰生产，有效保障了冀北地区居民及重要用户的用电需求。

（五）电网发展质量稳步提升

2018年，河北省积极保障电力负荷增长需求，坚持安全、优质、绿色、高效的电网发展理念，积极推进"外电入冀"战略，加速解决电网"两头薄弱"问题，初步建成以特高压、500千伏为骨干网架，各级电网协调发展的坚强智能电网，积极推进广泛互联、智能互动、灵活柔性、安全可控的新一代电力系统建设，推动电力行业高质量发展。河北南网、冀北电网主网N-1通过率均达100%，农村户均配变容量分别提升至2.07千伏安、1.52千伏安。

2018年，河北电网继续保持安全稳定运行，全年未发生电网瓦解、稳定破坏、大面积停电事故，未发生误调度、误操作事件，未发生六级及以上电网事件。电网安全保持良好局面。坚决贯彻国家安全生产工作部署，围绕提升本质安全水平，制定安全生产措施，明确安全目标，压实安全责任。面对电网负荷屡创新高、新能源大规模接入等形势，优化电网运行方式，加强电力调配和设备运维，强化电力需求侧管理，确保了电网安全运行和电力可靠供应。

（六）电力体制改革持续深化

2015年3月15日，中共中央、国务院印发《关于进一步深化电力体制改革的若干意见》（中发〔2015〕9号）（以下简称《意见》），提出新一轮电力体制改革的方向是市场化，目标是建设统一开放、竞争有序的电力市场体系。2018年，河北省在《意见》的指引下，继续深入推进各项电力体制改革，在增量配电改革、电力现货市场建设、交易机构股份制改革等方面取得了新的积极进展。

增量配电试点实现地市全覆盖。截至2018年底，国家发展和改革委员会、国家能源局分三批在全国31个省份批复了320个试点项目，基本实现地级以上城市全覆盖。前三批项目中，河北共有14个项目成为增量配电网改革试点项目，做到全省各地市均有试点，实现地市全覆盖。

电力市场化交易规模达到551亿千瓦时。2018年，国家发改委先后印发《区域电网输电价格定价办法（试行）》、《跨省跨区专项工程输电价格定价办法（试行）》和《关于制定地方电网和增量配电网配电价格的指导意见》，对各地区电力市场化交易作出明确规定。河北省不断完善年度与月度电力交易机制，推动发电商与用户通过市场交易平台进行电力交易，释放市场改革红利。河北省全年市场化电量达到551亿千瓦时，降低企业用能成本10.18亿元，其中河北南网市场化交易电量351亿千瓦时，降低企业用能成本5.2亿元；冀北电网市场化交易电量200亿千瓦时，降低企业用能成本4.98亿元。

绿电交易取得突破。2018年，河北省构建张家口可再生能源示范区"四方协作"交易机制，交易成效显著，得到国务院办公厅通报表扬。绿电交易进一步扩大了新能源市场交易规模，通过建立张家口市可再生能源示范区"四方协作机制"，2018年11~12月就地市场化交易电量达到1.26亿千瓦时。其中电采暖用户（含分散用户）交易电价0.05元/千瓦时；电能替代用户交易电价0.1元/千瓦时；高新技术企业直接参与交易，交易电价0.17元/千瓦时。

2018年的电力体制改革有以下几个特点：一是继续按照《意见》精神推进电力体制改革，在党的十八届三中全会吹响了全面深化改革的冲锋号后，在上一轮电力体制改革的基础上，进一步深化电力体制改革。二是本轮改革在国家发改委、国家能源局推动下，按照党的十八届三中全会全面深化改革的工作部署与职能分工，多点发力，持续推进，不断深化。三是改革汇聚了广泛的力量，调动了各地方政府的积极性，激发了社会资本投资电力系统竞争性业务的积极性，在实体经济下行环境下，广大工商业用户获得了改革红利，无论各参与方都拥护改革、支持改革、赞同改革。

（七）新能源实现快速发展

河北省肩负着京津冀大气污染治理的重任，新能源发展的区位因素良好，新能源发展非常迅速。

截至2018年底，河北省新能源装机总量达到2637.26万千瓦。河北南网新能源装机规模达到758.05万千瓦，占河北南网电源总量的20.51%。其中，风电装机133.45万千瓦，集中式光伏356.7万千瓦，分布式光伏267.9万千瓦。冀北电网新能源装机规模达到1887.62万千瓦，占冀北电网电源总量的55.8%。其中风电装机1244.07万千瓦，光伏617.95万千瓦，生物质22.4万千瓦，储能3.2万千瓦。

2018年，河北各方积极保障新能源发展，促进新能源消纳。河北南网新能源发电出力、日发电量等多项运行指标刷新历史纪录,同时面临峰谷差大、季节性负荷突出等困难,河北南网坚持新能源优先调度,采取科学安排机组运行方式、深挖机组调峰潜力等措施,有效应对了新能源装机规模的爆发式增长,保持了网内新能源电力的全额消纳。冀北电网积极落实新能源全额保障收购相关政策和优先调度等工作要求,在外送能力不足的情况下积极挖掘内部潜力,开展新能源场站精确仿真建模、精益分析控制工作,提升了地区新能源送出能力,为促进新能源消纳提供了新思路,全年新能源弃电量17.5亿千瓦时,同比降低19.1%,新能源弃电率5.2%,同比下降1.8个百分点,实现了"双降"目标。

(八)清洁采暖覆盖范围扩大

2018年6月,中共中央、国务院印发《关于全面加强生态环境保护坚决打好污染防治攻坚战的意见》,提出要坚决打赢蓝天保卫战,并随后印发《打赢蓝天保卫战三年行动计划》,提出在京津冀及周边地区、汾渭平原等重点区域,通过构建清洁低碳高效能源体系、实施清洁取暖散煤替代、发展绿色交通体系等措施,狠抓秋冬季污染治理。《河北省冬季清洁取暖专项实施方案》提出到2020年平原地区基本实现清洁取暖,遵循"宜电则电、宜气则气、宜煤则煤、宜热则热"的原则,全面实施散煤综合治理,推进北方地区冬季清洁取暖,优化取暖用能结构。2018年,河北清洁采暖范围继续扩大,按照河北省双代办发布数据,全省完成电代煤用户33.31万户。

二 2019年河北省电力行业发展形势展望

(一)2019年河北省电力行业发展形势

1. 面临机遇

(1)经济社会平稳发展

2019年是新中国成立70周年,是全面建成小康社会、实现第一个百年奋斗目标的关键之年。河北省委、省政府坚持稳中求进工作总基调，坚持以新发展理念引领高质量发展，全面落实"三六八九"基本思路，牢牢把握"稳、进、好、准、度"工作要求，统筹推进"三去一降一补"五大任务，深入实施战略性新兴产业、科技创新等三年行动计划，扎实开展"双创双服"活动和"万企转型"行动。形成全省新兴战略性产业蓬勃兴起、高端高新技术产业发展后劲十足、传统产业加快转型升级、新动能快速成长的良好局面，越来越多的"河北智造"亮相全国乃至国际舞台。整体来看，2019年，河北省国民经济运行总体平稳、稳中向好、稳中提质，转型升级扎实推进，结构优化取得成效，新动能加快壮大，发展质量稳步提高。

（2）雄安新区进入密集建设阶段

规划建设雄安新区是千年大计、国家大事，对集中疏解北京非首都功能、探索人口经济密集地区优化开发新模式、调整优化京津冀城市布局和空间结构、培育创新驱动发展新引擎具有重大现实意义和深远历史意义。作为关系国家能源安全、经济发展和社会稳定的基础设施，雄安电网将在雄安新区建设发展中发挥重要的支撑保障作用。《河北雄安新区总体规划（2018—2035年）》已经正式获得党中央、国务院批复，《河北雄安新区电力专项规划》已经完成编制，新区即将进入规划的落地实施阶段，做好各区域控制性规划相关编制，确保规划落地是新区面临的新形势、新任务，相关综合能源、分布式电源、电动汽车、直流配电网和储能等技术将在规划中逐步落地。

（3）电力体制改革将进一步深入

2019年，河北省电力体制改革将在2018年工作的基础上，在增量配电网改革、电力现货市场建设、输配电价改革与市场化交易等方面进一步深入，从而释放改革红利。

增量配电改革进一步深化。河北省将持续深入推进增量配电改革深化发展，以增量配电改革产生的活力带动电力系统存量配电业务效率提升、服务改进。抓好存量试点项目经营发展，以示范作用带动增量试点良性发展将是2019年的工作重点。第四批增量配电业务改革试点项目报送已于2019年1月20日完成，将由国家发改委组织评估和审批。

现货市场建设试点进入启动运行阶段。2019年，河北省将启动现货市场建设工作，逐步建立以中长期交易为主、以现货交易为补充，交易品种齐全、功能完善的电力市场。在与省间交易有效衔接的基础上，以中长期交易规避风险、稳定市场供需，以现货市场发现价格、调节发用电偏差，进一步发挥市场在资源配置中的决定性作用，更好地反映电力商品的时间、空间价值，服务清洁能源优先消纳，确保电力供需平衡和电网安全稳定运行。

输配电价改革将进入第二个监管周期。2019年，国家发展改革委将组织开展省级电网第二个监管周期输配电成本监审及核价工作，从"建机制"转向"强监管"，更加侧重建立规则明晰、水平合理、监管有力、科学透明的监管体系。河北省将建立更加完善与严格的监管体系与更加公开的成本信息，促进输配电价改革红利的进一步释放。

(4) 外电入冀进程加快

2018年以来，外电入冀进程持续加快。2018年2月，河北省政府、西藏自治区政府签订金沙江上游水电送电河北相关协议。2018年5月，国家能源局组织开展直流输电工程方案研究。规划建设金上—雄安±800千伏特高压直流通道，实现西南水电送电雄安新区。张家口地区是距离雄安新区最近的国家级千万千瓦可再生能源基地，国家电网有限公司规划建设张北—雄安特高压交流工程。2018年9月，工程获得河北省发改委核准批复。2019年，随着电力需求的进一步增长，外电入冀步伐将持续加快。

(5) 新业态新技术加快发展

充电网络产业加速跨界融合，市场活力进一步显现。伴随着我国新能源汽车市场规模的逐渐扩大，制造商、整车企业、网约车、科技公司介入新能源汽车领域发展，充电基础设施产业加速跨界融合，竞争极其惨烈。河北地区目前基本形成了以国网电动汽车、特来电、星星充电、车航及车企等为主的充分竞争的格局，市场活力也将进一步显现。

资源共享、互联互通将成为新的发展趋势。互联网、通信、IT等主体加入充电基础设施运营，为充电基础设施产业带来新鲜血液，"互联网＋"技术在充电设施运营方面持续深化应用，充电服务平台功能不断完善。传统运营商也积极探索创新运营模式,研究充电大数据价值开发、拓展充电增值服务、探索充电与多领域业务融合。2018年底,充电设施互联互通倡议书发布暨雄安联行网络科技股份有限公司揭牌仪式在雄安新区举办,对积极推进行业及企业间的沟通、交流与协作,推动资源共享、平台对接与数据融合,引领标准创新、技术创新与商业模式创新将产生至关重要的影响,预计资源共享、互联互通将成为今后发展趋势。

2. 面临挑战

(1) 电力供需偏紧

2019年,河北省用电负荷呈现平稳较快增长态势,电力供需仍将持续偏紧。河北南网方面,2019年度夏期间河北南网区域若出现连续高温高湿天气,预计最大用电需求将达到4200万千瓦,同比增长10.1%。最大缺口有可能达到400万千瓦以上,如遇京津冀鲁度夏高峰整体供应紧张,减少对河北南网的增供电力或相关外部电源建设进度未达预期,缺口有可能进一步扩大。冀北电网方面,预计迎峰度夏期间京津冀北电网平衡缺口约为50万千瓦,出现在7月下旬至8月上旬,度冬期间基本平衡。根据华北分部安排,在京津冀北电网出现电力平衡缺口时,天津、冀北电网将按比例分担电力缺口。

(2) 大气污染防治持续推进

火电机组比例降低。2017年,河北省编制了火电结构优化方案,2017~2020年河北南网将淘汰关停5万千瓦及以上机组240万千瓦,其中2017年已关停59万千瓦、2018年关停52万千瓦,2019~2020年仍有129万千瓦的淘汰任务。另外,本地规划电源未按期并网。目前网内在建的邯郸东郊热电、保定西北郊热电、石家庄热电厂九期燃机均滞后规划投产时间。随着小火电机组的逐步出清与规划机组的投产滞后,火电机组比例将继续降低,为电力平衡、新能源消纳、电网运行带来新的挑战。

"煤改电"深入推进面临挑战。近年来"煤改电"工作密集开展,带来了一些新的问题。一是市场推动有困难。"煤改电"使用电力这一高品位二次能源作为采暖能源,成本高于一次能源,提高了全社会取暖成本,需要政府、用户、产业、电网全方位加强投资,全力推动。同时,部分居民房屋保温修缮不到位,电采暖效果不佳,导致用户积极性不高,长期持续发展的基础不牢固。二是部分电网资源利用效率偏低。"煤改电"实施主要集中在电网相对薄弱的农村地区,电网需要投入大量资金进行电网改造才能满足"煤改电"负荷增长的需要,设备利用率与投资效益偏低。同时,"煤改电"作为民生工程,供电可靠性要求高,但受用户接受新采暖方式程度不同的影响,存在"煤改电"实施后使用率低的风险,加之"煤改电"为季节性负荷,加剧了配套电网设备利用率低、电网投资效益低的问题。

(3) 新能源消纳与机组调峰难度加大

风力发电和光伏发电由于其自身的特点,出力会随着风速和光照强度的变化而不断变化,具有随机性和波动性。因此,大量新能源并网改变了电网运行特性,在主网和配网侧都给电网的运行带来了较大的压力。在主网侧,新能源大规模接入给电网的调度、调峰等带来了极大挑战。在配电网侧,大量分布式电源的接入改变了配电网潮流,高密度分布式光伏并网抬升了并网点电压,给配电网的电压控制带来了极大的影响。在电源侧,2016年以来,由于供热机组比例高、清洁能源装机持续快速增长,河北部分区域春节期间清洁能源消纳形势严峻,存在弃风、弃光风险。

(二) 2019年河北省电力供需展望

1. 电源建设与发电能力

(1) 河北南网

2019年,河北南网预计全年计划投产光伏电站20座、101.7万千瓦,风电场8座、162.8万千瓦。常规火电计划投产70万千瓦,为运东热电;燃气机组计划投产93万千瓦,为石热九期。

2019年底,预计河北南网全口径装机容量4214.56万千瓦,其中火电、水电、风电、光伏装机分别为2945.76万千瓦、126.19万千瓦、346.43万千瓦、796.19万千瓦。直调装机3595.71万千瓦(全口径与直调装机均不含陕西锦界府谷360万千瓦点对网电源装机),非直调装机618.86万千瓦。

直调装机中，火电机组2691.42万千瓦，所占比重为74.85%；水电110.19万千瓦，所占比重为3.06%；风电346.43万千瓦，所占比重为9.63%；光伏447.67万千瓦，同比增长12.45%。

(2) 冀北电网

2019年，冀北电网预计新投产火电机组3座、402万千瓦，分别为遵化热电（70万千瓦）、蔚县电厂（132万千瓦）、曹妃甸二期（200万千瓦）。

按照河北省发展改革委去产能要求，陡河电厂（130万）于2019年退役。因新能源机组投产具有很大的不确定性，初步预测2019年投产风电装机292万千瓦、光伏121万千瓦。

2019年底，预计冀北电网全口径装机容量3583.12万千瓦，其中火电、水电、风电、光伏装机分别为56.1万千瓦、1530.8万千瓦、1334.1万千瓦、658.95万千瓦。直调装机3430.79万千瓦，非直调装机152.33万千瓦。直调装机中，火电机组1380.69万千瓦，所占比重为40.24%；水电56.07万千瓦，所占比重为1.63%；风电1334.07万千瓦，所占比重为38.89%；光伏656.75万千瓦，所占比重为19.14%；其他3.2万千瓦，所占比重为0.09%。

2. 电力需求

从整体来看，2019年电力市场需求将呈现"一增一降一紧张"的态势，即季节性负荷需求进一步释放将带动全网负荷继续增长，电量增速较上年有所降低，电力供需平衡持续偏紧。2019年，河北省仍将处于去产能、治污染、调结构、稳增长的关键时期，电量结构将持续调整，工业电量将保持低增速，服务业、居民用电将继续快速增长。但从目前市场行情来看，钢铁、化工、建材等市场环境较好，将在一定程度上调动重点行业企业生产积极性，对工业用电量将起到一定的支撑作用。从对外贸易形势来看，间接影响经济环境，基础产业与高附加值产业均将受到影响，其波及范围和传导时间尚需观察。

结合上述因素，采用分部门等多种适宜的预测方法对全社会用电量进行预测，预计2019年河北省全社会用电量达到3877亿千瓦时，同比增长

5.76%，其中河北南网 2215 亿千瓦时，同比增长 5.8%，增速较 2018 年降低 2 个百分点左右；预计 2019 年冀北地区全社会用电量达到 1662 亿千瓦时，同比增长 5.68%，增速较 2018 年略有提高。采用最大负荷利用小时数等多种适宜的预测方法对全社会最大负荷进行预测，预计河北南网全社会最大负荷需求将达到 4200 万千瓦，同比增长 10.1%，冀北电网全社会最大负荷 2710 万千瓦，同比增长 9.1%。

三 河北省电力行业发展对策建议

（一）高起点、高标准、高质量规划建设雄安新区

高起点规划、高标准建设雄安电网，打造国际一流绿色智能电网，构建高度智能化的城市供电系统，将助力雄安新区建设成为高供电可靠性、高度电气化、高度智能化的绿色智慧新城。目前，雄安新区电网尚不能满足全部用清洁能源供应、不能满足国际一流城市对供电可靠性的要求、不能满足智慧城市发展需要，与国际一流水平仍有较大差距。高起点、高标准、高质量规划建设雄安新区，要求重点推进雄安新区电网建设，助力雄安新区电网建设成为高供电可靠性、高度电气化、高度智能化的国际一流电网。

（二）全面贯彻落实国家、河北省重大战略决策部署

1. 深入实施乡村振兴战略

持续推进农村电网改造升级，建设坚强农村电网，现有辐射式接线具备条件的逐步形成联络，长线路增加分段；采用典型设计，逐步形成"布局合理、技术适用、供电质量高、电能损耗低"的新型村级电网，全面提升农村供电可靠性，显著减少停电时间，基本解决"低电压""卡脖子"问题，满足农村居民生活用电及农业生产电力供应需求。推动智能互联，打造服务平台。综合应用新技术，大幅提升农村配电网接纳新能源、分布式电源的能力。探索以配电网为支撑平台，构建多种能源优化互补的综合能源供应

体系，实现能源、信息双向流动，逐步构建以能源流为核心的"互联网+"公共服务平台。

2. 打赢蓝天保卫战

认真落实北方地区冬季清洁取暖规划，按照"以电定用"的原则，确定"煤改电"实施范围，加大投资补贴、电价疏导等政策支持力度。不断创新电能替代领域、替代方法和替代内容，进一步扩大电能替代范围和实施规模。健全电能替代内部保障机制，实现全社会共同承担大气污染治理成本。加大"两个替代"（清洁替代和电能替代）宣传力度，推动全社会减排治霾和公司效益的不断提升。

3. 打好精准脱贫攻坚战

以高度的政治责任感做好脱贫攻坚工作，差异化开展扶贫开发重点县电网规划，加快推进贫困村电网建设改造，高质量完成易地扶贫搬迁安置点配套电网建设，全面改善贫困地区用电条件。河北省电力行业应认真贯彻落实国家与河北省光伏产业扶贫政策，积极促进光伏扶贫项目实施。选优配强驻村帮扶队伍，精准实施扶贫村定点扶贫。

（三）加快"外电入冀"进程，满足电力需求增长

关于电力供应不足问题，一是加快山西孟县—邢西、陕北锦界府谷—石北500千伏输电通道建设，确保2019~2020年建成投产，新增输电能力464万千瓦；尽快实施山西西电东送通道调整工程，并将山西电网新增的400万千瓦外送能力优先供给河北南网。二是抓紧推进西南水电—雄安、张北—保定等特高压直（交）流工程，分别新增输电能力800万千瓦、500万千瓦；扩建保定、邢台特高压站。三是协调推进蒙西—天津南、榆横—潍坊2条特高压交流通道送端电源建设，确保河北南网特高压交流受电容量2019~2020年达到600万千瓦以上。

（四）加快坚强智能电网建设，保障电力供应

坚持安全、优质、绿色、高效的电网发展理念，积极推进"外电入冀"

战略,加速解决"两头薄弱"问题。建成特高压"两交一直"三落点、"两横两纵"四通道,实现多方向、多通道、多输电方式分散受电;500千伏初步形成"四横三纵"环网格局;220千伏以满足负荷需求为主,逐步发展成7个分区供电;推进现代配电网建设,满足新型城镇化、农业现代化和美丽乡村建设需求,适应分布式电源及电动汽车等多样性负荷接入。全面建成三级新能源发电调度运行大数据支撑平台,保障新能源优先消纳,大幅提高新能源利用率。建成功能完备的一体化智能电网调度控制防御体系,全面建成地县一体化智能电网调度控制系统。建成省级大容量骨干传输网"OTN",初步建成覆盖C类及以上供电区域的电力无线专网,全面提升信息通信平台对智能电网的服务支撑能力。

(五)加快电力体制改革进程,释放改革红利

1. 融入全国统一电力市场建设

按照全国统一电力市场建设方案,统筹河北省间交易和省内交易,统筹中长期交易与现货交易,统筹市场交易与电网运行。提升清洁能源消纳水平,提升市场透明开放程度,提升市场风险控制能力。做好省内交易与省间交易衔接,在积极支持电力市场化改革的同时,确保电网安全可靠运行、确保清洁能源有效消纳、确保市场稳定运转。

2. 推进交易机构规范化建设

充分借鉴其他省份改革经验,完善《交易中心规范化建设实施方案》,合理引入参股股东,完成增资扩股、股东大会等工作,保证股份制改造工作顺利实施。加强交易中心规范化建设,按照公司法,建立现代公司法人治理结构,健全组织机构,严格按照章程和市场规则运作,促进运营模式优化和市场化业务开展,促进电力市场深化建设。

3. 稳步推进电力市场交易

夯实月度定期开市机制,年度、月度按规定时间开展双边协商、集中竞价、合同转让全交易品种的电力直接交易。优化偏差考核机制,引导和规范市场主体行为,逐步缩小偏差。在公平的市场环境中,发挥资源配置的决定

性作用，促进发电侧和售电侧有效竞争，促进发用两侧节能减排，力争完成市场交易电量950亿千瓦时，较上年增长399亿千瓦时，其中河北南网完成交易电量550亿千瓦时，冀北电网完成交易电量400亿千瓦时，持续释放改革红利。

（六）实现"煤改电"可持续发展

为推进清洁取暖及电网可持续发展，建议制定"煤改电"可持续发展机制，确保"煤改电"能够供得上、供得优，保障"煤改电"的可持续发展。

1. 落实"以电定量"的"煤改电"实施原则

《河北省冬季清洁取暖专项实施方案》提出，遵循"宜电则电、宜气则气、宜煤则煤、宜热则热"的原则，实施散煤综合治理。对于"煤改电"对象，应按照"以电力供应能力确定改造规模，以电网承载能力确定改造范围"的原则，指导"煤改电"工作，确保用户供暖安全。一是充分利用现有电网供电能力，在电力供应充足地区开展"煤改电"，以此确定各市改造规模，减少规划外投资。二是按照各地区供电能力和电网结构确定改造范围，在有条件联络的地区开展"煤改电"，不改造35千伏及以上电网，通过增加10千伏及以下电网投资满足"煤改电"需求。三是加快规划项目建设，结合电源点建设提高农村地区"煤改电"区域联络率和转供能力。在未实现联络前，在配变测加装移动电源接口、UPS等，通过移动变、临时变解决故障停电等问题，提高供电可靠性。四是通过使用调容调压变等新技术、新设备提高设备利用率。五是在电源无法满足需求的地区建议考虑利用其他方式实施清洁取暖。

2. 加强电网规划建设与运行维护

科学规划建设主电网。500千伏、220千伏电网，通过合理新增布点与主变扩容，优化网架结构，提升电供暖集中实施区域的主网供电能力。做好与新一轮农网改造升级等规划的有效衔接。对于电网已改造又需新增"煤改电"的区域，要充分利用上级电网供应能力，加强本级电网设备梯次利用，通过增加供电回路、合理新增布点、优化网架结构等方式提升电网供电能力，新建与改造相结合，避免投资低效与重复建设。加强电网运行维护。增加设备巡视频次，重点监测配电变压器重过载、低电压和三相不平衡等异常情况；部署专项覆盖监控系统，实现"煤改电"相关配电设备运行情况在线监控；按照"能带电，不停电"的原则及时消除各类隐患缺陷，扎实做好"煤改电"应急抢修服务。

3.建立"煤改电"低谷电量打捆交易机制

为缓解"煤改电"工作带来的成本压力，结合电网的实际情况，建立采暖用电市场化竞价交易机制，河北省发改委出台《河北南部电网"煤改电"采暖低谷电量打捆交易方案（试行）》。针对河北省区域内经过政府相关部门认定的"煤改电"采暖用户的低谷时段电量，将这部分电量作为增量预留出来进行市场化采购。交易价格既弥补了发电企业变动成本，又有效解决了"煤改电"采暖电价倒挂问题。

参考文献

河北省人民政府：《2019年河北省政府工作报告》2019年1月。

河北省人民政府办公厅：《河北省人民政府办公厅关于印发河北省"十三五"能源发展规划的通知》2017年9月。

国家发展改革委、国家能源局：《关于印发北方地区冬季清洁取暖规划（2017—2021年）的通知》2017年12月。

国务院：《国务院关于河北雄安新区总体规划（2018—2035年）的批复》2019年1月。

河北省统计局：《河北经济年鉴2018》2019年5月。

B.6
2018~2019年河北省可再生能源发展形势分析与展望

岳昊 杨金刚 武冰清 李笑蓉 张泽亚*

摘　要： 2018年，在国家、河北省有关政策的大力扶持下，全省可再生能源行业快速发展，累计装机容量达到2880万千瓦。可再生能源利用水平不断提升，弃风、弃光率继续下降，分别比上年降低1.6个和0.4个百分点。2019年，风电、光伏发电无补贴平价上网项目建设将加快推进，竞争配置工作机制全面推行，预计2019年河北可再生能源发展继续保持较快势头，预计累计装机容量将达到3400万千瓦左右。下一步河北省应推动网源协调发展，加快抽水蓄能电站等调峰电源建设，完善电力辅助服务市场机制，加快外送通道建设，多渠道拓展清洁能源的消纳能力，推动河北省可再生能源高质量发展。

关键词： 河北省　可再生能源　风电　光伏发电

当前和今后一段时期，河北省处于京津冀协同发展、京张联合承办冬奥

---

* 岳昊，国家电网冀北电力有限公司经济技术研究院高级工程师，工学博士，研究方向为能源电力经济、电网规划；杨金刚，国家电网冀北电力有限公司经济技术研究院高级工程师，工学博士，研究方向为能源电力经济、电网规划；武冰清，国家电网冀北电力有限公司经济技术研究院工程硕士，研究方向为能源电力经济、电网规划；李笑蓉，国家电网冀北电力有限公司经济技术研究院高级工程师，工学硕士，研究方向为能源电力经济、电网规划；张泽亚，国家电网河北省电力有限公司经济技术研究院工程师，工学学士，研究方向为电网规划。

会、张家口可再生能源示范区等重大机遇窗口期，发展可再生能源成为全省实施能源革命、促进经济转型升级的重要抓手。2018年，河北省可再生能源发电装机和利用规模继续稳步增长，利用水平不断提高，"双弃"问题得到缓解，张家口可再生能源示范区建设取得明显成效，雄安新区可再生能源产业规划建设稳步推进。随着下一步国家可再生能源政策迎来重大调整，行业发展将进入高质量发展期，河北省应紧抓机遇、主动应对，推动河北可再生能源产业不断发展壮大。

一 河北省可再生能源资源现状

河北省可再生能源资源丰富，风能资源技术可开发量8000万千瓦以上，太阳能资源在全国处于较丰富地带，仅次于青藏及西北地区，有较大的开发利用潜力。地热田分布广泛，地热资源丰富且埋藏浅，全省各地市均有分布。同时，河北省是农业大省，人口基数大，具有丰富的生物质能资源，发展生物质能具有广阔的空间。

（一）风能资源现状

河北省属于风能资源丰富的省份之一。距地面70米高度风能资源可利用区（≥200瓦/平方米）的技术可开发量为7567万千瓦，技术开发面积为21252平方千米；风能资源丰富区（≥300瓦/平方米）的技术可开发量为4188万千瓦，技术开发面积为11870平方千米。

河北省风能资源丰富区主要包括两个地带：一是分布在张家口、承德低山丘陵地区，年风功率密度为300~580瓦/平方米，有效风速利用小时数为7000~8300小时；二是秦皇岛、唐山、沧州沿海地区，年风功率密度为230~410瓦/平方米，有效风速利用小时数为7200~7900小时。

（二）光资源现状

光资源方面，河北省大部分地区位于太阳能1级可利用区，年太阳总辐

射4600~5400兆焦/平方米，日照时数为1900~2300小时，年晴天日数为135~195天。光资源总体分布呈由南向北、由东向西递增趋势。

光伏在年出力特性上呈现"中间高两头低"的特性。在3月至6月的春季偏大，7月至9月的夏季次之，1月、2月、10月至12月的秋冬季偏小。光伏组件效率具有随温度升高而降低的特性，导致夏季光伏出力反而明显低于春季。

（三）生物质能资源现状

1. 农林生物质资源

全省农作物秸秆资源可收集资源量约5841.89万吨。其中石家庄663.9万吨、承德180.93万吨、张家口172.41万吨、廊坊298.21万吨、唐山452.81万吨、秦皇岛132.14万吨、保定673.15万吨、沧州725.67万吨、衡水647.73万吨、邢台862.03万吨、邯郸801.16万吨、辛集135万吨、定州96.75万吨。

林业剩余物资源量约1552万吨，其中石家庄107万吨，承德350万吨、张家口130万吨、廊坊155万吨、唐山86万吨、秦皇岛78万吨、保定110万吨、沧州162万吨、衡水75万吨、邢台135万吨、邯郸145万吨、辛集11万吨、定州8万吨。

2. 城镇生活垃圾资源

全省城镇生活垃圾年清运总量约1129.39万吨，其中石家庄136.51万吨，承德73.27万吨、张家口105.44万吨、廊坊65.09万吨、唐山118.92万吨、秦皇岛52.48万吨、保定137.52万吨、沧州97.25万吨、衡水66.02万吨、邢台108.98万吨、邯郸139.75万吨、定州20.31万吨、辛集7.85万吨。

（四）地热能资源现状

河北省地热资源分布广泛，储量丰富，水热型地热资源分布具有明显的规律性。其中，山区已发现地热异常区（点）45处，大部分以温泉形式出露于地表，部分以地热井形式开发利用，呈点状或带状分布，温度一般在40℃~60℃，最高可达97℃。年可开采量1260.32万立方米，其热量相当于11.22万吨标准煤。平原区地热资源主要分布在保定、沧州、衡水、石家庄、邢台、邯郸、廊坊和唐山等地，分布面积6.02万平方公里，占平原区面积的82%。其中埋深较浅、温度较高的地热田有37片，分布面积1.7万平方公里，占平原面积的23%。在现有的经济技术条件下，地热水可开采量达821.9亿立方米，其热量相当于7.3亿吨标准煤。按开采期50年计算，年可开采量为16.4亿立方米，其热量相当于1460万吨标准煤。

浅层地热能：地下水式换热系统区域，主要分布于山前平原区及山间盆地富水性较好、利于回灌的地区，面积2.18万平方公里，占全省总面积的11.65%；地埋管式换热系统区域的范围较广，分布于大部分平原区，面积5.94万平方公里，占全省面积的31.65%。

（五）水能资源现状

河北省可开发利用的水能资源不多，但因水势由山区流入平原，具有河床比降变化大、坡陡流急的特点，具备开发抽水蓄能电站的条件，抽水蓄能电站的可开发量1600万千瓦以上。

二 2018年河北省可再生能源发展情况分析

2018年，在国家、河北省有关政策的大力扶持下，全省光伏、风电产业快速发展，风电、太阳能累计装机量继续居全国前列，可再生能源累计装机容量达到2880万千瓦。可再生能源利用水平不断提升，弃风、弃光率继续下降，全年弃风率、弃光率同比分别下降1.6个和0.4个百分点。张家口可再生能源示范区建设稳步推进，在体制机制、商业模式、技术创新等方面取得明显成效。雄安新区总体规划获得批复，可再生能源产业发展正稳步推进。

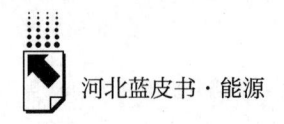

（一）发电装机规模持续扩大

1. 可再生能源发电装机量快速增长

到2018年底，河北省可再生能源发电装机容量达到2880万千瓦，占全国可再生能源装机总容量的4%，排名全国第7，新能源装机排名全国第3，仅次于内蒙古、新疆。2018年可再生能源发电装机容量同比增长25.2%，其中，水电装机容量182万千瓦、风电装机容量1391万千瓦、光伏发电装机容量1234万千瓦、生物质发电装机容量73万千瓦，分别同比增长0.02%、17.8%、42.1%和6.9%。可再生能源新增装机容量580万千瓦，占全部新增装机容量的93.1%。

2018年，河北省可再生能源累计装机容量占全部电力装机容量的比重同比提高了5个百分点，达到38.4%，清洁能源替代作用不断增强。风电装机占比18.55%，光伏发电占比16.46%，水电占比2.43%，生物质能发电占比0.97%。冀北电网的可再生能源装机容量超过火电，占比达51.55%，成为第一大电源（见图1）。

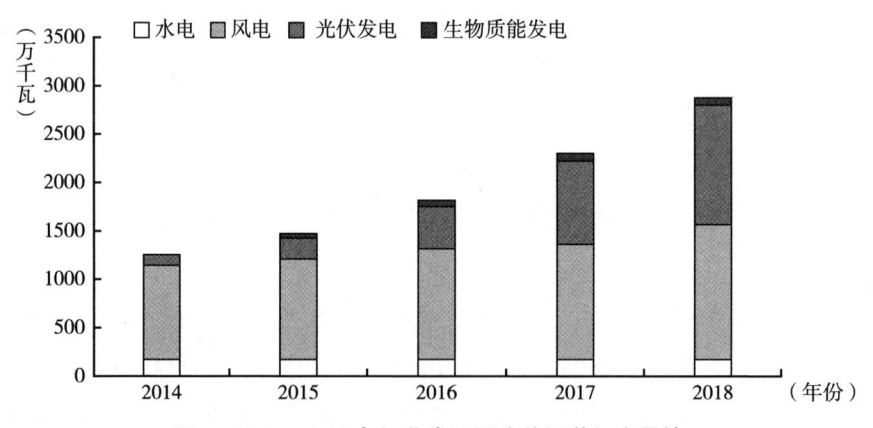

图1 2014~2018年河北省可再生能源装机容量情况

2. 风电装机稳步增长

截至2018年底，全省风电累计装机容量1391万千瓦，同比增长17.8%，装机容量继续保持全国第三位。风电新增装机容量210万千瓦，是

2017年新增装机容量的近5倍，增速同比提高14个百分点。风电装机占全部电力装机的18.55%，同比提高1.37个百分点。张家口、承德百万千瓦级风电基地，风电装机容量达到1200万千瓦以上。

2018年，沉寂已久的分散式风电迎来转机。《分散式风电项目开发建设暂行管理办法》，明确了分散式风电的电网接入方式、核准管理流程、投融资机制等，完善了运行管理流程与工作机制，为分散式风电发展提供了政策保障。随着政策的支持和市场环境的驱动，分散式风电快速发展。河北省发改委印发了《河北省2018－2020年分散式接入风电发展规划》，以提升风能资源开发利用效率为主线，以风资源土地电网三大要素为核心，分层次推进分散式接入风电项目的规划布局，推动低风速风电产业发展和技术进步，并对全省13个地市的风电发展进行了有针对性的细化布局。该规划提出了2018~2020年全省规划开发分散式接入风电430万千瓦，到2025年力争累计装机达700万千瓦的目标。

3. 太阳能装机规模跃居全国第三

近几年，河北省光伏产业在政府扶持和良好的市场环境下持续增长，形成规模式发展，成为光伏大省。截至2018年底，全省光伏发电累计装机容量1234万千瓦，同比增长42.1%，装机容量由上年的全国第五位升至第三位，其中集中式光伏电站装机容量856万千瓦，分布式光伏装机容量378万千瓦。新增装机容量368万千瓦，其中集中式光伏电站新增装机容量198万千瓦，同比减少22%；分布式光伏新增装机容量170万千瓦，新增量与上一年持平。

随着光伏发电装机容量的不断快速增长，光伏装机占比逐渐接近风电装机容量占比，2018年全省光伏发电装机容量占比16.46%，同比提高3.83个百分点。

分布式光伏的多元化利用趋势日益显著，在工商业、村级扶贫、微电网等领域的市场空间不断扩大，并带动相关装备制造、产品设计、安装运营维护等在内的全产业链良性发展。2018年6月，河北省出台了《全省分布式光伏发电建设指导意见（试行）》，提出2018~2020年全省新增分布式光伏发电装机容量200万千瓦。全省分布式光伏累计装机容量从2015年的27万千瓦，跃升至2018年的378万千瓦，三年的时间实现了14倍的增速，装机规模正逐渐逼近河北省可再生能源"十三五"规划中"到2020年分布式光伏发电总规模达400万千瓦"的目标。

（二）可再生能源利用水平不断提高

1. 可再生能源发电量和占比持续提高

2018年，全省可再生能源发电量为464亿千瓦时，同比增长约70亿千瓦时，增速约为18%；可再生能源发电量约占全部发电量的16.7%，同比上升约1.7个百分点。其中，水电发电量为17亿千瓦时，同比减少18.6%；风电发电量为283亿千瓦时，同比增长7.4%；光伏发电量为126亿千瓦时，同比增长63.4%（见图2）；生物质发电量为38亿千瓦时，同比增长14.6%。发电量结构中，水电发电量占全部发电量的0.59%，风电占10%，光伏发电占4.48%，生物质发电占1.36%，风电、光伏发电量占比高于全国平均水平。可再生能源发电量占全社会用电量的比重为12.66%。

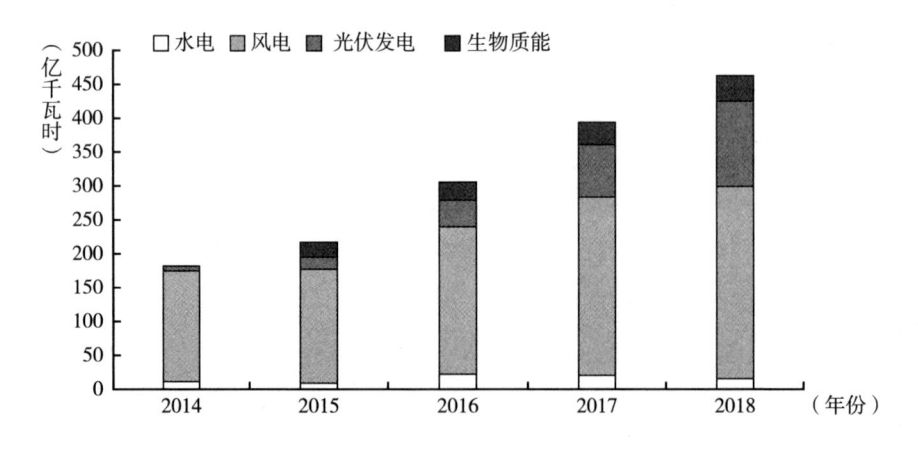

图2 2014~2018年河北省可再生能源发电量

河北省风电和光伏发电量持续增长，尤其从2016年开始，可再生能源发电量明显提速，增速由8%提升到20%左右，增速提高2倍多。随着可再生能源发电量的增加，可再生能源在发电总量和全社会用电总量的占比也迅速增加，分别由2014年的7.64%、5.49%提升到2018年的16.66%、12.66%，可再生能源在河北省能源转型和低碳发展中发挥着越来越重要的作用（见图3）。

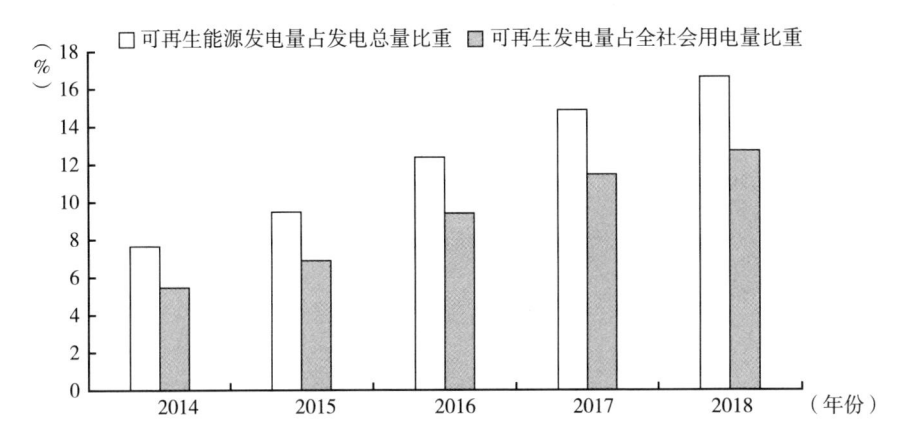

图3 2014~2018年河北省可再生能源发电量占比

2. 可再生能源弃电量、弃电率实现"双降"

新能源的迅猛发展在推动河北省能源生产和能源消费革命的同时，也对电网消纳新能源的能力提出了挑战。2014~2016年，全省弃风率、弃光率逐年上升。为应对上述情况，2016年河北电网、冀北电网在规划建设、调度交易、市场机制、技术创新等多个方面采取了措施，此后，河北省风电和光伏发电消纳形势有所好转，弃电量和弃电率实现"双降"。电网企业在加快送电通道建设的同时，加大科技创新力度，主动服务光伏扶贫项目，精细管控，深挖消纳潜力，破解新能源消纳难题，实现弃风率、弃光率"双降"。2018年全年无弃水电量；全省弃风电量约15.5亿千瓦时，全年平均弃风率为5.2%，同比下降1.6个百分点；全省弃光电量约2.6亿千瓦时，全年平均弃光率为2%，同比下降0.4个百分点。河北电网保持连续11年网内新能源全额消纳。

3. 风电、光伏发电利用小时数有升有降

2018年全省水电利用小时数为753小时，同比减少246小时；风电利用小时数2276小时，同比增加26小时；光伏发电1275小时，同比减少28小时；生物质发电利用小时数为5284小时，同比降低16小时（见图4）。

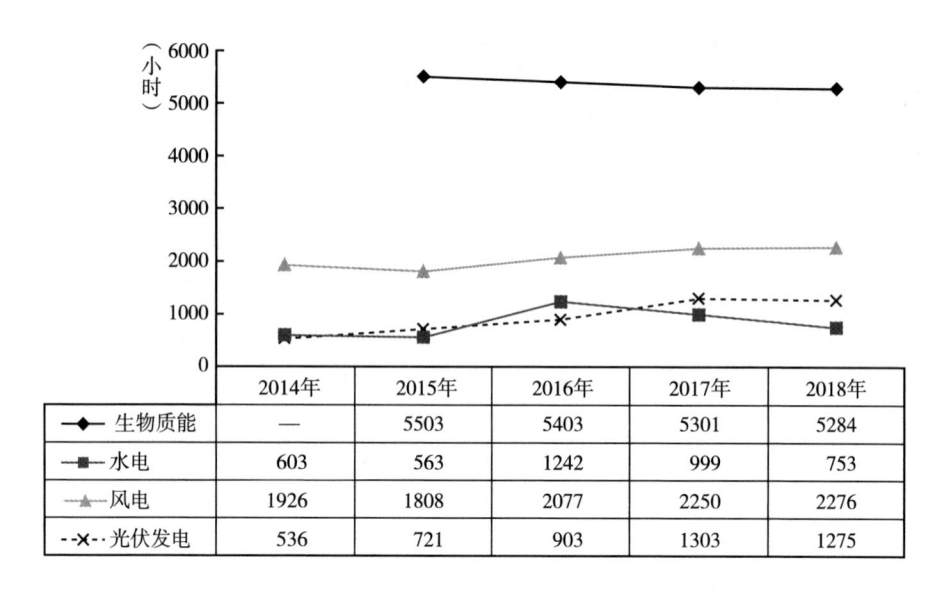

	2014年	2015年	2016年	2017年	2018年
生物质能	—	5503	5403	5301	5284
水电	603	563	1242	999	753
风电	1926	1808	2077	2250	2276
光伏发电	536	721	903	1303	1275

图 4　2014～2018 年河北省可再生能源利用小时数

（三）张家口可再生能源示范区建设取得明显成效

1. 可再生能源规模化开发与应用取得重要进展

2018 年，张家口百万千瓦风电基地三期开工 300 万千瓦以上，新增风电装机容量约 61 万千瓦，光伏发电装机容量约 113 万千瓦，合计新增可再生能源发电装机容量约 174 万千瓦，累计装机容量已达 1346 万千瓦，占张家口全部发电装机的 74%，占全省风电装机的 97%。张家口市可再生能源消费量占终端能源消费比例达到 23%，居全国前列。氢能建设初具规模，初步形成制氢、储氢、运氢、加氢和用氢全产业链，已成为全国氢燃料电池公交车运营数量最多的城市。大数据产业蓬勃发展，已成为全国大数据运营服务器数量最多的城市之一。蓝天保卫战深入推进，入选第二批中央财政支持北方地区冬季清洁取暖试点城市。

2. 可再生能源交易市场化机制先行先试

"四方协作"机制服务对象和区域拓展取得重大突破，"张家口市建立'四方协作'机制，探索可再生能源扶贫新路"获国务院办公厅通报表扬。

2018年8月，河北省发展和改革委员会印发实施了《张家口市参与四方协作机制电采暖用户准入与退出管理规定（试行）》和《张家口市参与四方协作机制高新技术企业和电能替代用户准入与退出管理规定（试行）》。明确将"四方机制"服务范围拓展到高新技术企业和符合条件的农村地区清洁供暖分散用户，推动张家口市的可再生能源市场化交易向多元化方向发展。在2018年冬和2019年春的采暖期，该市共有47家风电企业参与了可再生能源的市场化交易，交易电量约7292万千瓦时，同比增长四成，涉及供暖面积约180万平方米，180家电供暖用户和13家电能替代用户获益。

3. 可再生能源技术创新引领作用不断加强

作为首个由国务院批复同意设立的可再生能源示范区，张家口市可再生能源示范区在建设中大胆创新，不断加强在国内可再生能源产业领域的技术创新引领作用，力图打造绿色能源开发利用的先行者和试验田。该市共15个可再生能源示范区示范项目取得备案，可再生能源先进技术示范工程取得明显进展。张北云计算基地绿色数据中心新能源微电网示范项目已开工建设，建成后可为阿里巴巴大数据中心提供清洁电力。先进能源输电通道建设取得突破，10千伏柔性变电站在张北成功并网运行，±500千伏多端柔性直流输电示范工程全面开工建设，张北—雄安1000千伏特高压交流工程获得核准批复。示范区国内外合作日益紧密，"第一届长城·国际可再生能源论坛"和"第一届中国·张家口氢能与可再生能源论坛"成功举办，为推进示范区国际合作、开放创新搭建了良好平台。

4. 以可再生能源为核心的产业集群初具规模

国家发改委组织实施了张家口可再生能源示范区产业创新发展专项，2018年为张家口市7个产业项目安排中央预算内投资共2亿元。张家口市积极培育新型产业，签约引进了一批高端装备制造企业，初步形成了风电全产业链、光伏产业链、氢能全产业链，产业集聚度进一步提高。光伏扶贫成效显著，2018年省能源局批复张家口市光伏扶贫电站全部建成并网，其中7个县区590个村级光伏扶贫电站约27万千瓦，27个约71万千瓦地面集中式光伏扶贫电站，累计建成光伏扶贫电站约124万千瓦，可带动8.8万个贫困户稳定脱贫。

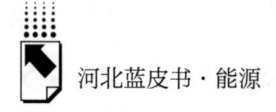

（四）雄安新区可再生能源产业规划建设稳步推进

2018年12月，国务院正式批复了《河北雄安新区总体规划（2018—2035年）》，提出雄安新区要建设绿色低碳之城，优化能源结构，建设绿色电力供应系统和清洁环保的供热系统，推进本地可再生能源利用，严格控制碳排放。2018年底，河北省发展改革委核准批复了张北—雄安1000千伏特高压交流输变电工程项目。该工程是国家电网有限公司规划建设的华北特高压交流电网的重要组成部分，将新建一座张北特高压变电站，扩建雄安特高压变电站，新建特高压交流线路约320公里。工程竣工后可使张家口市可再生能源电力输送至雄安新区，不仅显著提升张家口市可再生能源电力的外送能力，为张家口可再生能源示范区未来的发展奠定基础，同时为雄安新区电能供应清洁化打下了良好基础。2019年，雄安新区开展了浅层地热能开发利用示范基地建设，2020年将完成采灌均衡下地热水资源开发利用示范基地建设和深部第二空间地热资源探测示范。

三 2019年河北省可再生能源发展形势展望

2019年，风电、光伏发电无补贴平价上网项目建设将加快推进，风电、光伏电站项目竞争配置工作机制全面推行，可再生能源配额制考核有望实行，可再生能源将进入高质量发展阶段。同时，河北省也面临着可再生能源地区消纳压力大、电力系统调峰能力不足、高比例可再生能源电网安全稳定问题等挑战。预计2019年河北可再生能源发展继续保持较快势头，累计装机容量达到3400万千瓦左右，其中风电1700万千瓦左右，光伏发电1460万千瓦左右，生物质能发电80万千瓦左右。

（一）面临的机遇

1. 可再生能源配额制考核有望实行

国家能源局分别于2018年3月、9月、11月三次就《关于实行可再生能源电力配额制的通知》征求意见，并有望于2019年起实施。根据该《通知》，将按照省级行政区域设定可再生能源电力配额指标，包括可再生能源电力总量配额和非水电可再生能源电力配额，落实责任由各省级能源主管部门牵头承担，消纳责任由售电企业和电力用户两类市场主体协同承担，组织责任由电网企业承担。配额制的出台将会促使受端省份在仅依靠本地电源无法完成指标的情况下，积极购买外省绿电，这对于西部弃风弃光比较严重的送端地区起到积极作用。

2. 市场化交易机制更加完善

张家口于2017年11月首创的"政府+电网公司+企业+用户"的"四方协作机制"可再生能源电力市场化交易，在一年后推广至京津冀地区。2018年11月，国家能源局华北监管局正式发布《京津冀绿色电力市场化交易规则（试行）》（以下简称《通知》），《规则》的出台为推进京津冀地区可再生能源市场化交易的有序开展，促进京津冀可再生能源一体化消纳提供了政策支撑。《规则》明确优先保障张家口地区绿色电力需求，在冀北交易电量规模内，对张家口地区的电能替代用户和高新技术企业给予一定倾斜。今后，北京、天津、冀北电网的可再生能源发电企业及北京、天津、冀北、雄安新区符合准入条件的电力用户和京津冀地区的售电公司都可以通过协商、挂牌等市场化方式进行中长期电力交易。随着京津冀地区绿色电力市场化交易的逐步成熟，可再生能源技术进步和成本的逐步下降，区域可再生能源消纳的模式和渠道会进一步扩大，能源结构得到进一步的优化。

3. 风电、光伏发电平价上网加速

2019年1月，国家发改委、国家能源局联合印发了《关于积极推进风电、光伏发电无补贴平价上网有关工作的通知》，明确表示将推进平价上网项目和低价上网项目。河北省发改委印发了《关于开展光伏发电平价上网试点项目申报工作的通知》，在此之前，张家口已开展了国家级和省级的风电平价上网示范项目建设。2017年国家能源局公布了第一批共13个风电平价上网示范项目，总规模70.7万千瓦，河北省获批5个项目，均位于张家口市，总规模40万千瓦，占全部示范项目的56.6%。2018年河北省发改委下达了15个张家口可再生能源示范区示范项目，其中配套的105.6万千瓦风电全部按平价上网电价执行。

此次平价上网新政的出台将给2019年及以后可再生能源产业发展带来更直接的推动及更明确的利好。《关于积极推进风电、光伏发电无补贴平价上网有关工作的通知》对各地如何优化项目投资环境，降低各项非技术成本提出了明确的要求。通过机制设计，把风光平价项目政策与现有的可再生能源自愿绿色证书机制、正在制定和推进中的可再生能源配额制度等有机衔接，共同促进可再生能源市场和产业良性发展。从消费端看，无补贴平价上网的风电、光伏发电将进一步降低用户端电价，有利于进一步提高清洁能源在能源消费总量的比重；从生产端看，无补贴平价上网政策有助于加快推进风电、光伏电站建设，也有助于倒逼发电企业不断改进生产技术，从而进一步推动风电、光伏等清洁能源发电成本不断降低，实现良性循环，并且企业也可借此扩大市场份额。

4. 光伏发电管理新政实施

2018年"光伏531新政"后，光伏行业政策基调一直悬而未决，尤其是装机规模、电价政策两项核心指标迟迟未能明确，国内光伏产业发展进入政策真空期。2019年初，国家能源局召开光伏企业座谈会，就2019年光伏发电政策征求意见。座谈会明确了新政基调，将由财政部确定补贴规模上限，引入市场竞争机制，改变资源配置模式、补贴管理机制、行业发展管理模式。按照"量入为出"的原则，以财政补贴上限确定发展规模，保证了行业合理的发展规模和发展节奏，力求行业"稳中求进"。除光伏扶贫、户用光伏外，企业通过市场竞争获取补贴指标，改变了以往行政分配指标模式，一方面可以引导补贴逐步下调，降低补贴强度，另一方面对于开发企业而言，可以缓解财政补贴目录难进、补贴拖欠的焦虑。同时，光伏竞价模式将倒逼全产业链技术进步、降本增效，有利于加速光伏发电平价上网。

（二）存在的问题与挑战

1. 新能源集中式大规模开发，地区消纳压力较大

2018年12月，国家发改委、国家能源局联合印发《清洁能源消纳行动

计划（2018—2020年）》，提出了2018年清洁能源消纳取得显著成效，2020年基本解决清洁能源消纳问题的工作目标，以及全国和重点省份分年目标。对河北省提出的目标为：2018年弃风率低于6%，2019年低于5%，2020年低于5%；弃光率目标未提特殊要求，可参照全国目标的5%实施。

全省2017年、2018年平均弃风率分别为7%、5.2%，平均弃光率分别为2.4%、2%，新能源消纳呈现好转之势，但是由于新能源装机持续高速增长、常规火电机组供热改造降低电网调峰能力、分布式光伏骤增增加电网午后调峰难度等因素叠加，河北省未来新能源消纳形势依旧不容乐观。考虑国家能源主管部门已批复新能源专项规划项目的进展情况，截至2018年底，冀北地区还有1400万千瓦集中式风电尚未并网，全部建成投产后冀北电网风电装机将达到2500万千瓦以上，超过《河北省可再生能源发展"十三五"规划》中全省2080万千瓦的规划目标。若张家口风电三期、承德风电基地二期按政府要求并网时间投产，预计2020年将达到2000万千瓦以上，超过《河北省可再生能源发展"十三五"规划》中张家口、承德地区1800万千瓦的规划目标。新能源消纳水平较好的河北南网也已经开始在春节、中秋节后的负荷低谷时刻出现弃风、弃光的风险。综合来看，全省完成2019年弃风率低于5%的目标，压力仍然较大。

2. 电源结构互补性差，电网调峰能力不足

近年来，河北省电网负荷峰谷差逐年增大，可再生能源并网规模不断增大，过大的峰谷差造成本地机组频繁昼开夜停，严重影响机组的安全性，同时限制了负荷低谷时段对清洁能源的消纳。在宏观经济、气温、电能替代等多因素叠加影响下，2018年用电需求增长明显，全社会用电量同比增长6.5%。2018年夏季，河北南网有序用电最多达512万千瓦，冀北电网有序用电最多达80万千瓦，两者之和已经达到全省负荷的1/10，电力供应紧张时段内最重要的负荷增长来自空调制冷负荷。2018年全省新增装机7437万千瓦，但其中94%是可再生能源，从高负荷期间来看，"有效装机"增长不足。夏季用电高峰时期，太阳能夜间无法发电，持续高温的天气风电机组出力也不理想，很难用来弥补电力缺口。另外，全省火电机组大部分为供热机

组，调峰能力仅为其额定容量的15%~25%，远低于常规燃煤机组50%的水平，在冬季供暖期间，供热机组"以热定电"，机组的调峰能力进一步受限，保供热和新能源消纳的矛盾非常突出。

3. 可再生能源对政策的依赖度较高，可持续发展受限

目前，风电、太阳能发电、生物质能发电等的发电成本相对于传统化石能源仍偏高，度电补贴强度较高，补贴资金缺口较大。可再生能源整体对政策扶持的依赖度较高，受政策调整的影响较大，可再生能源产业的可持续发展受到限制。2018年三部门联合下发《关于2018年光伏发电有关事项的通知》后，要求下调补贴强度、限制新增规模。国家光伏补贴政策的突然调整对光伏企业经营造成重大影响，普通光伏项目几乎全部停止新增装机，国内市场需求几乎陷入停滞，在国内市场需求极速萎缩的情况下，光伏产品价格也迎来了断崖式下跌，全年硅料价格下降50%左右，电池片价格下降40%，硅片价格下降40%，组件下降30%左右。银行对光伏行业的信贷收紧，多数企业出现了融资难、贷款难等资金问题。2018年，全省光伏新增装机同比下滑13%。

（三）发展展望

2019年，竞价、平价是影响可再生能源行业发展的主要政策因素。随着光伏新政策基调的确定，光伏产业开启由补贴依赖逐渐实现平价转变的新阶段，行业集中度将进一步提升，受到补贴政策的影响将大幅削弱，行业发展将回稳。风电已经领先光伏行业进入竞价模式，2019年起新增核准的集中式陆上风电项目和海上风电项目将全部通过竞争方式配置和确定上网电价。在以上政策的影响下，风电、光伏发电将进入有序发展阶段。

2019年，河北省可再生能源将继续保持较快的发展态势。张承百万千瓦风电基地建设有序推进，按照分散式风电发展规划，在适宜地区发展分散式接入风电。坚持技术进步与模式创新相结合，因地制宜多元化发展光伏发电，新增装机将有很大一部分由光伏发电应用领跑基地和平价上网项目构成，新增分布式光伏装机将可能超过集中式光伏电站装机。新增光伏发电项

目将向光照资源好、并网消纳条件佳的区域转移，光伏竞价模式将倒逼全产业链技术进步，系统成本及非技术成本有望随着光伏补贴退坡减少而降低。预计2019年全省新增可再生能源发电装机容量530万千瓦左右，其中，新增风电装机容量300万千瓦左右，新增光伏发电装机容量230万千瓦左右。2019年底，预计河北省可再生能源发电累计装机容量3400万千瓦左右，风电累计装机容量1700万千瓦左右，光伏发电累计装机容量1460万千瓦左右。

四 河北省可再生能源发展对策建议

目前，可再生能源发展的瓶颈已经从技术装备和开发建设能力方面的约束，转变为市场和体制方面的制约。2019年，河北省应推动网源协调发展，加快抽水蓄能电站等调峰电源建设，完善电力辅助服务市场机制，加快外送通道建设，多渠道拓展清洁能源的消纳能力，推动河北省可再生能源高质量发展。

（一）加快灵活性电源建设和改造，提高电网调峰能力

加快推进火电机组灵活性改造工作，落实相关政策措施，督促发电企业按计划完成改造任务。加大供热机组热电解耦改造力度，严控新增供热机组及火电供热改造，严格审核供热机组最小技术出力。推动"三个一批"抽水蓄能电站工程，进一步完善抽水蓄能电站价格形成机制，推动灵活调节电源发展。发挥市场配置资源的作用，积极推进调峰辅助服务市场建设，出台省内调峰辅助服务市场规则，充分利用市场手段挖掘系统调峰潜力。落实可再生能源配额制及绿色证书交易制度，通过市场实现清洁能源优先消纳。

（二）挖掘就地消纳潜力

结合张家口市可再生能源示范区建设，实施冬奥场馆绿色供能，建设风电供暖、风电制氢项目，推进张北大数据中心可再生能源供电。着眼就地消纳，在张家口、承德等市开展风电供暖试点。建设易县英利科技生态小镇等

可再生能源特色小镇。以居民采暖、生产制造、交通运输、电力供应与消费为重点，积极推广或试点电采暖、地能热泵、工业电锅炉（窑炉）、农业电排灌、船舶岸电、机场桥载设备、电蓄能调峰等"电能替代"措施，促进用电负荷增长。加快充电设施建设，促进电动汽车发展。

（三）加强电力需求侧管理

推动电力需求响应工作从"提高电能使用效率、保障电力供需平衡"向"推动能源消费结构优化、促进可再生能源消纳、提高智能用电水平"转变。完善激励机制，遵循公平合理的原则，倡导"谁收益、谁投资"，建立长效的需求响应激励机制，研究需求侧竞价机制，进一步调动用户参与积极性。继续推进电力需求侧管理平台、负荷监测系统等建设，并加强自动需求响应技术的推广和应用，切实提高需求响应的自动化水平。加强用电数据统计分析，深入分析用户用电行为，为系统运行分析、用电优化决策等提供充足、及时、准确的数据支持。充分发挥多元储能负荷在电力需求响应中的作用。

参考文献

河北省发改委：《河北省可再生能源发展"十三五"规划》（冀发改能源〔2016〕1296号），2016年10月。

河北省发改委、河北省国土厅、河北省住房和城乡建设厅、河北省水利厅、河北省地质矿产勘查开发局：《河北省地热能开发利用"十三五"规划》（冀发改能源〔2016〕1624号），2016年10月。

国家能源局华北监管局、河北省发改委：《关于印发〈京津唐电网冀北（张家口可再生能源示范区）可再生能源市场化交易规则（试行）〉的通知》，2017年10月。

河北省发改委：《河北省2018年－2020年分散式接入风电发展规划》（冀发改能源〔2018〕75号），2018年1月。

河北省发改委：《关于2018－2020年风电、光伏发电项目建设指导意见》（冀发改能源〔2018〕279号），2018年2月。

河北省发改委:《关于印发〈全省分布式光伏发电建设指导意见(试行)〉的通知》(冀发改能源〔2018〕817号),2018年6月。

河北省发改委:《河北省"十三五"生物质发电规划》(冀发改能源〔2018〕1185号),2018年9月。

河北省发改委:《关于下达张家口可再生能源示范区示范项目实施方案的通知》(冀发改能源〔2018〕1357号),2018年10月。

国家发改委、国家能源局:《关于印发〈清洁能源消纳行动计划(2018-2020年)〉的通知》(发改能源规〔2018〕1575号),2018年10月。

国家发改委、国家能源局:《关于实行可再生能源电力配额制的通知(征求意见稿)》,2018年11月。

国家能源局华北监管局:《京津冀绿色电力市场化交易规则(试行)》(华北监能市场〔2018〕497号),2018年11月。

中电联:《2018年全国电力工业统计快报》,2019年1月。

国家发改委、国家能源局:《关于积极推进风电、光伏发电无补贴平价上网有关工作的通知》(发改能源〔2019〕19号),2019年1月。

河北省发改委:《张家口可再生能源示范区建设各项工作取得明显成效》(华北监能市场〔2017〕517号),2019年1月。

专题研究篇

Special Topics Reports

B.7 河北省产业结构调整与能源消费关系研究

王悠然 黎特 李欣[*]

摘　要： 三次产业在生产过程中对能源的需求不同。不同产业之间的比重增减，产业结构出现变化，能源消费也随之改变。本文根据对河北地区产业调整与能源消费之间关系的已有研究方法，结合近十年的统计数据，分析现阶段产业结构调整对能源消费的影响，并提出未来发展的建议。

关键词： 河北省　产业调整　能源需求

---

[*] 王悠然，中国电建集团河北省电力勘测设计研究院有限公司助理工程师，工学硕士，研究方向为能源规划研究、综合能源数据分析；黎特，中国电建集团河北省电力勘测设计研究院有限公司工程师，工学硕士，研究方向为能源规划、能源经济、电网规划、产业优化；李欣，中国电建集团河北省电力勘测设计研究院有限公司高级工程师，工学硕士，研究方向为能源电力规划研究、政策研究、规划设计以及项目咨询。

一 河北省产业结构与能源消费现状分析

（一）产业结构现状分析

"十二五"以来，面临复杂的国内外经济形势与产能过剩、污染治理压力，河北经济进入了"经济增速换挡期，结构调整阵痛期与前期刺激政策消化期"三期叠加的特殊阶段，全省上下在党中央、国务院的坚强领导下，深入学习贯彻习近平总书记系列讲话精神，坚持稳中求进的工作总基调，主动适应经济发展新常态，实现了经济平稳增长，经济实力明显增强。2017年，河北省实现地区生产总值34016亿元，按可比价格计算，比上一年增长6.6%。第一产业增加值3130亿元，同比增长3.9%；第二产业增加值15846亿元，同比增长3.0%；第三产业增加值15040亿元，同比增长11.3%。三次产业增加值占总增加值的比重分别为6.0%、21.9%和72.1%。全省人均生产总值为45387元，比2016年增加2876元，按可比价格计算，增长5.9%。

河北省在取得经济发展同时，产业结构也得到优化，并具有以下特点。

第一，三次产业结构不断优化。从三次产业占全省GDP比重来看，第一产业和第二产业的产值比重继续下降，分别由2007年的13.21%和53.04%下降为2017年的9.20%和46.58%，分别下降4个百分点和6.46个百分点；第三产业比重稳步提升，由2007年的33.75%上升到2017年的44.21%，上升10.46个百分点。尤其从2014年以来，第三产业保持了年均2.25个百分点的高速增长，仅2014~2017年三年时间就实现了6.75个百分点的增长，超过近十年增量的六成（见图1）。

从发展速度上看，第一产业增长率持续放缓，由2007年的23.46%减少到2017年的1.54%。第二产业的增长率受经济形势和企业关停因素影响，在2009年和2015年出现较大程度的降低，2015年、2016年甚至分别出现2.03%和0.58%的负增长。第三产业的增长率从2007年以来保持高

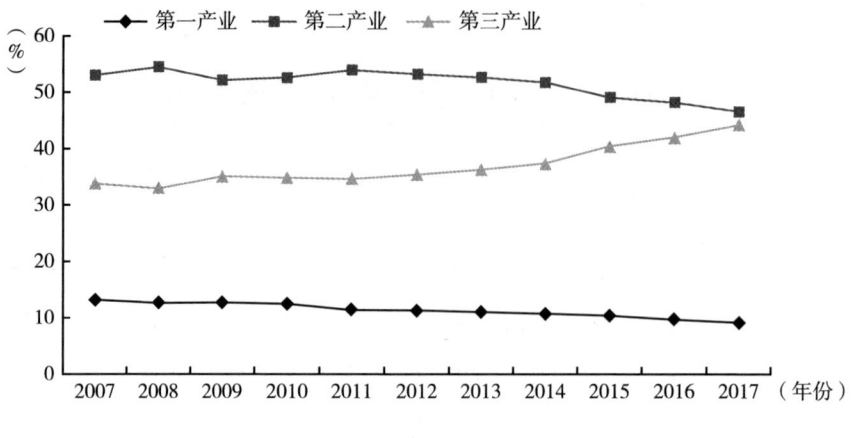

图1 河北产业结构变化趋势

位，从2012年开始，增长率持续领跑三个产业，在2014年稍有下挫后逆势上扬，随后增长率持续增长，到2017年增长率达到12.91%（见图2）。

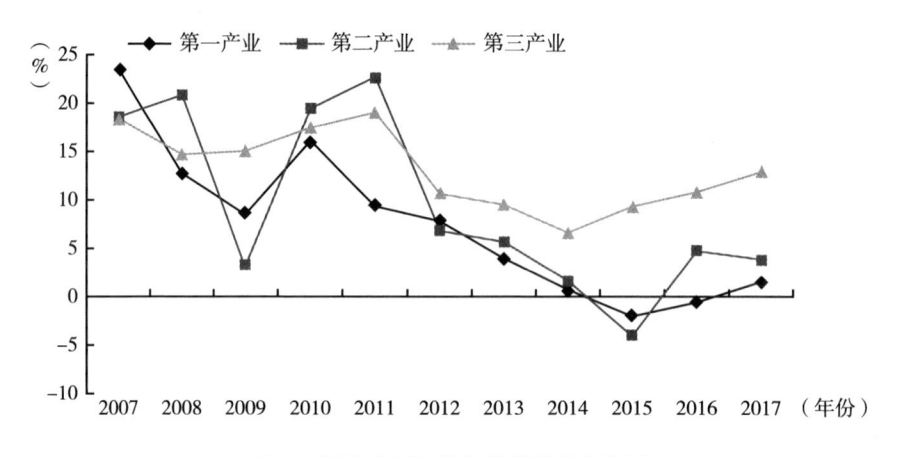

图2 河北省三次产业增长率变化趋势

第二，工业调整步伐持续加快。"十二五"以来，河北省积极应对外部宏观经济环境变化，深入推进以"去产能、去库存、去杠杆、降成本、补短板"为主要任务的供给侧结构性改革，同时全面落实中央大气污染防治政策，加快钢铁、建材与煤炭等传统产业淘汰过剩产能，超额完成"6643"工程的既定目标。2013~2017年，累计削减炼钢产能6993万吨，炼铁产能

6442万吨，规模以上煤炭消费量4169万吨，水泥产能6718.5万吨，平板玻璃产能6406万重量箱。同时，加速培育新产业，大力发展装备制造、高新技术等战略性新兴产业，推动工业经济转型升级。"十二五"以来，工业增加值增速逐步降低，但工业发展效率与质量不断提升。2018年，超额完成六大行业年度去产能任务。全年原煤、焦炭产量比上年分别下降7.7%和11.6%，生铁产量下降3.9%，平板玻璃产量下降1.7%。规模以上工业战略性新兴产业增加值比上年增长10%。高新技术产业增加值增长15.3%，装备制造业对工业生产增长的贡献率为34.6%，居工业七大主要行业之首。

第三，投资增速逐步趋稳。"十二五"以来，受宏观经济环境影响，河北省固定资产投资增速与国内形势一致，呈逐步回落状态。2017年，河北省完成固定资产投资增速同比增长5.3%，2018年企稳回升，同比增长6%。长期以来，固定资产投资是河北省经济增长主要的贡献因素，随经济增长进入新常态，河北省不断加快经济结构调整步伐，投资贡献与增速逐步回落。同时加大了重点项目投资力度，2018年，亿元以上在建项目增加6610个，大项目的支撑作用呈不断增强态势。

第四，消费对经济增长拉动作用不断增强。"十二五"以来，随着经济结构的逐步调整，消费增速趋稳，"繁荣夜经济"、推进城镇化进程，促进城乡消费等一系列政策助推了消费的持续较快增长，消费成为河北经济增长的主要动力。2018年，河北省全社会消费品零售总额16537.1亿元，同比增长9%，其中城镇消费品零售额完成12659.8亿元，增长8.5%；乡村消费品零售额完成3877.3亿元，增长10.6%。

第五，出口增速波动较大。河北省出口主要以钢铁、机电产品、服装及衣着附件、高新技术产品、汽车零配件与农产品为主，其中钢铁、机电、服装与汽车受国际市场波动影响较大。受金融危机以来国际市场需求复苏缓慢、贸易保护主义抬头与省内出口产业成本上升等因素综合影响，"十二五"以来，河北省出口增速出现较大波动，但近两年增速逐步回稳。2018年，全省进出口总值3551.7亿元，同比增长5.1%，其中，出口总值2243.0亿元，同比增长5.5%；进口总值1308.7亿元，同比增长4.5%。

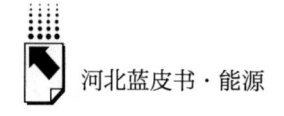

（二）能源消费的现状分析

全省深入贯彻节能降耗和防治大气污染等重大要求，实施能耗总量与强度双重控制，进一步加强清洁能源利用，调整工业产业结构，不断优化生产工艺，淘汰落后生产设备，节能降耗取得积极进展。

第一，能源消费总量增速较低。2017年，全省全社会能源消费总量为3.04亿吨标准煤，比上年增长2.0%。自2007年以来，河北省能源消费总量呈现"升降升"的变化趋势，增长率整体较低，能源消费总量得到有效控制（见图3）。

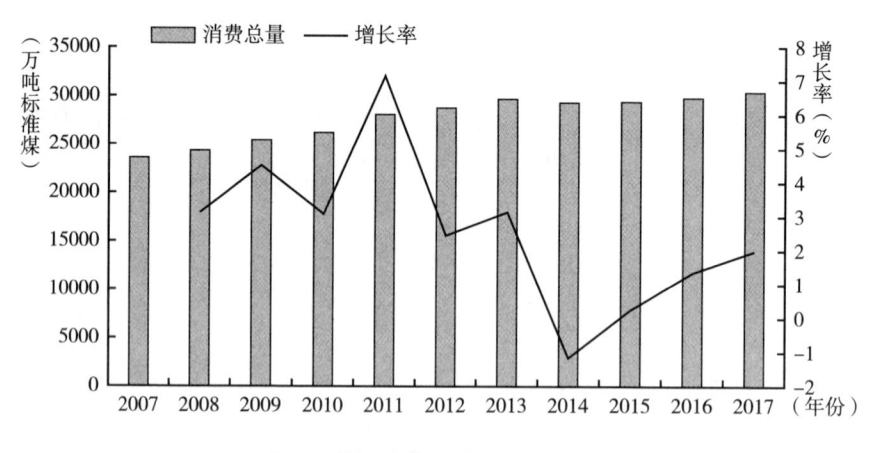

图3　能源消费总量及增长率变化

第二，能源消费品种结构不断优化。能源消费结构逐步完善，原煤和石油消费量比重稳步下降，2017年消费量比重分别为83.71%和7.97%，比上年消费量比重分别下降1.3个和0.66个百分点；天然气及一次电力和其他能源消费量比重持续上升，2017年消费量比重分别为4.23%和4.09%，比上年消费量比重分别提高1.09个和0.87个百分点（见图4）。

第三，工业节能成效明显。随着化解产能过剩、大气污染治理同步推进，环保督查力度加大，全省加快传统产业升级改造，着力培育新动能，各

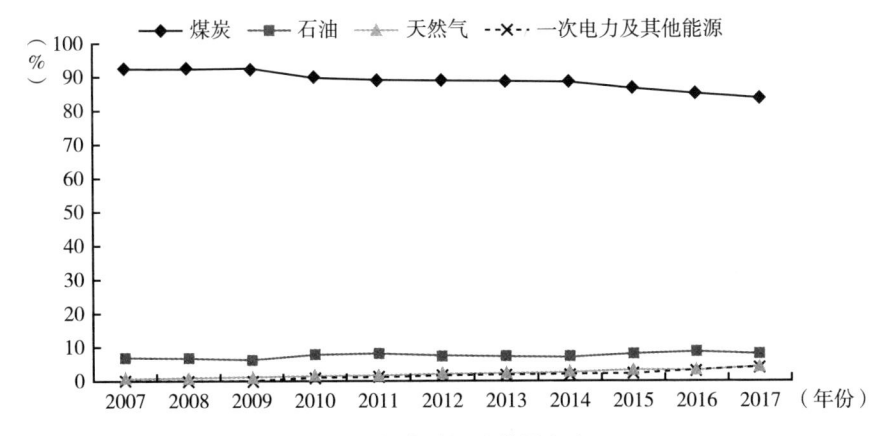

图4 各类能源消费量占比

地加强重点行业能效管理,有力推动了节能工作深入开展。高耗能产业能耗明显下降,多数单位产品能耗指标下降,余热余能回收利用率提高,工业节能对全省节能的支撑作用进一步增强。2017年,全省单位工业增加值能耗同比下降5.7%,超过年度工业节能目标1.7个百分点;全省单位GDP能耗0.876吨标准煤/元,同比下降6.45%,降幅超过全国平均水平2.8个百分点,超过全省年度节能目标2.5个百分点。

二 河北省产业结构与能源消费的关系

考虑到目前河北省处在产业调整不断深化的阶段:农业结构调整步伐加快,农业现代化进程加快;工业经济运行稳中向好,结构调整进程加快、转型升级成效显著,不断改造提升传统产业、加快新旧动能转换;第三产业初步形成行业门类齐全、多种经济成分共同发展的体系结构,成为国民经济的重要推动力量。在接下来的章节应用不同的算法研究近十年产业结构调整对能源消费的影响。

(一)河北省产业结构变化对能源消费结构的影响分析

能源消费结构主要是指主要产业所消费的各类能源量及其比重。通过

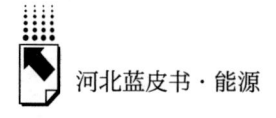

对现阶段产业结构调整对能源消费结构影响的研究,可以了解三次产业在各自结构调整中的用能变化,分析找出下一阶段经济发展主要依赖的能源类型。

产业结构变化对能源消费结构的影响可以表示为能源消费量增长率与各部门产值增长率的关系,其数学模型表达式为:A = B * C,其中 A 为能源消费结构积转换矩阵;B 为主要能源类型的年均消费增长率矩阵;C 为主要行业年平均产值增长率矩阵。

目前河北省主要能源消费品类包括煤炭、石油、天然气和电力消费,在能源消费统计时应用的产业类型划分为农林牧副渔业、工业、建筑业、交通运输、仓储和邮政业、批发零售业和住宿、餐饮业和其他产业。而在现阶段的产业结构调整中,许多新兴的第三产业由于统计口径的原因,较难获取较为准确的数据,因此第三产业不再细化分析。经过数据整理,表1列出各产业在 2007 年和 2016 年的能源消费统计数据。

表1 2007 年、2016 年河北省各产业的能源消费

类别	农业 2007年	农业 2016年	工业 2007年	工业 2016年	建筑业 2007年	建筑业 2016年	第三产业 2007年	第三产业 2016年
煤炭(万吨)	22.02	130.55	7223.91	6291.98	37.28	5.33	91.86	107.62
石油(万吨)	32.92	158.23	385.65	259.30	118.09	131.68	449.97	632.21
天然气(亿立方米)	0.01	0.70	10.75	28.53	0.01	1.17	0.55	14.32
电力(亿千瓦时)	143.49	97.38	1400.88	2124.35	11.64	33.86	72.86	231.59

以表1数据为基础,分别计算各产业用能的年均增长率,取百分数值,整理得出矩阵 B:

$$B = \begin{bmatrix} 55 & -1 & -10 & 2 \\ 42 & -4 & 1 & 5 \\ 767 & 18 & 1289 & 278 \\ -4 & 6 & 21 & 24 \end{bmatrix}$$

2007 年农业、工业、建筑业和第三产业的产值分别为 1804.72 亿元、6558.65 亿元、687.52 亿元和 4611.43 亿元,而 2016 年分别为 3502.58 亿

元、13424.95 亿元、1891.20 亿元和 13360.61 亿元，计算得出年均增长率，整理得出矩阵 C：

$$C = \begin{bmatrix} 10.45 \\ 11.63 \\ 19.45 \\ 21.08 \end{bmatrix}$$

根据公式计算得出的矩阵 A：

$$A = \begin{bmatrix} 410.78 \\ 517.23 \\ 39155.78 \\ 942.35 \end{bmatrix}$$

四个数值自上而下分别表示煤炭、石油、天然气和电力的消费强度变化。从结果来看，2016 年四种能源的消费较 2007 年均有上升，各能源的强度变化趋势及其产业应用分析如下。

天然气的变化强度是最大的，主要是由于河北省的天然气资源禀赋较差，开发较晚，市场消费的带动性较弱，发展进展十分缓慢，而目前由于政策鼓励清洁能源的使用以及供气基础建设的不断完善，天然气的消费在农业和建筑业经历了从无到有的过程，在工业和第三产业分别有 18% 和 278% 的年均增长率，整体产业发展对天然气的需求不断加强。

电力消费增长强度排第二位。随着河北省工业化进程的推进，电气化水平不断提高，工业、建筑业和第三产业用电都有较高的年均增长率，特别是第三产业的带动，电力消费量增速显著，电力有成为下一阶段社会经济发展主导能源的潜力。

相比于电力和天然气，石油的消费增长强度较低。第三产业和工业是石油消费的主要产业，从增长率看，工业的石油消费出现了 4% 的负增长，第三产业的石油消费为 5% 的正增长，现阶段产业结构调整对石油的需求增长集中在第三产业。

煤炭作为河北省的主导能源，在 2007 年能源消费结构中占比 92.36% 而在 2016 年占比 85.01%，下降 7.35 个百分点。从各产业的消费增长率来

看，煤炭在工业和建筑业的消费出现负增长，年均降幅分别为1%和10%，第二产业煤炭去产能效果展现。

（二）河北省产业结构变化对能源消费强度的影响

能源消费强度是指单位地区生产总值能耗，它也可以反映出能源的利用效率。随着能源消费规模不断扩大，提升能源效率可以有效减轻能源供应压力，研究产业结构的变化对能源消费强度的影响具有重要意义。

1. 因素分解法模型构建

能源消费强度的计算方法为：

$$e = \frac{E}{G} \quad \text{（公式一）}$$

其中 e 为能源强度，E 为能源消费总量（万吨标准煤），G 为地区生产总值（亿元人民币）。

由于 e 是总体的能源消费强度，为研究产业结构调整对它的影响，将 E 和 G 按照三产进行分解，可以得到：

$$e = \sum_i e_i g_i, i = 1, 2, 3 \quad \text{（公式二）}$$

e_i 为三产各自的能源效率，g_i 为三产各自的产业结构占比。由此也可以看出影响能源强度的两个因素类型为产业的能源效率 Ψe 和产业结构 Ψg。

那么，能源消费强度在某段时间内的变化就可以表示为：

$$\Delta e = \sum_i e_i^n g_i^n - \sum_i e_i^0 g_i^0 \quad \text{（公式三）}$$

其中 n 表示时间阶段，$n = 0, 1, 2\ldots$

为了研究近十年产业结构变化对能源强度的变化的影响，选取2007~2017年作为研究周期，即数据的初始年（即 $n = 0$ 时）为2007年。

以初始年为参照，利用因素分解法将两个因素的影响能力表达为：

$$\Psi e = \frac{\sum_i (e_i^n - e_i^0) g_i^n}{\sum_i e_i^n g_i^n - \sum_i e_i^0 g_i^0} \quad \text{（公式四）}$$

$$\Psi g = \frac{\sum_i e_i^0 (g_i^n - g_i^0)}{\sum_i e_i^n g_i^n - \sum_i e_i^0 g_i^n} \qquad （公式五）$$

若以上一年为参照，相关计算公式分别为：

$$\Delta e = \sum_i e_i^n g_i^n - \sum_i e_i^{n-1} g_i^{n-1}, i = 1,2,3, n = 1,2\ldots \qquad （公式六）$$

$$\Psi e = \frac{\sum_i (e_i^n - e_i^{n-1}) g_i^n}{\sum_i e_i^n g_i^n - \sum_i e_i^{n-1} g_i^{n-1}} \qquad （公式七）$$

$$\Psi g = \frac{\sum_i e_i^{n-1} (g_i^n - g_i^{n-1})}{\sum_i e_i^n g_i^n - \sum_i e_i^{n-1} g_i^{n-1}} \qquad （公式八）$$

其中能源强度的变化 Δe 受到各产业的能源效率 Ψe 和各产业的产值比 Ψg 变化的共同影响，若两者均为正值，说明能源强度的变化是两者共同作用的结果；若一个为正值，另一个为负值，说明正的起推动作用，负得起阻碍作用，整体仍是促进能源强度的变化；两者均为负值的情况不存在，因为两种因素的和始终为1。

2. 数据分析

由于不同年份的河北省统计数据稍有差异，以《河北省经济年鉴2019》中2007~2017年的产业耗能数据及产业GDP相关数据为研究的基础。

应用公式三至公式五，对能源强度 e，能源强度变化 Δe，产业结构因素 Ψg 和能源效率因素 Ψe 进行计算，结果见表2。

表2　2007~2017年河北省能源强度及其变化中能源效率因素和产业结构因素

年份	e	Δe	Ψg	Ψe
2007	1.47			
2008	1.38	-0.08	-0.06	1.06
2009	1.30	-0.16	-0.06	1.06
2010	1.27	-0.20	-0.11	1.11
2011	1.30	-0.16	-0.27	1.27

续表

年份	e	Δe	Ψ_g	Ψ_e
2012	1.22	-0.25	-0.26	1.26
2013	1.09	-0.38	-0.20	1.20
2014	1.01	-0.46	-0.13	1.13
2015	0.93	-0.54	-0.07	1.07
2016	0.88	-0.59	-0.02	1.02
2017	0.84	-0.63	0.04	0.96

由表2可知，近十年河北省的能源强度除2011年有较小幅度上升外，总体呈下降趋势，从2007年的1.47吨标准煤/万元，降为2017年的0.84吨标准煤/万元，年平均降幅为4.29%，反映出河北省能源效率大大提升。

从产业结构因素 Ψ_g 和能源效率因素 Ψ_e 对能源强度变化的影响上看，能源效率因素均为正数，是能源强度降低的主导因素，各产业能源效率提升，带动产业整体的能源效率提升；产业结构因素经历了由负数变为正数的过程，这意味着目前河北省产业结构变化对能源强度的降低由阻碍作用变为推动作用，特别是2011年以来，趋势转变明显。

为了更清晰地了解各个产业对能源消费的影响，应用公式七和公式八，对研究周期内的两种因素分产业进行逐年计算。

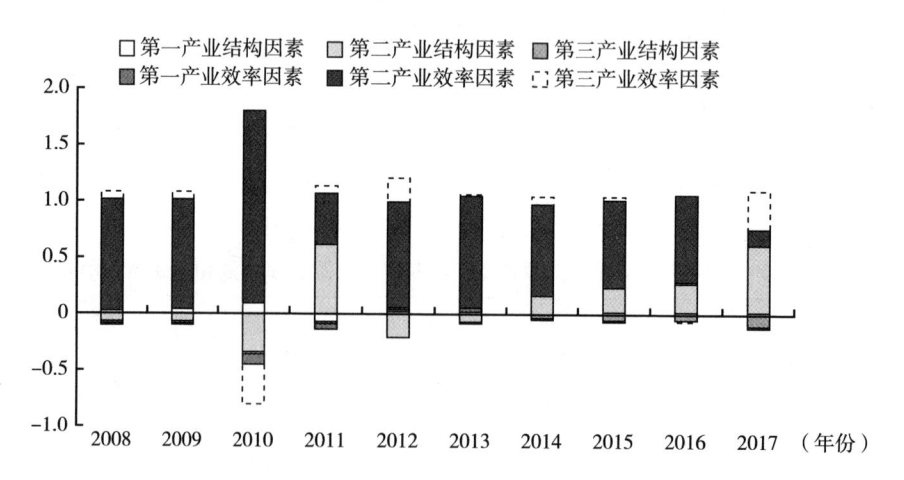

图5　结构因素和效率因素在三次产业中对能源强度变化的影响

由图5各因素的图块面积及正负分布，可以看出三次产业中两种因素的影响有以下几个特点。

①第一产业的因素对能源强度变化影响较小，第二产业的因素变化是推动能源强度减弱的主要力量，第三产业的因素影响力有变大的趋势。

②在六种因素中，第二产业的效率因素是推动能源强度减小的主力。

③第一产业的结构因素一直在推动能源强度的减小，但影响力较小。

④第三产业的结构因素一直在阻碍能源强度的减小，其影响力在2013年以后呈现不断增大的趋势。

⑤第二产业结构因素在2014年以后影响力不断增强，逐渐成为能源强度减小的主要因素。

⑥2010年由于采用年鉴不统一，存在一定误差，因此不做过多分析。

三 总结与建议

（一）主要结论

通过对河北省产业结构变化及能源消费变化的现状分析，结合两种算法对能源消费结构及能源强度的分析，得出以下结论。

从三次产业角度看，第一产业在总体能源消费中占比较小，强调产业内节约用能，即可促进产业能源消费下降；第二产业是能源消费主体，应在大力推行节能的同时，也鼓励产业内部结构向轻能耗产业转化，使产业内能源消费得到有效控制；第三产业的能源消费是促使产业能源消费总量体量不断扩大的主要因素，第三产业的发展必须要把控好节能关，才能实现集约型经济。

从能源角度看，河北省能源消费总量不断增加，但增速放缓且能源结构不断优化：煤炭去产能效果明显，石油消费增长态势放缓，相对清洁的天然气的需求不断增加，现阶段产业发展对电力的倚重不断加强。由于电力的生产可以由可再生能源提供，在可持续发展方面有较大的发展空间，也会推动河北省能源清洁化和多元化发展。

（二）措施建议

1. 节能优先，全面提升能源利用效率

河北省的产业结构过重使河北省能源强度高于全国 GDP 能耗的平均水平。为实现河北省能源高效高质量发展，势必需要加强在三次产业能源效率提升方面的工作，加强企业能耗监管，科学管控劣质低效用能，鼓励粗放式企业转型升级，利用先进节能技术不断优化生产过程。加强能源综合利用、循环利用和梯级利用，大大提升能源的利用效率，实现全产业节能降耗目标。

2. 进一步优化产业结构

河北省现阶段的调整方向，即第三产业的比重不断上升，追赶乃至超越第二产业比重，有助于能源消费结构向低煤炭比例发展，同时有利于减弱能源消费强度。现阶段河北省的产业结构仍然是以工业为主，应加快中低能耗产业发展，进一步扩大低耗能产业规模，使产业结构进一步优化，构建集约型经济体系。

3. 充分利用市场引导

建议积极借鉴先进省份试点经验，逐步建立和培育河北省用能权交易市场，充分发挥市场价格对能源使用的引导作用。健全用能权、用水权、排污权、碳排放权初始分配制度，可以充分发挥市场配置资源的决定性作用，激发市场主体活力，推动能源要素向优质项目、企业、产业流动和集聚，促进河北省绿色企业更稳更快发展。

参考文献

国家统计局：《中国统计年鉴2018》，中国统计出版社，2018。
国家统计局：《河北经济年鉴2018》，中国统计出版社，2018。
田云霞：《河北省产业结构变动对能源消费的影响研究》，石家庄经济学院，硕士学位论文，2012年6月。
国家发改委：《用能权有偿使用及交易试点工作方案》，2016。

B.8 河北省新能源消纳问题研究

杨洋 周俊峰 张学海[*]

摘 要： 促进新能源消纳，是河北省提高发展质量，改善环境水平，开展能源转型的重要举措。河北省是新能源大省，目前总体消纳形势相对较好，但受新能源装机持续高速增长、常规火电机组供热改造、分布式光伏骤增等因素影响，未来新能源消纳前景不容乐观。本报告总结了河北省新能源的消纳现状，从雾霾治理和新能源配额制两个角度分析了进一步促进新能源消纳的必要性及新能源消纳面临的四大问题，并给出了对策建议。

关键词： 新能源 风电 光伏 消纳

一 河北新能源消纳现状

（一）河北主要新能源发电现状

1. 风力发电特性

河北省风电在年出力上呈现"两头高中间低"的特性，在1月至5月、

---

[*] 杨洋，国家电网河北省电力有限公司经济技术研究院工程师，工学博士，研究方向为能源经济、能源电力供需；周俊峰，国家电网河北省电力有限公司经济技术研究院高级工程师，工学学士，研究方向为能源经济、电网规划；张学海，河北省社会科学院助理研究员，经济学博士，研究方向为产业经济。

11月和12月的春冬季偏大，为风电大发季节，即风盛期；而在6月至10月的夏秋季偏小，为风电小发季节，即风衰期。风电全年出力曲线与电网负荷曲线基本呈现相反的变化趋势，特别是7月、8月全网负荷最大的迎峰度夏期间，风电出力较小。

风电在日出力上呈现"昼低夜高"的特性，白天出力较小，夜间出力较大，风电出力大发时段为17时至次日8时。风电日出力曲线与电网负荷曲线变化规律相反，呈现"反调峰"特性，增大了电网调峰难度。

2. 光伏发电特性

光伏在年出力上呈现"中间高两头低"的特性，在3月至6月的春季偏大，7月至9月的夏季次之，1月、2月、10月至12月的秋冬季偏小。光伏组件效率具有随温度升高而降低的特性，导致夏季光伏出力反而明显低于春季。

光伏日出力变化规律与目前电网日负荷曲线变化规律基本一致，呈现"正调峰"特性。然而，在春季、中秋、国庆等节日期间，电网整体负荷较低，这种"正调峰"特性在一定程度上增大了午后负荷低谷时段（13~14点）的电网调峰压力。

（二）河北新能源装机增长情况

1. 增速变化情况

截止到2017年底，河北省风电和光伏发电装机容量分别为1240万千瓦和886万千瓦，新能源装机容量总和达到2126万千瓦，占全国新能源装机总容量的7%。新能源装机总容量排名全国第4，仅次于新疆、山东和甘肃，风电、光伏装机容量分列全国第3位和第4位。

从2015年开始，河北省新能源装机规模提速。具体而言，风电装机增速平稳，年均增长8%左右；光伏装机则以年均68%的增速快速增长，其中，集中式光伏年均增速为62%，分布式光伏年均增速达134%。近5年河北省风电、光伏发电装机及新能源总装机容量变化情况如图1所示。

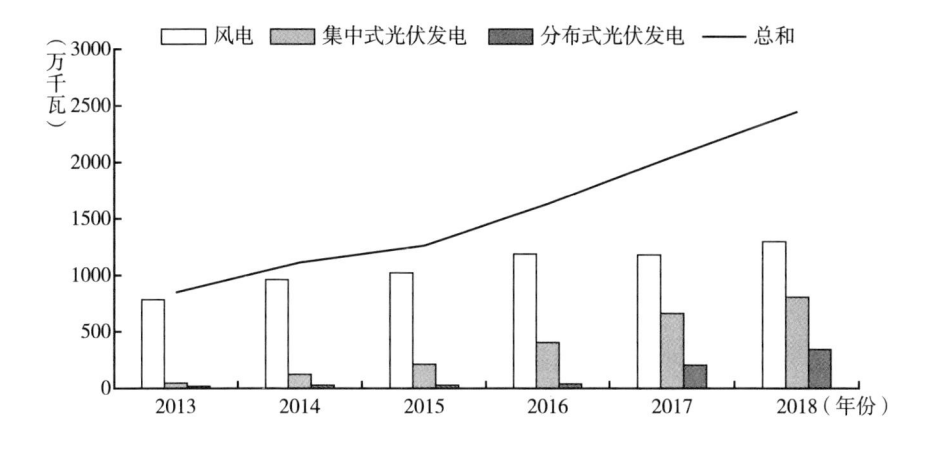

图 1 河北省风电、光伏发电装机容量情况

2. 占比变化情况

随着光伏装机容量不断快速增长，光伏规模逐渐接近风电装机容量。截至 2018 年 11 月底，光伏装机容量（1150 万千瓦）将接近风电装机容量（1298.6 万千瓦），占新能源总装机容量的 47%，成为河北省装机容量仅次于风电的新能源发电类型。各类新能源装机容量在新能源总装机容量中的占比变化如图 2 所示。

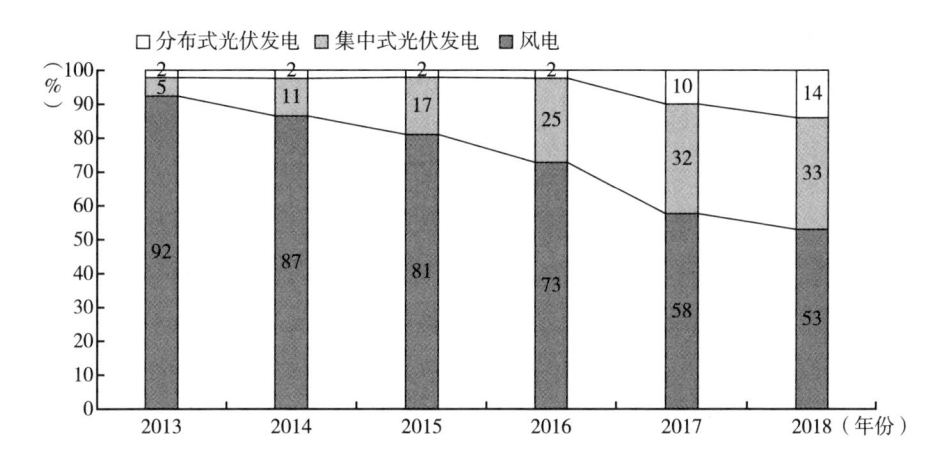

图 2 河北省风电、光伏发电装机容量占比情况

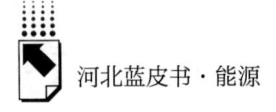

3.地域分布特点

河北省电网分为冀北电网和河北南网。由于北部风能资源丰富,因此冀北电网新能源装机主要以风电为主;南部风能资源较少,近年来,在"光伏+煤改电""光伏扶贫"政策推动下,河北南网分布式光伏发展尤为迅猛。新能源在河北省的冀北电网和河北南网的发展各有侧重,形成了新能源"北风南光"的格局。

(三)河北新能源电量消纳情况

2017年,河北省风电发电量为263亿千瓦时,占总发电量的9.9%,光伏发电量为77亿千瓦时,占总发电量的2.9%,新能源发电总和占总发电量的12.8%,约占全社会总用电量的10%。2014~2017年河北省风电、光伏发电量及新能源总发电量变化如图3所示。

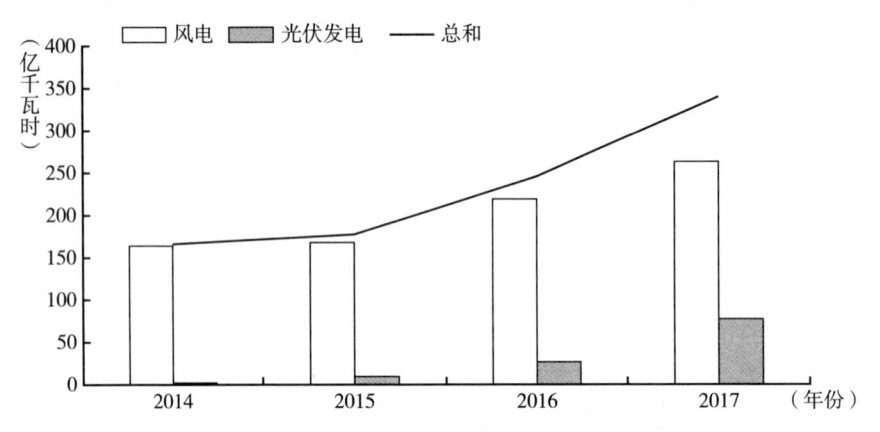

图3 河北省风电、光伏发电量及新能源总发电量变化情况

河北省风电和光伏发电量持续增长,尤其从2015年开始,新能源发电量明显提速,年均增速由6.7%提升到38.4%,增速提高近5倍。随着新能源发电量的增加,新能源在发电总量和全社会用电总量的占比也迅速增加,分别由2014年的6.98%、5.02%提升到2017年的12.80%和9.88%,新能源在河北省能源转型和低碳发展中承担着越来越重要的作用。新能源发电在发电总量和全社会用电总量的占比变化如图4所示。

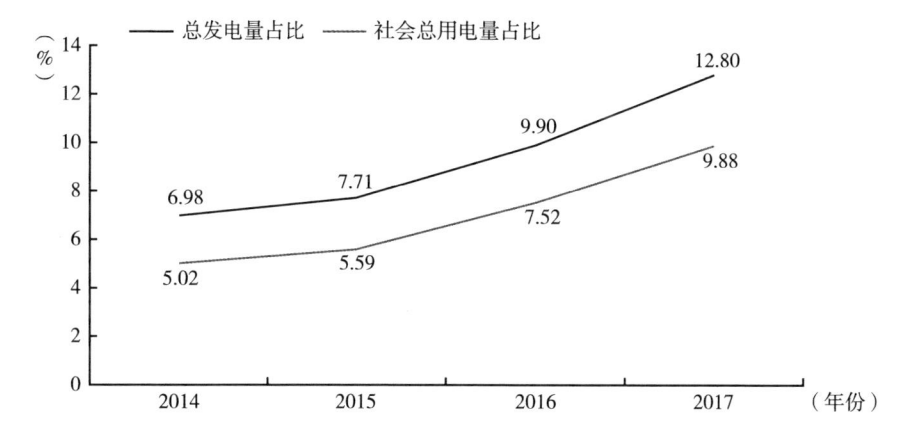

图 4 河北省新能源发电占总发电量和全社会总用电量的比例

新能源的迅猛发展在推动能源生产和能源消费革命的同时，也对电网消纳新能源的能力提出了挑战。2014~2016年，河北省新能源弃风弃光率逐年上升。为应对上述情况，2016年国家电网公司在规划建设、调度交易、市场机制、技术创新等多个方面采取了措施。此后，风电和光伏发电消纳形势有所好转，弃电量和弃电率实现"双降"。2017年，平均弃风率7%、弃光率1.5%，其中，河北南网全额消纳，冀北电网弃风率和弃光率分别为7.5%和3.5%，低于全国12%和6%的平均水平。

尽管目前省内新能源消纳形势有所好转，但是由于新能源装机持续高速增长、常规火电机组供热改造降低电网调峰能力、分布式光伏骤增增大电网午后调峰难度等因素叠加，河北省未来新能源消纳形势不容乐观。

二 促进新能源消纳的必要性

（一）促进新能源消纳是防治雾霾的重要手段

华北地区雾霾的产生与京津冀地区的产业结构、能源结构有很大的关系。京津冀地区占全国面积的2.35%，却消耗了全国12.28%的煤炭。燃煤导致的PM2.5主要有三个方面，一是煤燃烧所形成的烟气中含有细颗粒物，

二是烟气中 SO_x、NO_x 经光化学作用形成的二次硫酸盐和硝酸盐，三是煤本身含有的挥发性有机物不完全燃烧即进入空气中。

2017 年河北省煤炭消费量为 2.75 亿吨，煤炭占全社会能源消费比例达83.6%，比全国平均水平高 23 个百分点。煤的含硫量一般为 1%~3%，工业锅炉每燃烧 1 吨标准煤会产生 SO_x 8.5 千克、NO_x 7.4 千克，小锅炉和分散使用其排放更高。以此计算，河北省 2017 年燃煤排放 SO_x 高达 234 万吨，排放 NO_x 达 203 万吨。

河北省煤的使用主要集中在三个方面。一是钢铁生产。2017 年河北省钢材年产量 2.46 亿吨，按 1 吨钢耗煤 650 千克计，钢铁生产年耗煤大约在1.60 亿吨。二是火力发电和热电供应。按每千瓦时电力耗煤 300 克计，2017 年火力发电约 2300 亿千瓦时，估计年耗煤 0.69 亿吨。三是水泥生产。按 1 吨水泥耗煤 100 千克计，2017 年水泥产量 8963.5 万吨，年耗煤约 0.09亿吨。以上三项合计耗煤约为 2.38 亿吨，约占河北省总耗煤量的 86.5%。虽然其中火力发电耗煤量占到总耗煤量的 1/4，但已全部完成了超低排放改造。

促进新能源消纳，是保障新能源持续、健康发展的前提和基础。提高新能源发电占比将直接减少煤炭消费量，有利于提高空气质量。据估算，新能源在发电比例中每提高 1 个百分点，可直接减少 SO_x 排放 0.68 万吨，减少 NO_x 排放 0.59 万吨。

（二）促进新能源消纳是满足配额制的必然要求

为促进可再生能源发展消纳，打破其跨省跨区交易壁垒，确保完成我国非化石能源占能源消费比重到 2020 年和 2030 年分别达到 15% 和 20% 的目标，国家发改委、国家能源局于 2018 年 3 月、9 月分别发布了《可再生能源电力配额及考核办法》征求意见稿和第二次征求意见稿，于 2018 年 11月发布了《关于实行可再生能源电力配额制的通知》征求意见稿（以下简称"第三次意见稿"），明确从 2018 年开始实行可再生能源电力配额制，由省级地方政府、省级电网企业、售电公司和电力用户共同承担非化石能源电力配额义务。

在第三次意见稿中规定：（1）各省级行政区域配额=（本地生产且消纳年可再生能源电量+年净受入可再生能源电量）/本地区全社会用电量。（2）对各省级行政区域规定的应达到的最低可再生能源比重指标为约束性指标，按超过约束性指标10%确定激励性指标。（3）在确保完成全国能源消耗总量和强度"双控"目标的条件下，对于实际完成配额超过本区域激励性配额指标的省级行政区域，超出激励性配额指标部分的可再生能源消费量不纳入该地区能耗"双控"考核。（4）对未履行配额义务并未按期完成整改的市场主体依法依规予以惩罚，将其列入不良信用记录，予以联合惩戒。

在第三次意见稿中，规定河北省2018年、2020年可再生能源总量配额约束性指标分别为11%和15%。按照2017年情况，河北省可再生能源发电量约占全社会用电量的10%，与2020年配额约束性指标要求尚有5个百分点的差距。

三 河北新能源消纳面临的主要问题

（一）新能源送出通道能力不足

在河北省北部，受资源地域条件限制，新能源呈集中式大规模开发。截至2017年底，冀北电网新能源装机占网内总装机容量的53.3%，超过全国新能源占比平均水平的3倍，新能源总装机量占本网最大负荷的比例已达66.5%。与此同时，由于输电网规划、建设力度相对滞后，新能源送出通道能力不足，新能源发出的电力不能完全送出，造成"窝电"现象。以张北地区为例，2016年沽源—太平断面、尚义—张家口—张家口南断面电网的通道容量分别为1GW、0.95GW，而对应的沽源、尚义地区新能源装机容量则分别有1.89GW、1.744GW，输电网通道容量远不及集中式新能源外送需求。

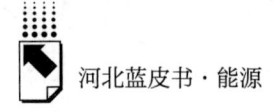

在河北省南部，随着近年来"光伏+煤改电""光伏扶贫"等政策的持续推进，河北南网分布式光伏增长迅猛。2017年增长率达到390%，装机规模由年初的32.7万千瓦猛增至160.2万千瓦，2018年新增装机已达79.2万千瓦。与此同时，配电网尤其是农村地区配电网建设相对滞后，线路绝缘老化、线径不足，造成配电台区三相不平衡和线损显著加剧，线路末端电压显著抬升，导致光伏逆变器脱网，配电网建设水平不能满足大规模分布式光伏并网需求。

（二）系统调峰能力不足

2006~2015年，在推动集中供热、提升系统能效、加强环境保护等多种政策的引导下，河北省新增火电机组以热电联产机组为主，并通过改造使大量现役纯凝火电机组转变为供热机组，以满足北方清洁取暖、节能减排等要求，火电机组中供热机组装机占比迅速提升。以河北南网为例，河北南网统调20万千瓦及以上机组共计67台、2793万千瓦，目前仅邢南、武安电厂4台、180万千瓦容量未进行供热改造。机组供热期调峰能力仅为其额定容量的15%~25%，远低于常规燃煤机组50%的水平，在冬季供暖期间，供热机组"以热定电"，机组的调峰能力进一步受限，保供热和新能源消纳的矛盾非常突出。

（三）新能源大规模接入，给电网的安全稳定带来挑战

在输电网侧，新能源大规模接入给电网的调度、调峰等带来了极大挑战。分布式光伏骤增增大了午后电网调峰难度，极大地影响了负荷预测精度和需求侧管理实施。大量新能源并网的同时也降低了电网转动惯量。2012年以来，河北省沽源风电系统多次发生3~10Hz的次同步振荡，造成上千台风电机组异常脱网。

在配电网侧，大量分布式电源的接入改变了配电网潮流，高密度分布式光伏并网抬升了并网点电压，给配电网的电压控制带来了极大的影响。大量逆变器并网也降低了配电网的电能质量。国内已出现多处分布式电源

并网点电压闪变、谐波等指标超标问题，河北省部分地区在接入大量分布式光伏后也出现电能质量不达标的问题，给用户正常的生产生活带来困扰。

四 河北促进新能源消纳对策建议

（一）加强新能源消纳规划

新能源消纳是一项系统工程，新能源的规划和发展，应该在综合考虑地区资源禀赋、电网发展水平、地区负荷消纳能力等基础上统筹谋划。目前河北省北部地区新能源消纳面临的困境，与一段时间以来新能源的无序发展不无关系。建议建立由政府主导，电源企业、电网公司参与的"政府—电源—电网"新能源规划管理协同机制，由能源主管部门定期组织相关单位滚动分析未来两到三年河北省新能源总体消纳能力，统筹编制河北省新能源发展规划建议书。同时进一步完善新能源开发建设管理机制，充分考虑电网实际情况，确保新能源合理规划、有序接入。

（二）加强电网建设，提升新能源外送能力

河北省集中式新能源主要在北部尤其是"张北"地区，新能源装机容量大，本地消纳水平较低，而电网输送断面容量不足，造成新能源供需矛盾。建议加强可再生能源富集区域网架建设，提升电网汇集和外送新能源的能力。提请国家发改委、国家能源局开展新增冀北地区向京津唐负荷中心送电通道的可行性研究，积极推进"张北—雄安"1000千伏特高压交流输变电工程建设，在项目前期、属地协调等方面提供有力支持，促进新能源在京津冀地区实现协同消纳。

河北省南部新能源主要以分布式光伏接入为主，分布式光伏规模化接入，而部分农村地区配电网建设滞后，造成电压质量恶化，影响光伏正常运行。建议加强新能源分散式接入地区配电网的改造力度水平，推进新一代农

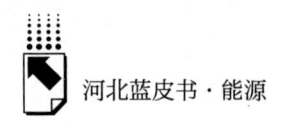

网改造升级，提高配电变压器容量和导线面积，增强电网对分布式新能源的承载能力。

（三）加快灵活性电源建设和改造，提高电网调峰能力

加快推进易县抽水蓄能建设进度和燃气调峰电站建设，并考虑增加灵活电源的装机规模，谋划、储备一批抽蓄电站建设项目，控制新增火电供热机组及常规火电供热改造，鼓励热电机组加装储热装置或电锅炉等措施，促进热电解耦。

目前，华北能监局正在推动构建省间调峰辅助服务市场，但尚未启动建设省内调峰辅助服务市场。建议加快编制省内调峰辅助服务市场规则，充分利用市场手段推动火电机组灵活性改造，有效提升电网调峰能力及新能源消纳能力。

（四）开展相关技术的研究和推广，提高电网消纳能力

科技项目立项进一步向大规模新能源消纳及分布式电源并网方向倾斜。在新能源侧，开展新能源发电单元主动参与电网稳定控制策略方法研究，研究支撑电网调频/调压的新能源主动控制技术，研究大容量储能技术，提高电网运行可靠性。在输电网侧，开展复杂电网环境下新能源低频振荡机理研究，解决风电场并网引发的低频振荡问题。在配电网侧，加强主动配电网、交直流混合配电网稳定性分析及控制策略研究，提高配电网对分布式光伏的消纳能力。

作为受端电网，特高压变电站投产以及外受电力的逐年增加，对新能源场站涉网性能提出了更严格的要求。建议根据相关政策标准，明确新能源场站并网技术性能要求，推进新能源场站的并网检测工作，确保其有功/无功控制能力、低电压穿越能力、电压频率适应能力等满足相关标准要求，以提高新能源的运行水平。推进出台政策文件规范分布式光伏并网运行模式，至少使其具备在并网点电压过高时自动进相运行的能力，有效应对分布式光伏大规模并网带来的配电网过电压等问题。

参考文献

国家发展和改革委员会、国家能源局：《关于实行可再生能源电力配额制的通知》，2018。

国家发展和改革委员会、国家能源局：《解决弃水弃风弃光问题实施方案》（发改能源〔2017〕1942号），2017。

河北省发展改革委员会：《河北省可再生能源发展"十三五"规划》（冀发改能源〔2016〕1296号），2016年10月。

范高锋、张楠、梁志锋、王靖然：《我国"三北"地区弃风、弃光原因分析》，《华北电力技术》2016年第12期。

李振宇、黄格省、李顶杰、任静：《从能源消费结构分析北京雾霾天气成因及防治措施》，《当代石油石化》2013年第6期。

彭应登：《北京近期雾霾污染的成因及控制对策分析》，《工程研究——跨学科视野中的工程》2013年第3期。

B.9 河北农村能源革命典型案例研究

李顺昕　岳云力　高峰　张绚　吕昕*

摘　要： 2018年7月，中共中央、国务院印发实施了《乡村振兴战略规划（2018—2022年）》，提出要构建农村现代能源体系，探索建设农村能源革命示范区。本文阐述了农村能源革命的定义并构建指标体系，选取有代表性的农村——张家口崇礼区作为案例，摸清案例的能源资源情况和能源供需现状。按照能源生产和消费革命战略目标要求，探究农村能源发展的症结问题，研究案例农村能源发展模式思路及实施路径。研究农村能源革命案例示范项目并形成可操作的实施方案，为农村能源革命提供了前瞻性示范实践。最后提出了支持项目落地的发展措施及政策建议。

关键词： 崇礼　农村　能源革命　能源发展

一　绪论

当前，我国已进入全面建成小康社会的决胜阶段，中华民族正处于走向

---

* 李顺昕，国家电网冀北电力有限公司经济技术研究院高级工程师，工学硕士，研究方向为能源电力经济、电网规划；岳云力，国家电网冀北电力有限公司经济技术研究院高级工程师，工学硕士，研究方向为能源电力经济、电网规划；高峰，清华大学能源互联网创新研究院副院长，教授级高级工程师，工学博士，研究方向为能源互联网政策战略、创新解决方案、关键技术研发、产业服务孵化等；张绚，清华大学能源互联网创新研究院副研究员，理学博士，研究方向为能源环境经济及能源政策；吕昕，国家电网冀北电力有限公司经济技术研究院高级工程师，工程硕士，研究方向为电网规划。

伟大复兴的关键时期。融合新能源技术、信息技术和互联网技术的新一轮能源革命，也正轰轰烈烈、如火如荼地进行。2014年6月，习近平总书记在中央财经第六次领导小组会议上提出了"四个革命、一个合作"新能源安全的战略，为我国未来能源的发展提出了纲领性目标。2016年12月，又在中央财经领导小组第十四次会议上首次提出"农村能源革命"，强调推进北方地区冬季清洁取暖，尽可能利用清洁能源，加快提高清洁供暖比重，加快推进畜禽养殖废弃物处理和资源化。2017年10月，党的十九大报告中提出要实施乡村振兴战略，2018年2月，《中共中央、国务院关于实施乡村振兴战略的意见》的出台标志着我国农业农村现代化建设开始提速。2018年7月，党中央、国务院印发实施了《乡村振兴战略规划（2018—2022年）》，提出要构建农村现代能源体系，探索建设农村能源革命示范区。

河北省张家口市崇礼区资源禀赋丰富优异、地理优势得天独厚、战略机遇千载难逢，是实现可再生能源创新发展、推动能源发展变革的重要风口。2015年7月，北京和张家口成功申办2022年冬奥会，提出低碳奥运的办会理念，张家口获国务院批准设立可再生能源示范区。张家口市位于我国"东北、华北、西北"三大地理单元交汇处有一定的典型性，因此本研究选择河北省张家口市崇礼区作为农村典型案例。旨在深入推进农村能源革命，优化农村能源结构、消除农民能源贫困、提高农村用能效率、逐步实现全面小康及乡村振兴战略。通过摸清案例能源供需现状和资源情况，按照能源革命战略目标要求，研究形成可操作的实施方案并进行成效分析，提出扶植农村能源发展的重点思路和政策措施，为农村能源革命提供前瞻性示范实践（见图1）。

二 农村能源革命的定义及指标体系

（一）农村能源革命的定义内涵和总体思路

农村能源革命是我国能源革命的重要组成部分，是国家能源革命战略、

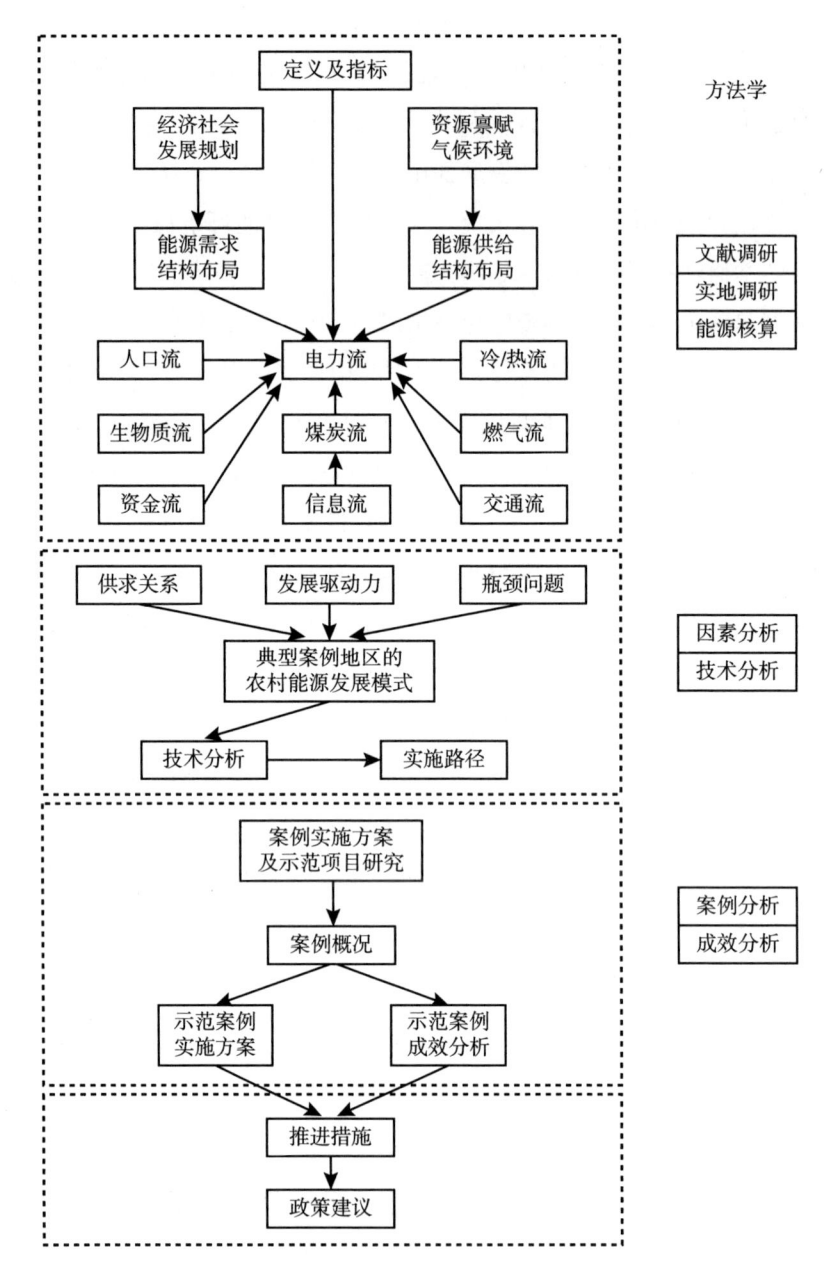

图 1　研究路线

乡村振兴战略、全面建成小康社会的重要内容，发展农村能源根本上就是要优化农村用能结构、提高农村用能效率、保障农民能源公平、消除农村地区能耗贫困。农村能源革命，是要革化石能源的命，革能源效率的命，革清洁消纳的命，革就地平衡的命，革环境污染的命。

2018年7月，中共中央、国务院印发实施了《乡村振兴战略规划（2018—2022年）》，进一步阐释农村能源革命的内涵，提出要构建农村现代能源体系：优化农村能源供给结构，大力发展太阳能、浅层地热能、生物质能等，因地制宜开发利用水能和风能。完善农村能源基础设施网络，加快新一轮农村电网升级改造，推动供气设施向农村延伸。加快推进生物质热电联产、生物质供热、规模化生物质天然气和规模化大型沼气等燃料清洁化工程。推进农村能源消费升级，大幅提高电能在农村能源消费中的比重，加快实施北方农村地区冬季清洁取暖，积极稳妥推进散煤替代。推广农村绿色节能建筑和农用节能技术、产品。大力发展"互联网+"智慧能源，探索建设农村能源革命示范区。

（二）农村能源革命指标体系

本研究提出的农村能源革命指标体系如图2所示。一级指标包括能源供给（权重0.3）、能源技术（权重0.25）、能源消费（权重0.2）、能源体制（权重0.15）和生态环境（权重0.1），权重采用专家咨询打分法。二级指标共计选取15个指标，包括可再生能源比例、天然气居民气化率、散烧煤替代率、农村电网供电可靠率、农村供气设施通气比、电能占农村终端能源消费比重、煤炭占农村生活用能消费总量、清洁取暖比例、新能源汽车比例、政策补贴比例、商业模式创新度、秸秆综合利用率、农村生活垃圾资源化利用率、畜禽粪便资源化利用率、PM2.5平均浓度（见图2）。

（三）农村能源革命发展目标

根据指标体系设定农村能源革命并设定了2020年示范建设期、2035年全面建设期、2050年可持续发展期的发展目标（见表1）。

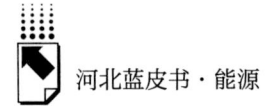

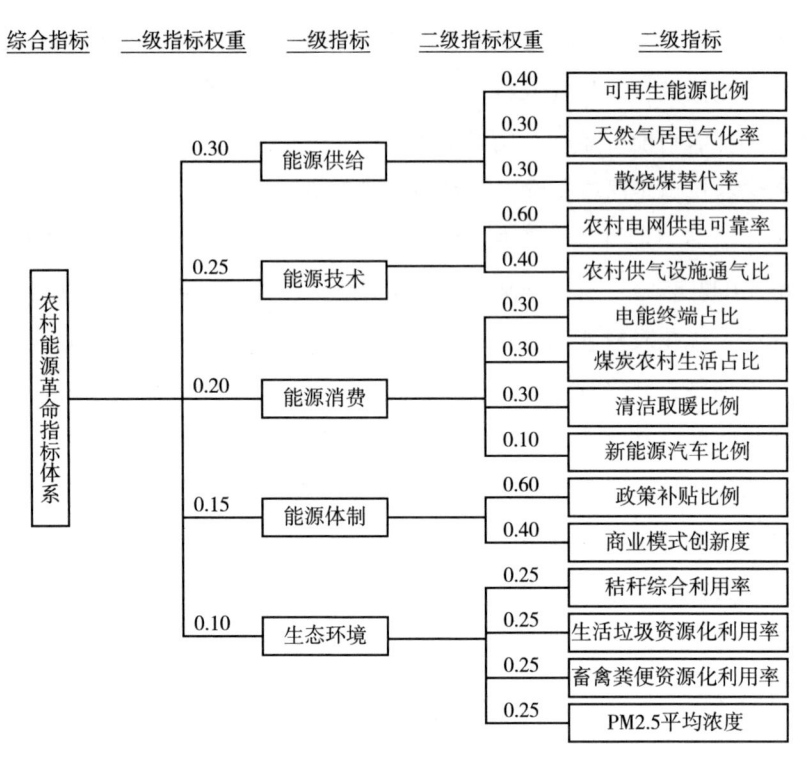

图2 农村能源革命指标体系

综合指标	一级指标权重	一级指标	二级指标权重	二级指标
农村能源革命指标体系	0.30	能源供给	0.40	可再生能源比例
			0.30	天然气居民气化率
			0.30	散烧煤替代率
	0.25	能源技术	0.60	农村电网供电可靠率
			0.40	农村供气设施通气比
	0.20	能源消费	0.30	电能终端占比
			0.30	煤炭农村生活占比
			0.30	清洁取暖比例
			0.10	新能源汽车比例
	0.15	能源体制	0.60	政策补贴比例
			0.40	商业模式创新度
	0.10	生态环境	0.25	秸秆综合利用率
			0.25	生活垃圾资源化利用率
			0.25	畜禽粪便资源化利用率
			0.25	PM2.5平均浓度

表1 农村能源革命发展目标

单位：%，微克/立方米

一级指标	二级指标	2018年	2020年	2035年	2050年
能源供给	可再生能源比例	10	15	20	50
	天然气居民气化率	20	30	50	50
	散烧煤替代率	50	75	95	100
能源技术	农村电网供电可靠率	99.798	99.9	99.99	99.999
	农村供气设施通气比	10	30	50	80
能源消费	电能占农村终端能源消费比重	10	20	30	50
	煤炭占农村生活用能消费比例	30	20	10	5
	清洁取暖比例	1	5	10	20
	新能源汽车比例	1	2	5	10
能源体制	政策补贴比例	30	40	20	0
	商业模式创新度	5	20	30	50
生态环境	秸秆综合利用率	70	85	95	100
	农村生活垃圾资源化利用率	10	30	60	100
	畜禽粪便资源化利用率	50	75	90	100
	PM2.5平均浓度	60	55	30	10

三 典型案例地区农村资源禀赋及供用能需求分析

（一）崇礼农村资源禀赋分析

本文典型案例地区选择位于我国"东北、华北、西北"三大地理单元交会处的河北省张家口市崇礼区，是京津冀地区重要的生态涵养区，冬奥会战略机遇千载难逢，是唯一的国家可再生资源示范区，区位条件优越也是距离京津冀和雄安新区等特大型负荷中心最近的新能源基地。

对崇礼区农村资源禀赋进行了分析，崇礼区毗邻京津冀电力负荷中心，2015年7月，张家口获批准设立国家级可再生能源示范区。崇礼区可再生能源生产丰富，2017年崇礼区共有110千伏并网风电厂3座总装机容量295.1兆瓦，2022年冬奥会前，崇礼区风电场装机容量将达到492.6兆瓦。崇礼区域太阳资源5400～5700兆焦/平方米；均属于太阳能资源二类地区，太阳能资源很丰富，具有较大的太阳能资源开发价值。崇礼区生物质能资源秸秆年产量近42万吨，畜禽粪便年产生量达79万吨。燃煤量主要用于城区供暖以及工业燃煤，城区供暖用煤17.6万吨，其他地区消耗煤炭约1万吨。

（二）崇礼农村供用能需求分析

崇礼区农村家庭生活消费的主要能源依次为煤炭、液化气、电能、柴油、汽油、太阳能、薪柴、沼气，主要应用于炊事、取暖、生活热水、照明、家电、交通等方面。崇礼户均农村生活消费的能源总量为4135千克标煤，年能源成本为3879元，从生活消费结构来看取暖煤炭、电力和家用电力依次减少，薪柴、秸秆仅作为辅助能源。农村贫困家庭冬季购买取暖煤炭的支出是能源首位支出。农业生产中的各类农业机械主要使用柴油，户均年消费量约0.2吨，相当于294千克标煤（约

1380元）崇礼农村年户均能源总消耗量4429.27千克标煤，年成本5259元。

预测2022年冬奥会期间，崇礼区及赛区最大电力负荷为222.5兆瓦，其中赛区最大用电负荷80兆瓦。从用电量和负荷的历史变化趋势综合来看，崇礼地区电量和负荷呈现：工业负荷对地区负荷影响起决定性作用；全区售电量以矿山企业和旅游滑雪服务业为主要增长点；居民生活用电保持平稳增长；未来冬奥负荷是主要增长点，2022年达到峰值16万千瓦后下降，2025年最大负荷15万千瓦。

四 典型案例地区农村能源发展模式及实施路径研究

（一）崇礼农村能源革命发展瓶颈和总体思路

崇礼农村能源革命的四大发展瓶颈问题包括：生物质资源利用效率低、能源消费结构仍需优化、冬季取暖难题有待化解、农村人口外流亟待致富。针对问题本文提出了崇礼农村能源革命总体思路：顺应全球能源转型大趋势，以京津冀协同发展和2022年冬奥会为契机，结合国家关于建设张家口可再生能源示范区整体安排，建设世界一流、国际领先的可再生能源示范区，按照举办"低碳奥运"的理念和要求，力争2022年冬奥会前崇礼区用能基本使用可再生能源。

根据设计的农村能源革命指标体系，充分利用崇礼当地丰富的可再生能源资源，以打造"崇礼农村可再生能源示范区"及"清洁能源替代"为目标，以分布式、可再生、电气化为实施路径，创新能源生产、消费、配置、服务和产业协同发展模式，改变农村生活能源消费模式和生产能源消费模式，助力当地绿色旅游、会展等产业模式，助力农民增收、农业增产和农村社会建设，助力乡村振兴战略实施，探索出一条可操作、可复制、可推广的农村能源革命发展路径，并提出崇礼农村2020年、2035年、2050年的具体发展目标（见表2）。

表2 崇礼农村能源革命发展目标

单位：%，微克/立方米

一级指标	二级指标	2018年现状	2020年目标	2035年目标	2050年目标
能源供给	可再生能源比例	30	55	75	100
	天然气居民气化率	20	30	50	80
	散烧煤替代率	50	75	95	100
能源技术	农村电网供电可靠率	99.798	99.9	99.99	99.999
	农村供气设施通气比	10	30	50	80
能源消费	电能占农村终端能源消费比重	30	50	100	100
	煤炭占农村生活用能消费比例	30	20	10	0
	清洁取暖比例	10	40	80	100
	新能源汽车比例	1	2	5	10
能源体制	政策补贴比例	85	85	50	0
	商业模式创新度	5	20	30	50
生态环境	秸秆综合利用率	70	85	90	100
	农村生活垃圾资源化利用率	10	30	60	100
	畜禽粪便资源化利用率	50	75	90	100
	PM2.5平均浓度	27	25	20	10

1. 示范期目标（2019~2020年）

到2020年，崇礼农村能源革命推进初见成效。①可再生能源开发快速起步，可再生能源比例达到55%，生物质、垃圾、固废处理体系逐步构建，居民生活电气化水平显著提升，能源消费结构实现优化。可再生能源发电装机稳步增加，实现崇礼农村地区50%的电力自足供应。②在能源基础设施网络方面，加强燃气、供热基础设施网络建设，推进县城及周边集镇实现集中供热及天然气覆盖；加强电网升级改造，完成全县中心村电网升级和农田机井通电工程，户均配变容量达到2.5千伏安，全面消除低电压问题，智能电表覆盖所有用户，供电可靠率达到99.91%以上，满足人民生产生活所需电力供应。③在居民生活能源消费方面，加速推进电能替代，人均年用电量显著提升；户均年能源消费量约1.3吨标准煤；推进炊事能源利用品质化，实现炊事方式向"电力+液化气"转变。④在农业废弃物和生活垃圾方面，探索建立高效秸秆综合利用体系、生活垃圾固废集中处理系统，实现秸秆综合利

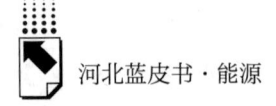

用率达到85%，垃圾回收处理率达到30%，规模养殖场粪污综合利用率达到75%。

2. 攻坚期目标（2020~2035年）

到2035年，崇礼农村能源革命取得实质性进展。①绿色清洁供应体系基本形成，能源消费结构实现优化，能源公共服务均等化基本实现。可再生能源发电装机：实现崇礼地区电力需求75%自足供应，新能源发电消纳率100%，增加全社会用电量。②在能源基础设施网络方面，加强主干电网升级改造，户均配变容量达到3.0千伏安以上，建设现代配电网，满足崇礼人民美好生活电力需求同时确保新能源发电余量外送需求；逐步延伸天然气网络，实现县城及周边人口密集乡镇集中供气。③实现清洁取暖，户均年能源消费总量增加，化石燃料使用得到有效控制，非化石能源消费占比大幅提升。④在农业废弃物和生活垃圾方面，建立高效经济秸秆回收体系，秸秆综合利用率达到90%；建立专业化畜禽粪污处理体系，基本实现资源化利用，生活垃圾60%资源化处理。

3. 可持续发展期目标（2035~2050年）

到21世纪中叶，崇礼农村能源实现可持续发展，清洁低碳、安全高效的能源体系全面建成。风能、太阳能等可再生能源获得全面开发，能源基础设施网络实现全面覆盖，能源公共服务均等化基本实现，农村居民消费品质化、低碳化实现普遍化，非化石能源消费占比提升至100%，农业废弃物、生活垃圾得到充分利用。

（二）崇礼农村能源发展模式和实施路径研究

针对崇礼农村当前的三类能源消费情况，探索崇礼农村能源革命的以下三种发展模式：农村生活+绿电替代模式、农业生产+生态农庄模式、冬奥会+滑雪度假村模式。为实施农村能源革命，本文构建了相应的"三横四纵"的技术体系，并提出了农村能源革命三条实施路径（见图3）。

1. 绿电村生活模式实施路径

围绕农村生活方式开展深度电能替代，推进农电升级，同步探索农村节

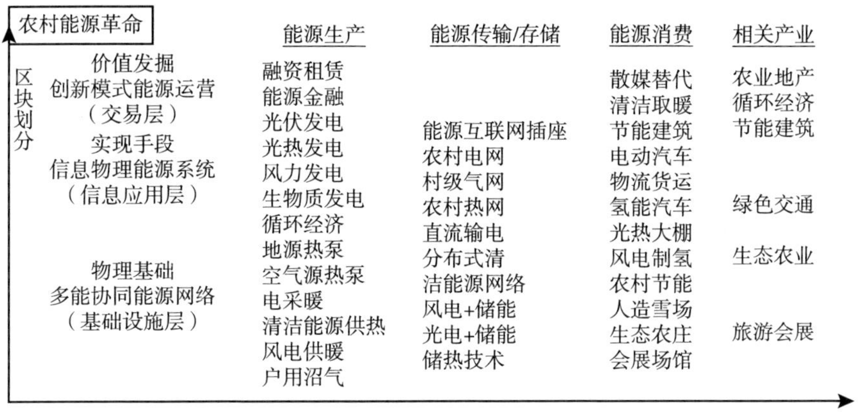

农村能源革命	能源生产	能源传输/存储	能源消费	相关产业
区块划分				
价值发掘 创新模式能源运营 （交易层）	融资租赁 能源金融		散煤替代 清洁取暖 节能建筑	农业地产 循环经济 节能建筑
实现手段 信息物理能源系统 （信息应用层）	光伏发电 光热发电 风力发电 生物质发电 循环经济	能源互联网插座 农村电网 村级气网 农村热网 直流输电	电动汽车 物流货运 氢能汽车 光热大棚	绿色交通 生态农业
物理基础 多能协同能源网络 （基础设施层）	地源热泵 空气源热泵 电采暖 清洁能源供热 风电供暖 户用沼气	分布式清 洁能源网络 风电+储能 光电+储能 储热技术	风电制氢 农村节能 人造雪场 生态农庄 会展场馆	旅游会展

图 3 农村能源革命技术体系

能发展与零碳社区建设，推进农村清洁低碳发展。

（1）农村生活电能替代，不断提高农村居民生活电气化水平，率先开展农村居民生活"煤改电""柴改电"试点和推广应用。①生活方面推广电炊具技术，降低农村散煤使用和秸秆使用比重。②通过政府购置补贴引导，供电企业提供用电增值服务等手段，在建筑节能改造的基础上，推广清洁取暖技术。

（2）升级农村能源网络。适度增加 110 千伏变电站布点，缩短供电半径。加强农网升级改造，积极适应农业生产和农村消费新需求，突出小城镇（中心村）电网升级改造，加快实施农网户均配变容量倍增工程，彻底扭转农网发展滞后局面，全面建成结构合理、技术先进、安全可靠、智能高效的现代农村电网。按照"宜气则气"原则，围绕天然气主管网，向崇礼中心周边居民相对密集区域进行延伸。供热管道需根据新农村建设，分期分批地进行村镇热力网规划建设。

（3）村生活垃圾能源化。建立"户分类、村收集、厂处理"的农村生活垃圾等固体废物能源化处理模式，推进生活垃圾处理由传统的填埋方式向资源化处理方式转变，构建共同参与生活垃圾管理的公共治理机制。

（4）开展绿电村示范建设。采用"地方政府出政策+企业出资金、技

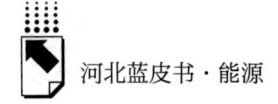

术"的改造模式，选取崇礼能源资源丰富、负荷集中的村，示范构建由光伏、地热、风电、生物质燃气、储能等组成的"乡村绿色能源系统"。

2. 生态农庄生产模式实施路径

发挥地区资源优势，推进可再生能源发电规模化开发，探索农业废弃物高效利用，完善升级能源基础设施网络建设。

（1）建设风力光伏发电。坚持分散式和集中式并举，充分发挥政府、企业和农户三方协同效力，大力推进风力发电、光伏发电项目开发。在贫困户屋顶、禽畜舍屋顶或放牧草地上建设光伏发电。以分布式光伏与特色农业相结合，在有条件的地方发展高效、集约农光互补大型光伏电站。

（2）农业生产电能替代。推动村村通动力电，通过实施农村机井通电项目，推进农业灌溉以电代油，积极实施柴油机机井通电工程和电力机井改造。村级工厂以电代煤。在生产工艺需要热水、蒸汽、热风的各类行业，逐步推进蓄热式与直热式工业电锅炉及热泵应用，在金属加工、铸造、陶瓷、耐材、玻璃制品等行业推广电窑炉；在采矿、建材的物料运输环节，推广电驱动皮带传输。

（3）农业废弃物能源化。针对农作物秸秆、畜禽粪便等不同废弃物特点，优化集成技术方案，探索有效利用路径。

（4）开展生态农庄示范建设。创新农庄管理模式和商业模式，充分发挥政府、企业、村民各自优势，建立农业生态圈，实现光伏、风能、电、气管网相结合，形成新型的农村生态农庄能源就地生产、就地消纳、多能互补的农村能源示范工程，引领农村能源生产革命。

3. 滑雪度假村模式实施路径

（1）消纳风力光伏发电。充分发挥崇礼风能资源优势，统筹考虑电网消纳能力，推进清洁能源的利用和消纳。因北方滑雪季和供暖季节重合，4000平方米农村度假式农家院冬天采暖季燃煤费用可达30万元，建议推进滑雪季风电供暖。

（2）度假村电能替代。生活方面推广电炊具技术，如电磁炉、微波炉、电饭煲等电炊具替代炊事的散烧煤及薪柴，推广电采暖技术。

（3）生活垃圾能源化。建立度假农家院垃圾分类、资源化利用及无害化处理系统。在农家院聚集区附近规划垃圾焚烧发电项目,依托现有填埋场垃圾进行分晒焚烧处理。

(4)开展度假村示范建设。创新度假村管理模式和商业模式,建立农业生态圈,实现光伏、风能、电、气管网相结合,形成新型的农村能源就地生产、就地消纳、多能互补的农村度假村能源示范工程,引领农村能源生产革命。

五 农村能源革命案例示范项目及实施方案研究

(一)崇礼绿电村示范项目实施方案

崇礼农村在能量—经济—环境等指标中选取经济为主要约束条件,本文分析了三种模式的具体案例示范项目和实施方案。崇礼绿电村示范项目实施方案包括:①农村生活电能替代:炊事电代煤薪柴、清洁取暖电代煤、村舍节能改造、电动汽车电代油。②升级农村能源网络:优化网架结构、延伸天然气管网、建设热力管网。③农村生活垃圾能源化:生活垃圾处理、农村户用沼气。④农村地区规模化负荷:常规负荷、电采暖负荷。

(二)崇礼生态农庄示范项目实施方案

崇礼生态农庄示范项目实施方案包括:①建设可再生能源:50兆瓦光热发电项目、30兆瓦光伏扶贫电站项目35千伏送出工程项目、40兆瓦小二台镇德胜村光伏扶贫项目。②农业生产电能替代:农村机井通电工程、村村通动力电工程、村级工厂以电代煤、绿色生态农庄。③农业废弃物能源化:秸秆能源化处理、建设养殖场沼气。④生态农庄规模化。

(三)崇礼滑雪度假村示范项目实施方案

崇礼滑雪度假村示范项目实施方案包括:①消纳风力光伏发电:示范项目奥运迎宾光伏廊道、可再生能源规模化开发工程、大容量储能应用工程、智能化输电通道建设工程。②度假村电能替代:公共炊具电能替代、蓄热式电锅炉取暖、400平方米度假村空气源热泵项目、可再生能源公共交通。③生活垃圾能源化：垃圾焚烧电厂、生物质成型燃料。④冬奥会展旅游区：冬奥场馆清洁供电、冬奥场馆电采暖、东部滑雪区清洁供电、东部滑雪区电采暖。

（四）农村能源革命案例示范项目成效分析

对农村能源革命案例示范项目进行了经济、社会、生态方面的成效分析，三种模式示范项目投资总计66.91亿元（见表3）。可以看出利益相关方中农村农民受益但电网投资过大，张家口市政府虽已完成清洁能源供暖规划及实施方案，但电采暖负荷的增长主要取决于电网配套工程建设情况，预估电采暖负荷还需要进一步分析。

表3 经济估算汇总

单位：亿元

示范项目	项目方向	实施方案	投资
崇礼绿电村示范项目	农村生活电能替代	炊事电代煤薪柴	0.10
		清洁取暖电代煤	0.08
		村舍节能改造	1.54
		电动汽车电代油	1.15
	升级农村能源网络	优化网架结构	4.45
		延伸天然气管网	0.31
		建设热力管网	0.67
	村生活垃圾能源化	生活垃圾处理	0.00
		农村户用沼气	0.00
	合计		8.29
崇礼生态农庄示范项目	建设可再生能源	50兆瓦光热发电项目	17.8
		30兆瓦光伏扶贫电站35千伏送出工程项目	0.12
		40兆瓦小二台镇德胜村光伏扶贫项目	0.36
	农业生产电能替代	农村机井通电	2.05
		村村通动力电	1.56
		村级工厂以电代煤	0.00
		绿色生态农庄种植	0.42
	农业废弃物能源化	秸秆能源化处理	0.16
		建设养殖场沼气	0.00
	合计		22.47

续表

示范项目	项目方向	实施方案	投资
崇礼滑雪度假村示范项目	消纳风力光伏发电	奥运迎宾光伏廊道	不计入
		可再生能源规模开发	2
		大容量储能项目	3
		智能化输电通道	5
	度假村电能替代	公共炊具电能替代	0.08
		蓄热式电锅炉取暖	5.57
		4000平方米度假村空气源热泵项目	15
		可再生能源公共交通	1
	生活垃圾能源化	垃圾焚烧电厂	2
		生物质成型燃料	2.5
	冬奥赛事旅游区	冬奥场馆清洁供电	不计入
		冬奥场馆电采暖	
		东部滑雪区清洁供电	
		东部滑雪区电采暖	
		合计	36.15

清洁供暖散烧煤改造部分以户数为基准，电采暖户均容量选取10千瓦，户均净增9千瓦，同时率按照0.6、负载率按照0.8考虑。集中供暖部分以面积为基准，每10万平方米面积，需配置10蒸吨锅炉，电力需求为1.35万千瓦。根据河北省"煤改电"工作开展情况，电采暖范围约占清洁能源供暖范围的20%。

第一阶段（2017~2019年），依照张家口政府低碳办奥需求、热力管网敷设情况和居民改造意愿，张家口市计划在延庆—崇礼迎宾走廊（G6京藏高速京张段）沿线两侧2公里内完成全部2万户"煤改电"，以及崇礼城区320万平方米清洁能源集中供暖，电采暖年采暖负荷52.64万千瓦，用电量7.44亿千瓦时。

第二阶段（2020~2021年），依照《河北省张家口市可再生能源示范区发展规划》、河北省"煤改电"工作推进情况、清洁供暖需求和居民改造意愿，张家口市计划在崇礼区、宣化区、下花园区、怀来县完成4万户"煤

改电"，以及600万平方米清洁能源集中供暖，电采暖年采暖负荷97.28万千瓦，用电量13.92亿千瓦时。

第三阶段（2022~2025年），参照河北省"煤改电"工作推进和清洁供暖需求，张家口市完成15万户"煤改电"，以及900万平方米清洁能源集中供暖，电采暖年采暖负荷184.8万千瓦，用电量51.96亿千瓦时。

六 农村能源革命典型发展措施及政策建议

（一）农村能源革命发展措施

1. 统一规划加强交流

电网公司应以专项规划形式统筹推进"煤改电"配套变电站的选址选线工作，加强与政府沟通交流，明确煤改电改造需求和实施范围，政府有关部门应出台相关政策，落实"煤改电"用户电采暖设备购置、房屋节能保温改造等补贴标准，加快配套电网项目前期手续办理进度，负责"煤改电"用地指标。

2. 投资巨大保障成本

在初始投资方面，建议参考北京市政府已出台的支持政策，对10千伏及以下配套电网工程补贴30%或将配套电网投资纳入输配电价统一核定，承担配套电网工程征地拆迁费用；对用户房屋保温修缮、采暖设备购置安装补贴2/3。在运行费用方面，运用市场化交易降低电采暖用电成本，鼓励取暖用电参与电力市场交易，建立市场化竞价采购机制。科学合理地制定供热价格，协调好不同采暖方式的比价关系，调动企业开发清洁供暖项目的积极性，也让居民能承受。

3. 强化政策执行监管

建立定期调度督查、考核通报制度，对政策推进进展快、成效好的县（市、区）给予表扬奖励，对进展缓慢、工作不力的强化问责，对套取补贴资金、虚报改造任务与成效等失职渎职、违法违纪行为，坚决严肃查处。

4. 加强绿色宣传引导

通过省内各种媒体和形式，大力宣传燃煤治理重要意义、政策措施、先进典型，充分发挥舆论导向作用，组织召开现场会开展示范经验展示，大力推广复制成功经验，严格煤炭市场及流通环节监管，提高公众对农村能源绿色革命的认知度和接受度，积极营造良好有利的社会环境与氛围。

（二）农村能源革命政策建议

1. 探索体制创新，简化审批程序

探索能源规划管理体制改革。建立能源电力规划新体制，实现示范区可再生能源规划与电力规划的协调统一，推进可再生能源项目审批制度改革，进一步简化审批环节、优化审批程序、提高审批效率，对示范区可再生能源开发指标实行计划单列。建议区、县政府以专项规划形式统筹推进煤改电配套变电站的选址选线工作，加快项目前期手续办理进度，为低碳奥运专区开辟"绿色通道"，免予环境影响评估。

2. 提高峰谷价差，加大指标倾斜

建议适度提高峰谷电价差，结合输配电价改革进行疏导，对电网公司新增投资和"煤改电"电价减收进行补贴。促进农村能源政策与财税、金融、土地、价格、环保、产业等相关政策统筹协调，确保各项政策措施的连贯统一，提高政策综合效力。

建议河北省政府在崇礼区参照北京市政府补贴政策，承担配套电网工程征地拆迁、线路路由选址等前期工作，负责"煤改电"用地指标，在用地指标上予以倾斜，同时协调国家发展改革委确保"煤改电"配套110千伏及以下配套电网纳入农网改造升级工程，投资纳入输配电价成本核算，20%的资本金使用中央预算内投资。

3. 鼓励四方交易，降低融资成本

推动京津冀三地碳交易市场协同发展，探索碳金融对可再生能源开发与应用的支持。大力发展绿色信贷，加大对可再生能源发电企业的支持力度。支持开展排污权、收费权质（抵）押等担保贷款业务。完善电力交易市场规则，设立电能替代清洁供暖交易新品种，将符合条件的电热源企业纳入直接交易用户范围。充分利用"三北"地区富余清洁能源以及高效环保机组发电能力，引导发电企业优先与电热源企业直接交易，对参与交易的发电企业适当提高上网电量，以引导和培育新能源企业发挥潜力，进一步提升清洁供暖用电需求保障。

鼓励构建"政府+电网+发电企业+用户侧"的四方协作机制，由交易平台负责用户侧的准入注册管理，与可再生能源发电企业签订保障小时数以外的可再生能源电力收购协议，以流量包形式或极低价格与用户签订可再生能源电力销售协议，探索适应可再生能源消纳的需求侧电价机制。并建立财政补贴、信贷支持、税收优惠、设施用地、市场配置等多类型组合的能源推协同推进机制模式，发挥政府资源优化配置作用。建议加大金融信贷支持力度，鼓励银行、社保、保险、基金等资金在合理回报的前提下降低示范项目融资成本，鼓励企业提供多种金融支持，鼓励农民以土地量化折股的方式，发展农村能源革命投融资模式创新。生态庄园及滑雪度假村模式吸引各类投资主体，农村集体经营组织和农民投资经营农村能源的建设项目。

4. 服务低碳奥运，推广绿电模式

依托大规模可再生能源基地、智能电网、智慧用能、大众绿色体验建设，打造"绿电化崇礼"，创新构建绿色发展模式，以更好地服务低碳奥运，引领先进的绿色能源发展潮流。建设崇礼绿电村、生态农庄、滑雪度假村，能够推进可再生能源消纳，实现能源互补协调，深化能源体制机制改革，有利于破解可再生能源发展的深层次矛盾，探索可再生能源市场化发展和创新驱动发展的新机制。可复制、可推广的崇礼绿电模式将成为我国农村能源革命的正面典型，为政府管控农村能源情况进行决策提供有力抓手。

参考文献

《世界经济论坛发布全球能源架构绩效指数报告》，《华东电力》2014年第12期。

国家发展改革委、国家能源局：《煤炭工业发展"十三五"规划》，2017。

国家发展改革委、国家能源局：《能源发展"十三五"规划》，2016。

《世界经济论坛发布全球能源架构绩效指数报告》，《华东电力》2014年第12期。

马君华：《能源互联网发展研究》，清华大学出版社，2017。

杨小彬、李和明、尹忠东等：《基于层次分析法的配电网能效指标体系》，《电力系统自动化》2013年第21期。

郭小哲、葛家理：《基于双重结构的能源利用效率新指标分析》，《哈尔滨工业大学学报》2006年第6期。

高赐威、罗海明、朱璐璐等：《基于电力系统能效评估的蓄能用电技术节能评价及优化》，《电工技术学报》2016年第11期。

华贲：《DES/CCHP系统和区域能源利用效率计算方法及影响因素分析》，《中外能源》2012年第3期。

薛屹洵、郭庆来、孙宏斌等：《面向多能协同园区的能源综合利用率指标》，《电力自动化设备》2017年第6期。

吴强、程林：《基于层次分析法的能源互联网综合能效评估方法》，《电气应用》2017年第17期。

薛志峰、刘晓华、付林等：《一种评价能源利用方式的新方法》，《太阳能学报》2006年第4期。

徐宝萍、徐稳龙：《新区规划可再生能源利用率算法研究与探讨》，《暖通空调》2013年第10期。

国网（苏州）城市能源研究院、中国工程院：《城市和农村能源革命模式及实施路径研究》，2018。

清华大学建筑节能研究中心、中国工程院咨询项目：《中国建筑节能年度发展研究报告》，2016。

袁泽、于雪皎、郑小宇等：《"煤改电"项目综合效益的模糊评判方法》，《农村电气化》2018年第2期。

张婷、于淼：《北京农村电采暖方式综合评价与总量预测》，《北京规划建设》2018年第2期。

鞠文杰、王志梁、梁慧媛等：《电采暖技术在山东省的应用及效益分析》，《电力需求侧管理》2018年第2期。

B.10
2018～2019年度河北南网取暖季"煤改电"运行情况分析与建议

胡诗尧 檀晓琳 齐晓光 庞凝 翟广心*

摘　要： 实施"煤改电"，加快推进散煤清洁化替代，是大气污染防治的重要举措。河北省南网地区是"煤改电"工程的重点区域，在"2+26"传输通道所涉及省市中体量最大、覆盖范围最广，任务也最为艰巨。未来三年，"煤改电"将进入深水区和攻坚区，有必要对煤改电运行情况进行分析，以便工作的进一步开展。本报告在总结分析2018～2019年度"煤改电"配套电网建设及运行的基础上，对"煤改电"建设运行经验进行了梳理，并结合河北省南部电网运行存在的问题，提出了下一步"煤改电"工作的意见与建议。

关键词： 清洁取暖　煤改电　配套电网　政策补贴

一　"煤改电"配套电网建设及运行情况回顾

（一）配套电网建设情况

2018年"煤改电"配套电网工程共完成1229个村（区）共计32.27万

---

* 胡诗尧，国家电网河北省电力有限公司经济技术研究院工程师，工学硕士，研究方向为电网规划；檀晓琳，国家电网河北省电力有限公司经济技术研究院工程师，工学硕士，研究方向为电网规划；齐晓光，国家电网河北省电力有限公司经济技术研究院工程师，工学硕士，研究方向为电网规划；庞凝，国家电网河北省电力有限公司经济技术研究院工程师，工学硕士，研究方向为电网规划；翟广心，国家电网河北省电力有限公司经济技术研究院工程师，工学学士，研究方向为电网规划。

户居民和4331家企事业单位供电设施改造，10千伏及以下配套工程投资26.4亿元，新增配变8797台，净增配变容量3156兆伏安，新建、改造线路8100千米。

自"煤改电"工程实施以来，10千伏及以下配套工程总投资52.1亿元，新增配变14243台，净增配变容量4934兆伏安，新建、改造线路12857千米，服务"煤改电"用户50.6万户。

（二）配套电网运行情况

2018年，河北南网全年最大供电负荷3657万千瓦（出现在夏季），年最大峰谷差2208万千瓦。

采暖季期间，河北南网实际最大负荷出现在2019年1月，为3366万千瓦，比2018年同期增长8.51%；12月最大负荷的增长率最大，较上年同期增长16.53%。

采暖负荷受气候温度、用户收入及禁煤程度等因素影响：温度越低，电采暖负荷越大；用户年收入越高，电采暖负荷越大；禁煤程度越严格，电采暖负荷越大。

二 "煤改电"建设运行经验

（一）制定"煤改电"可持续发展机制

坚持"以电定量"原则，一是充分利用现有电网供电能力，合理测算"煤改电"改造范围和实施规模，以此确定各市改造规模，减少规划外投资。二是加强电网规划建设与运行维护，"煤改电"工程做好与农网改造升级等规划的有效衔接，实施"一项多能"。三是提出"煤改电"接入典型模式，建立电网与地理信息相融合的"一村一图"模式，实现"煤改电"管理标准化。四是市县公司积极争取政府支持，在工程前期主动介入，争取到有利的政策和资金支持。

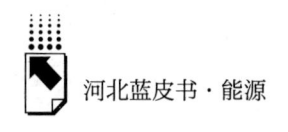

（二）"一上一下"式"煤改电"确村确户方法

1. 自下而上式确村确户

根据变电站各 10 千伏出线的现状负荷，结合 10 千伏线路所带村数、户数情况，逐条线路测算允许接纳的新增负荷情况，测算煤改电户数，作为电网能够接纳的确村确户方案，向政府部门征求建议。

2. 自上而下式煤改电规模测算

根据各县（区）自然村村数、户数，测算区域自然村全部实施煤改电的新增负荷。结合现状电网潮流分布，从 220 千伏到 35 千伏，逐级测算各变电站能否满足负荷需求。

（三）客户服务便捷高效

1. 开设"煤改电"办电绿色通道

做好电价政策及安全用电宣传，讲解电采暖技术特性、使用注意事项、安全用电知识，提高用户认知度、激发农村居民用能习惯转变。

2. 创新服务，打造"集纵连横"模式

在推进现场服务网格化末端融合的基础上，将抄核收业务、现场安全远程管控等流程纵向集成，构建以客户为中心、以客服调度中心为载体的"集纵连横"营销管理新模式，实现费、负、容、环"四控合一"。

3. 超前预控，确保风险安全可控

编制《迎峰度冬客户诉求风险预控方案》，制定迎峰度冬风险预控措施，深入开展营销服务、冬季采暖民生等多方面风险防控研究，梳理重点预警地区，开展风险分析和评估。

4. 能效评估，推动"煤改电"科学发展

依托营销系统大数据分析及需求侧管理平台"煤改电"用能在线监测，选取"煤改电"典型用户开展调研及能效分析。

5. 开发功能，实现设备主动监控

依托电能服务管理平台，拓展需求侧管理子平台新功能，实时监测

"煤改电"用户用电负荷，保障客户、台区、线路信息匹配与共享，实现台区"零负荷"停电预警。

（四）运维保障措施有力

强化项目承包责任机制，省、市、县三级管控机制，质量管控机制，深化政企协同、客户协同，全力打造"企业用心、政府放心、用户舒心"的优质工程。

1. 制定"煤改电"保障方案

积极落实"五个到位"（安排部署到位、信息普查到位、隐患治理到位、运行监控到位、应急准备到位），从组织管理、信息核查等七个方面提出具体要求，制定市、县公司"煤改电"的工作方案。

2. 积极开展专项督导

开展现场督察，促进措施落实，组织督察工作组对各单位冬季保供暖专项排查、配电设备日常运维等5项措施落实情况进行督导。

3. 加强抢修准备

加强部署抢修力量，统筹抢修资源，申请冬季保供暖抢修物资储备资金用于"煤改电"设备应急易损物资。组织应急发电车、柴油发电机、应急箱变车等应急设备，充分做好突发事件的应对准备。

4. 供电服务指挥中心落实监督

成立省级供服指挥中心，实现省、市、县三级实时监控，对涉及抢修超时的市、县单位进行约谈，找不足、补短板。

三 财政补贴政策

（一）补贴政策

2018年采暖季政策要求：2018年7月，《河北省气代煤电代煤工作领导小组办公室关于调整完善农村地区清洁取暖财政补助政策的通知》（冀代煤

办〔2018〕30号）印发，明确2018～2019年采暖季电代煤运行补贴为0.12元/千瓦时，每户最高补贴电量10000千瓦时、补助1200元，由省、市、县各承担1/3，暂执行三年。

各地市现执行政策：目前各地政策执行不完全一致。执行旧政策（0.2元/千瓦时）的有石家庄（除辛集）、保定、雄安（仅容城）；执行新政策（补贴0.12元/千瓦时）的有邯郸、邢台、沧州、雄安（安新）、辛集；衡水补贴0.173元/千瓦时。补贴电量限额全部为1万千瓦时。

供暖期"煤改电"用户谷段时间延长2小时（由22∶00～8∶00延长为20∶00～8∶00）；供暖期居民供暖价格执行阶梯一档电价。

（二）发放形式

目前河北的补贴方式是"先用后补"，即用户在采暖季先按照"煤改电"电价缴费用电，采暖季过后地方政府对各用户补贴统计核算，公司配合提供电量。补贴金额确定后，款项不经电网公司，由政府逐级发放至用户。其间政府核算周期较长，各地补贴发放效率不同，对居民"煤改电"的积极性有一定影响。

四 意见和建议

（一）工作建议

1. 加大确村确户工作力度

一是坚持"以电定量"原则，各级政府要充分考虑电网供应能力和电网承载能力，执行"一上一下"式煤改电确村确户方法。二是加强时间管控，当年煤改电工作任务应于4月底前完成确村确户工作；5月底前，完成"煤改清洁能源"相关工程建设、清洁能源取暖设备招标等工作。三是更加充分地发挥地方供电公司的作用，各级政府加强与地方供电公司的沟通，更多地支持和理解公司"煤改电"工作。

2. 积极协调电采暖设备选型问题

从设备的经济性、安全性出发，大力推广蓄热式或热泵式采暖设备，简化采暖设备种类及型号，明确采暖设备选型范围，确村确户与采暖设备选型工作同步开展。

3. 积极争取各方支持

一是争取各级政府部门的支持，供电公司需进一步加强与政府的沟通协调，积极争取政府政策、资金支持；促请有关部门加快采暖运行补贴的核算发放；促请有关部门出台政策对居民用户给予房屋节能保温改造补贴，提升电采暖使用效果。二是争取农村基层干部与居民的支持，将"煤改电"惠民利民的作用宣传到位，有条件的时候与村民签订合作协议，避免阻工现象发生。

4. 巩固低谷电量打捆交易方式，扩大用户范围

争取扩大政策覆盖范围，将居民自住实施电采暖、申请"电采暖"合表电价的用户电量纳入交易中，降低购电成本。

（二）配套电网建设建议

1. 分阶段开展可研（初设）工作

在统筹考虑工程进度的前提下，结合各地确村确户的时间差异，分批次开展10千伏可研工作，减轻大规模集中施工带来的建设压力。

2. 制定差异化建设标准

加强"煤改电"负荷特性数据分析，建立不同类型电采暖负荷预测参数，制定差异化配套电网建设标准。

3. 开展10千伏设备重过载专题研究

就温度变化对设备容量/载流量的影响，展开相关专题研究，加大治理力度。建议根据季节温度变化合理调整设备额定容量/载流量，科学提高设备利用率，提高电网运行效益。

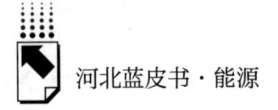

参考文献

国家发展和改革委员会:《北方地区冬季清洁取暖计划(2017—2021年)》(发改能源〔2017〕2100号),2017。

河北省发展和改革委员会:《河北省2018年冬季清洁取暖工作方案》,2018。

B.11
雄安新区综合能源服务市场分析及研究

杨 硕 罗永斌*

摘 要： 在雄安新区开展综合能源服务市场建设，具有示范意义和引领价值。本文结合雄安新区城市与能源发展规划情况，对雄安新区综合能源服务市场从电力市场、非电能源市场、智慧用能及增值服务市场进行了分析。在综合参考国内外综合能源服务市场的基础上，立足电力主业，提出了打造城市综合能源服务的"国网方案"。最后，给出了推动雄安新区综合能源服务市场建设的对策建议。

关键词： 雄安新区 综合能源 市场分析 增值服务

一 雄安新区城市与能源发展规划概况

（一）城市规划概况与最新进展

1. 新区城市规划概况

雄安新区起步区面积约100平方公里，发展区面积约200平方公里，控制区面积约2000平方公里。起步区主要布局高端高新产业、住宅和公共建

---

* 杨硕，国家电网河北省电力有限公司高级工程师，工学硕士，研究方向为综合能源、电力营销；罗永斌，国家电网河北省电力有限公司高级工程师，工学学士，研究方向为综合能源服务、电力体制改革。

筑；发展区和控制区主要布局生态水域、森林公园、特色小镇、特色村落、新兴工业园区等。

根据新区城镇规划建设体系，起步区打造1个主城，发展区落点5个组团（副城），控制区分布建设15个特色小镇和39个特色村落。新区远期人口规模按250万控制。

2.城市规划最新进展

雄安新区总体规划与起步区控制性详规尚未正式发布。据了解，雄安新区城市规划有以下特点。

一是充分利用地下空间，起步区地下空间规划分4层开发，交通以地下为主。

二是地上以中低层建筑为主，楼高一般不超过14层。

三是建设"蓝绿交织"的宜居新城，蓝绿带占新区总面积不低于70%。

四是新区建设不搞"摊大饼"式开发，多组团集约紧凑发展。

五是新区着力打造绿色交通体系，公共交通占比大，未来将100%推广使用新能源汽车。

六是新区产业以总部经济、公共事业、科研院所、信息产业、金融业、部分高端制造业为主。

（二）能源资源禀赋情况

雄安新区境内资源主要有地热、石油、天然气、太阳能、生物质与生活垃圾等。地热资源丰富，主要分布在雄县、安新，具有国内公认最好的中深层地热田；石油、天然气资源主要分布在雄县，是中石油华北油田主产区；区内太阳能资源一般，属于太阳能辐射Ⅲ类地区；本地风能资源不突出，不具备就地开发条件；新区未来不具备将生物质能源作为新区主要能源来源的条件，不宜大力发展沼气和生物质制气产业；新区着力打造"无废"城市，垃圾处置率将达100%。

（三）能源规划情况

1.能源发展目标

雄安新区综合能源系统始终贯穿绿色低碳、节能高效、智能先进的主线。2030年，新区内可再生能源占一次能源消费比重将超过50%，可再生能源电能占全部电能比重将超过50%，电能占终端能源比重将超过50%。

2. 能源需求

2030年，新区能源需求总量将达到661.1万吨标煤，较2016年的143万吨标煤增长3.6倍，年均增长11.6%。

分品种看，能源需求主要来自可再生能源，达到437.9万吨标煤，占66.2%；天然气需求18.9万吨标煤，占2.9%；成品油需求4.7万吨标煤，占0.7%；煤炭需求199.7万吨标煤，占30.2%。

分地区看，能源需求主要集中在起步区和发展区，占比约60%，控制区的占比较小。其中，石油需求全部来自控制区；天然气需求主要分布在起步区和发展区，占比约71%；地热需求主要集中在起步区和发展区，占比约63%；电量主要集中在起步区和发展区，占比约68%。所消耗的煤炭全部来自区外，所消耗的可再生能源中87%来自区外，其余来自区内分布式光伏、垃圾发电等。

3. 能源供给

雄安新区能源供给将以外来电力和本地地热能为主，以太阳能、生物质能、天然气和成品油为辅。据调研，地热能为中深层和浅层地热梯级利用，在雄安新区规划建设129个分布式能源站，满足供热需求。外来电力重点消纳张家口风电和光伏发电，分布式光伏发电、垃圾发电等本地可再生能源有序开发，作为有益补充。

二 雄安新区综合能源服务市场分析

（一）综合能源服务市场发展形势

综合能源服务是一种以用户侧需求为核心导向，包括能源生产、传输、存储、消费环节，涵盖能源规划、设计、投资、建设、运营及增值服务等全过程，为用户提供供能优质、安全可靠、经济环保的能源综合性解决方案的

商务模式，具备多能互补、供需协调、系统稳定等主要特征。

国外包含电网企业、燃气企业、设备商、节能服务公司、系统集成商等在内的传统能源产业都在进行综合能源服务转型。国外典型国家在综合服务发展过程中，有着不同的政策支持、市场行为、技术手段。国内综合能源服务尚处于起步阶段。

（二）雄安新区综合能源服务市场分析

1. 电力市场

（1）增量配电网市场

新区的整体规划建设需配套建设智慧能源系统，存在大量新增投资需求，且新区配电网建设目标是建设国际领先的世界一流配电网。预计资产新建总体带动投资规模在50亿元左右。

新区增量配网业务受到当地政府能源管理部门的管制，需具备一定的许可和支持，且初始投资较高、回收期相对较长、对专业化程度要求较高。较有把握和胜算的要数电网企业，有政府背景支持的工业园区和冷、热、电三联供等主体，大型新能源厂商。未来的增量配网建设大部分将会以PPP形式存在。

（2）售电市场

随着新一轮电改深入，在雄安新区的能源系统具有标志性意义，很有可能依照现行售电政策进行推进，开放售电市场。新区售电公司主要有三类：一是由社会资本组建的仅提供售电服务的售电公司；二是拥有配电网运营权的售电公司；三是电网企业成立的售电公司。新区售电公司通过与上下游进行打包交易，提高买方市场议价权，转区差价。同时设计不同的能源套餐，引导用户进行能源消费，降低交易风险。

预计雄安新区2030年全区全社会用电量为198亿千瓦时，若从北京2016年居民用电与第一、第二、第三产业用电比例考虑，以现行河北销售电价计，雄安新区2030年售电市场份额约115亿元。

（3）电动汽车

至2030年，新区电动汽车保有量达98万辆，涉及私家车、公务用车、出租车、公交车等,需建设完善的充换电基础设施体系,涉及充电设施规划、设计、投资、建设、运维全流程工作。同时结合公司电网侧优势,在远期积极推进全局优化的智能充放电模式,所有专用充电设施具备主动消纳清洁能源发电、为电网提供调频调峰辅助服务等功能,开展"清洁能源—智能电网—充电桩—电动汽车"大范围双向互动。

据估算,雄安新区2030年电动车、年电量总需求达到41.6亿千瓦时。按河北省现有充换电服务费标准,电动车充电服务费上限标准每千瓦时为:纯电动公交车0.6元、七座及以下纯电动乘用车和纯电动环卫车1.6元。雄安新区电动车充电市场2030年市场份额近50亿元。

2. 非电能源市场

(1) 供热市场

根据中国地质局2017年8月23日发布的新区第一阶段地质调查结果,起步区地热可满足3000万平方米的建筑面积供暖。随着新区的建设,供暖模式主要有以下几种:①地热全供暖;②地热与电能辅助供暖;③在弃风弃光时优先消纳清洁能源供暖模式。区域热供应主要指由供电发展到多种能源综合供应,结合公司电能替代战略,大力推广热泵、电锅炉、电蓄冷等技术,以满足客户综合用能需求。

新区建筑以新建为主,集中供冷供热具有明显的优势,而"以电代煤、以电代油"也是未来能源发展的趋势。在企业能源管理、工程设施维护、专业人才缺乏的背景下,通过能源托管的商务模式,采用电能转换技术实现集中供冷供热是公司拓展新业务领域、增加售电量的一种有效业务形式。

预计雄安2030年200平方公里内采暖面积为22000万平方米,200平方公里外采暖面积为12000万平方米,以现行热价20元/平方米计,雄安新区供暖市场为68亿元/年。

(2) 供气市场

围绕新区总战略目标,2030年基本实现起步区、三县县城及其他部分区域的天然气民用全覆盖,实现天然气气化率90%以上,成为典型的天然气清洁能源发展利用区及国内绿色能源发展的主要推动者。形成完善的天然

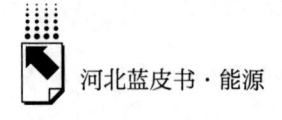

气基干管网和城市供气管网系统。

新区预计2030年全区天然气需求3.95亿立方米，未来新区天然气主要用于居民生活，若以现行保定居民气价2.4元/立方米计，雄安新区天然气供应每年市场份额约10亿元。

3. 智慧用能及增值服务市场

随着新区建设的快速发展和人们对高质量生活环境的追求，建筑能耗也会攀升，建筑节能改造潜力巨大。若以10%的节电量计，雄安新区节能每年市场份额约10亿元。

在智慧用能领域，新区在节能低碳建筑群建设中，倡导通过应用大数据技术、物联网技术、云计算等技术，将元件级智能模块同步部署，同时搭建智慧用能管控平台，实现现用户能源网络运营的自动化、信息化、智能化、平台化，使能源精细化利用，可视化管理，并可实现远程能效与资产设备的综合管理。通过优化能源配置，提高系统运行效率，降低用户的能源成本。预计新区建设运维阶段涉及智慧用能软件、系统及智能终端设备市场份额约100亿元。

在咨询设计领域，在新区建设阶段，可为用户提供能源规划、设计、用能咨询等服务，针对用户核心需求，为用户提供一揽子综合性能源解决方案。通过实施综合能源服务，成为园区延伸服务入口，可参与园区入驻企业的引进和遴选，为园区管理者提供管理决策支持，为园区用户提供用能优化建议及业务发展咨询服务。预计新区咨询设计领域市场份额约为60亿元。

在数据挖掘领域，通过实施综合能源服务，掌握用户核心能源数据，通过挖掘能源数据价值，分析用户用能特性及行为特点，引导用户用能习惯，开发用户潜在资源，产生长尾效应。同时开展需求侧管理，设计能源套餐综合包、单项包、应急包和响应包等，优化调度能源需量。管理能源及节能项目，开发碳资产，实现碳交易。预计新区大数据及衍生市场份额为90亿元。

在增值服务领域，结合综合能源服务建设，为用户提供多元融资方案，开展设备租赁、项目股权投资、平台融资、资产管理等类型的合作。开发碳资产，实现碳交易，进入绿色电力交易市场，参与可再生能源绿色电力证书交易。增值服务市场份额预计为80亿元。

三 国内外综合能源服务市场概况

（一）国外综合能源服务市场概况

国外包含电网企业、燃气企业、设备商、节能服务公司、系统集成商等在内的传统能源产业都在进行综合能源服务转型。国外典型国家在综合服务发展过程中，有着不同的政策支持、市场行为、技术手段。

在政策支持方面，各国分别制定了相关政策支撑能源协同优化和综合能源系统的发展，如欧盟第七框架（FP7）、美国能源独立和安全法（EISA）、日本JSCA研究等。

在市场行为方面，各国分别采取了各具特色的市场手段促进综合能源服务市场的发展，如德国RegModHarz项目对可再生能源发电设备与抽水蓄能水电站进行协调，并在用电侧整合了储能设施、电动汽车、可再生能源和智能家用电器的虚拟电站，为用户提供综合能源服务；法国苏伊士环能集团将市政作为其能源服务的切入点，通过提供水务、燃气、废弃物循环利用和处理等市政公共服务，占领市场，便于其为终端用户供能；东京电力公司为用户定制差异化服务策略，并提供各种电价方案和电气设备方案的优化组合，电力、燃气、燃油最佳能源组合方案，并帮助客户进行节能诊断、设备改进，为客户推广高效用电炊具、节能家电等。

在技术方案方面，美国Opower公司基于可扩展的Hadoop构建云平台，基于大数据和行为科学分析技术，对用户家中制冷、采暖和基础负荷等情况进行分类列示，并形成个性化节能建议；德国Entega围绕售电等能源服务业务，开发了合景App平台，为用户提供能源账单管理、搜寻充电村桩、遥控家居电器、管理家庭能耗等服务；日本Tokyo Gas公司建设覆盖全社会的氢能供应网络，同时在能源网络的终端建成终端综合能源系统。东京电力

公司基于智能电表、通信网络与服务器等技术建立智能用电系统，还利用地源热泵、太阳能发电、储能和监控设备对室内环境温度进行调节。

（二）国内综合能源服务市场概况

国内综合能源服务尚处于起步阶段。开展能源服务的企业类型包括售电公司、服务公司和技术公司等。国内典型的综合能源服务供应商有南方电网综合能源有限公司、新奥能源控股有限公司、华电福新能源股份有限公司、新奥泛能网、协鑫分布式微能源网、阿里云新能源等。南方电网综合能源投资有限公司、华电福新能源股份有限公司、华润电力、科陆电子等都在向综合能源服务转型。

目前国内综合能源服务的发展路径可分为两类：一类是产业链延伸模式，如新奥、协鑫和华电的发展模式：新奥是以燃气为主导，同时往燃气的深度加工（发电、冷热供应）方向发展；协鑫以光伏、热电联产为主导，同时布局天然气、智慧能源。另一类是"售电+综合服务"模式，是将节能服务或能效服务等增值业务整合在一起的能源服务。

四 雄安新区城市综合能源服务的"国网方案"

雄安新区的建设受到中央政府高度重视。它作为探索未来城市发展的"中国方案"，将成为深化改革的试验田，亦将成为引领未来城市发展的旗帜。国网公司积极参与新区建设，立足电力主业，努力推动业务扩展，打造城市综合能源服务"国网方案"。

（一）总体思路和原则

总体思路是，首先立足电力主业，构建智能高效的配用电系统；其次将业务领域向用户侧、非电能源、智慧城市三大方向同步延伸，多方位布局综合能源服务市场。

业务布局遵循"1+3"原则：一个旗帜、三大方向。

一个旗帜：

能源互联，旗帜领航。能源互联网以电为核心、以电网为平台，公司在其中优势明显。习近平总书记视能源互联网为推动能源生产消费革命的重要抓手，雄安新区发展作为千年大计，必将推进能源生产消费革命向纵深发展。公司高举建设能源互联网的大旗，有望切入并主导新区综合能源系统的规划建设，同时抢占核心地位。

三大方向：

发挥优势，抢占市场。电网既是公司的核心资产，又是能源互联网的关键平台，其重要性不言而喻。新区将建设大量新增配电网，公司应当充分发挥自身优势，积极参与市场竞争，最大限度地抢占配售电市场。

源网荷储，综合优化。新区用电主体以商业、居民用户为主，本地发电设备以分布式光伏为主，源荷两端波动较大，对电力系统稳定运行造成不利影响。但另一方面，本地电动车数量在2030年将达到98万辆以上，存在巨大的调峰调频潜力。因此，公司应当紧抓上述特点，积极推进源网荷储统筹管理、综合优化，并加强新模式、新业态探索。

以电为主，开放合作。单从能源领域来看，雄安新区能源供应将以电力和地热为主，2030年电能占能源消费总量的比重将达到64.9%，占比很高。但从更广阔的智慧城市视角来看，能源系统虽是其中重要的基础设施，但也存在被"管道化"的风险。因此，公司应当立足长远，以电为主、开放合作，充分借助其他能源企业、互联网企业的优势，实现对综合能源服务未来发展方向的超前把握。

（二）业务布局策略与方案设计（见图1）

电力市场：新增配电网建设与专业化服务输出并举。新区新增配电网建设体量巨大，公司应当积极建设运营。但新区作为深化改革的试验田，公司继续维持100%市场占有率的难度较大，因此向其他配电网投资主体提供专业化的规划设计、运行维护等服务是实现业务拓展的首选项。

非电能源市场：适度推进"地热+清洁电力"互补供热。新区能源需

```
┌─────────────┬──────────────────────────────────┐
│ 智慧用能    │     主导城市能源综合服务平台建设  │
│ 和增值服务市场│   深度参与终端智慧用能建设       │
└─────────────┴──────────────────────────────────┘
┌─────────────┬──────────────────────────────────┐
│ 非电能源市场│   适度推进"地热+清洁电力"互补供热 │
└─────────────┴──────────────────────────────────┘
┌─────────────┬──────────────┬──────────────────┐
│ 电力市场    │ 新增配电网建设│   专业化服务输出  │
└─────────────┴──────────────┴──────────────────┘
```

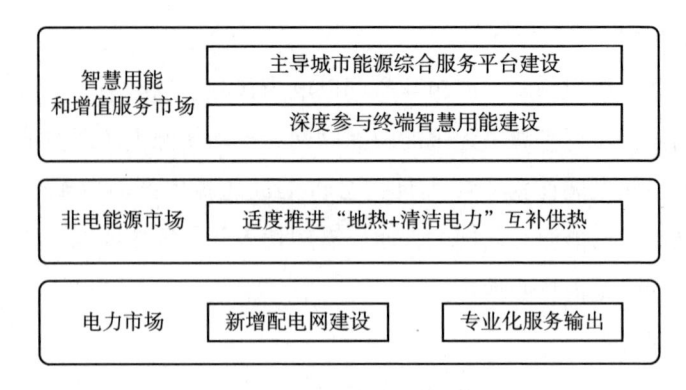

图 1　业务布局与方案

求以电能和热能为主，公司在非电能源领域拓展业务应与供热紧密结合。通过与中石化积极开展合作，促进风电等清洁电力供暖与地热供暖互补，以此提升供暖可靠性并促进清洁电力消纳。

智慧用能和增值服务市场：一是深度参与终端智慧用能建设，借智慧城市建设的契机，与BAT等公司开放合作、优势互补，深度参与到智能家居、智能楼宇等建设当中，拓展面向用户的能源服务范围。二是主导城市能源综合服务平台建设，该平台具有数据共享、金融服务、管理调控、市场交易、应用仓储等功能，公司可依托电商平台、光伏云网、车联网等率先建设，通过不断改善用户体验、增强用户黏性，从而吸引其他市场主体加入。

五　措施建议

雄安新区的综合能源服务市场竞争化程度较高，竞争对手多元，在综合能源服务领域进行体制机制创新的同时，还需要提供资金、管理、决策等方面的支持，确保体制机制顺利突破，推动综合能源服务业务的顺利开展和落地。

第一，在新区筹备成立综合能源服务公司，协调开展综合能源服务业务。从新区综合能源服务市场的竞争导向出发，为建立与市场竞争相适应的体制机制，建议在新区筹备成立专门的综合能源服务公司，并试行多项体制机制改革和创新。积极探索考核制度创新、垂直化决策审批机制的创新，建立扁平化组织管理体制、市场化招聘和激励机制，积极探索投融资体制机制创新和商业模式创新。

第二，加强对新区综合能源服务专业人才的协调与配置。综合能源服务业务开展前期，协调技术研发、营销战略及产品、服务设计等方面的人才资源，参与雄安新区综合能源服务业务的前期布局；参考雄安新区综合能源服务市场竞争形势的变化，适当增加核心业务人员编制，引进社会化优秀人才，提高市场开拓及技术服务能力。

参考文献

国务院：《关于河北雄安新区总体规划（2018—2035年）的批复》（国函〔2018〕159号），2018。

中共河北省委、河北省人民政府：《河北雄安新区规划纲要》，2018。

封红丽：《国内外综合能源发展现状及商业模式研究》，《电器工业》2017年第6期。

汤芳：《综合能源服务：加速推动能源转型》，《国家电网报》，2019。

B.12
京津冀协同发展下电网负荷特性研究

李笑蓉　丁健民　汲国强　牛东晓　赵伟博*

摘　要： 冀北地区是疏解非首都功能并承接产业转移的主要地区之一，在京津冀协同发展的背景下经济和社会将产生一系列深远变革。随着智能电网的建设规模逐渐扩大，传统以总量预测、计划性预测、外推预测等为主负荷预测方法无法满足新形势下负荷特性分析与预测的新要求。有必要打破传统负荷预测方法在挖掘海量数据信息方面存在的局限性，将多源信息融合，用全新的视角来研究电力负荷预测问题。本报告立足于京津冀协同发展的新形势，着眼于能源结构调整的新布局，对冀北地区的负荷特性进行分析，同时提出适应冀北地区新的产业结构特点的电力电量预测模型。

关键词： 京津冀协同发展　电网负荷特性　电力负荷预测

一　冀北地区电网发展现状分析

冀北电网位于河北省北部，包括张家口、唐山、秦皇岛、廊坊和承德五

---

* 李笑蓉，国家电网冀北电力有限公司经济技术研究院高级工程师，工学硕士，研究方向为能源电力经济、电网规划；丁健民，国家电网冀北电力公司经济技术研究院工程师，工学硕士，研究方向为能源经济与电力供需；汲国强，国家电网能源研究院有限公司高级工程师，工学博士，研究方向为能源经济与电力供需；牛东晓，华北电力大学长江学者特聘教授，博士生导师，管理学博士，研究方向为负荷预测、电力技术经济；赵伟博，中国电力科学研究院有限公司工程师，管理学硕士，研究方向为电力技术经济、电网规划。

个地级市。根据冀北五市的能源环境和经济发展定位，该地区的支柱产业主要是一些高耗能产业，并且对于河北省的经济发展有至关重要的作用。当前冀北地区第二产业快速发展的格局逐步明朗，冀北电力有限公司正在筹建坚强冀北电网，以更好地服务冀北五市的经济社会发展。

（一）冀北地区人口及经济现状

1. 唐山市经济现状分析

唐山市作为我国新型高科技工业基地和环渤海地区中心城市，与世界上大多数国家和地区均有贸易往来。农业生产形势较好，工业生产保持平稳，投资需求平稳增长，消费市场繁荣稳定，对外经济稳步增长，消费价格温和上涨。

2. 张家口市经济现状分析

2017年张家口全市国民经济运行稳中向好。农业生产稳定发展，工业生产保持平稳增长，服务业发展持续加快，物价温和上涨，居民收入稳步增长，新兴产业快速增长，新动能持续集聚。

3. 廊坊市经济现状分析

廊坊市处于京津城市带上，位于环首都和环渤海两大经济圈之间，拥有国内独一无二的区位优势，因而能够高效地承接京津两市的产业转移。近年来，廊坊市逐步着力优化产业结构，以传统的产业优势为基础，稳步发展现代服务业和先进制造业，并大力发展总部经济和创新经济，形成了现代产业体系，使高端产业得以迅速发展。

同时廊坊市也有其经济发展的劣势方面，与总部经济发达地区相比，廊坊第三产业所占比重偏低。当前，廊坊生活性服务业有了较好的发展，健康医疗、休闲娱乐等产业有了快速发展；但生产性服务业整体水平落后于总部经济发达城市。此外，该地区缺少高端管理人才。目前廊坊市从事现代服务业的人员普遍学历低，难以满足城市对高素质人才的需求；而短缺的高技能人才集中于某些现代服务业中又使劳动密集型的服务业寸步难行，严重制约了廊坊总部经济发达地区发展以及核心竞争力的塑造。

廊坊地处京津冀城市群的地理中心，也是首都经济圈最核心的圈层。廊坊一直致力于推进与京津的同城化。随着京津廊同城化程度的逐步提高，京津对廊坊总部经济的带动和辐射作用将日益明显。同时推动京津冀区域经济一体化，将重心放在河北沿海地区已上升为国家战略。

4. 承德市经济现状分析

围绕一市连五省（市、区）的区位优势，承德市加快构建"一环九射"铁路网、"一环八射"高速公路网、"一运八通"航空网，整合公路、高速公路、铁路、航空等各种运输方式，基本形成布局合理，结构清晰，功能连接顺畅的交通网络，进入北京一小时经济圈，可以直通重要的国内城市节点，为加快承德市的经济发展奠定了坚实的基础。

（二）电网需求现状

冀北电网具有保障首都安全供电和服务冀北地区经济社会发展的双重职能。近年来，冀北地区的经济发展较快，对电力需求量的日益增长、电力总体不足、布局不合理等问题成为冀北地区经济发展的瓶颈。如何保持电力工业的可持续发展，成为冀北电网面临的重大战略问题。

1. 唐山电网需求现状分析

唐山市委已明确提出将2018年作为城市电力建设攻坚年，并将全力攻破供电线路廊道路由及电缆隧道建设等供电设施的建设改造难题，彻底解决电力供给和可靠性问题，使电力发展与城市发展相协调、相匹配、相促进。唐山供电公司将以城市电力建设攻坚年为契机，认真落实政府审定的"十三五"电网发展规划，切实跟进重点项目，加大电网投资力度以全面提升电网可靠性，并主动对接重要园区，使电网网架结构、供电容量总体水平满足唐山经济社会发展需求。

2. 张家口电网需求现状分析

张家口地区为保障电力稳定供应，将加快建设全球能源互联网创新基地及北京—张家口可再生能源清洁供暖示范区以贴近绿色奥运，同时攻关推广电能替代，在促进新能源就地消纳中发挥示范引领作用。

3. 廊坊电网需求现状分析

2017年，国网廊坊供电公司将持续加强电网建设。全面加快大城500千伏变电站配套、廊坊北500千伏变电站配套、中电投热电送出等工程前期工作进度；加快推进廊坊南、苏桥、安次园、燕郊等重点项目建设；完成跨越京雄高铁、津石高速等线路迁改工作。

4. 秦皇岛电网需求现状分析

秦皇岛供电公司隶属国家电网冀北电力有限公司，在满足秦皇岛地区电力需求的同时负责暑期北戴河地区政治保电。营业区域囊括秦皇岛市五区四县。

5. 承德电网需求现状分析

承德供电公司是国家大型供电企业，负责承德市八县三区的输电、配电、供电、用电管理工作。当前该供电公司有14个机关职能部门及23个基层单位。

根据冀北五市的能源、环境状况和经济发展定位，冶金、水泥等高耗能产业成为支柱产业，唐山、张家口、承德、秦皇岛等地钢铁产业对河北省经济发展具有举足轻重的作用。

二 京津冀协同发展下冀北地区产业转移分析

从2005年到2017年，北京地区人均GDP处于京津冀地区领先地位，而河北省虽然经济总量较大，但由于产业发展的不合理与贫困人口众多，人均GDP处于落后的状态，而冀北的人均GDP较河北总体更高一些，说明冀北的经济发展优于河北总体的经济情况。从京津冀地区的人均GDP可以发现，京津冀三地经济发展不平衡，需要继续推动区域间协同发展，进一步深化产业合作与产业转移，实现共同发展。总之，京津冀地区产业发展特点差异较大，三地产业和资源的差异性为京津冀协同发展提供了广阔的合作空间，随着相关政策的出台，三地之间产业交流会更加频繁。

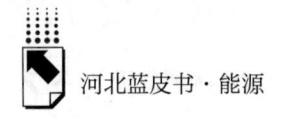

（一）京津冀协同发展政策背景

近年来，为了进一步增强京津冀地区经济发展活力，国家出台了一系列京津冀协同发展政策。2014年2月26日，习近平总书记在北京召开座谈会，听取了京津冀协同发展工作汇报，强调了实现京津冀协同发展的重要性，同时指出，要尽快走出一条科学持续的协同发展路子来。2015年4月30日，中央经过审议通过了《京津冀协同发展规划纲要》。同年11月18日，《京津冀协同发展交通一体化规划》的制定，使区域快速铁路网连接了所有京津冀地级及以上城市。12月底，《京津冀协同发展生态环境保护规划》发布。2016年2月，中共中央印发实施了"十三五"京津冀国民经济和社会发展规划，这是全国第一个跨省市的区域"十三五"规划。11月，《京津冀民政事业协同发展合作框架协议》也开始启动。2017年12月20日，京津冀三省市协同办在京联合举办了新闻发布会，发布会的主要内容在于加强京津冀产业转移承接重点平台建设，宣传京津冀三地联合制定的《关于加强京津冀产业转移承接重点平台建设的意见》文件。从2018年起，京津冀协同发展将向中期目标迈进。北京将落实与河北省签订的战略合作协议，全方位支持雄安新区建设；天津将继续推动承接北京非首都功能；河北将集中承接北京非首都功能疏解，着力打造雄安新区，引进高端高新产业，使学校、医院等优质公共资源入驻新区。

从以上的政策背景中可以看出，京津冀三地之间存在明显的经济和技术的差距。京津冀协同发展的关键在于实现京津冀三地的优势互补，结合各地资源条件发展适合当地的相关产业，达到三地互利共赢、协同发展的目标，而目前京津冀地区产业转移还面临一些挑战。

（二）京津冀地区产业转移面临的挑战

随着京津冀协同发展战略的逐步推进，产业转移也不断发展，但由于受经济、资源、环境等因素的制约，京津冀地区产业转移过程中仍面临着许多挑战。

第一个挑战是京津冀地区经济发展不平衡。河北省虽然是产业的主要承接地，但经济发展确是短板。一方面，河北省高新技术产业等战略性新兴产业实力较弱。工业现代化程度不高，产品附加值低，存在产品科技含量低、资源利用率低、污染和能源消耗高等一系列问题。另一方面，辅助产业并不完善。没有形成完整的上下游产业体系，缺乏相应的产业链连接。此外，河北省金融、信息、法律、教育等产业发展水平较低，无法及时为融资、产销提供良好的配套服务，也在一定程度上制约了产业转移的进程。京津冀产业结构差异导致产业联系程度低，产业链容易断裂，产业集群程度低，深度产业合作难度大，不利于实现区域共赢。

第二个挑战是产业转移能力不足。河北省不同地区经济发展水平不一致，未充分发挥区域协调性。资源、人口、教育、环境、交通等资源配置不均衡。其中一个重要因素是京津地区良好的经济、文化、教育和医疗条件对河北省具有"虹吸效应"。大量的人才、文化和物质资源涌入京津，导致河北省人才流失，缺乏高素质、专业化的人才，这决定了河北省承接京津产业、资金和技术转移的能力相对有限。而河北省的城市生产力非常有限，不能有效地承接北京、天津等大城市，也不能有效地带动周边地区的发展。

第三个挑战是行政壁垒的限制。京津冀属于不同的行政区域，受行政区划的制约，形成了利益分离的格局。长期以来，这三个地区更多地考虑自身的产业发展和经济建设，忽视了地区的整体利益。在京津冀协同发展战略下，京津冀三地逐步建立分工合作、产业协调、利益共享等机制。但是，区域分裂的现象仍然存在，谋求自身利益最大化的诉求没有改变。由此产生的地方保护主义使竞争大于合作，甚至导致产业和项目的重复建设，造成了巨大的资源浪费，不利于京津冀产业结构的调整和升级。在实践中，与北京、天津两大核心城市相比，河北实力明显薄弱。因此，跨区域协调和利益协调机制亟待完善。

第四个挑战是资源和生态环境压力大。水资源短缺、水质污染和大气污染是京津冀地区共同面临的问题。京津冀地区人均水资源占有量为世界平均水平的3.4%，全国平均水平的13%。河北省在面临严重缺水的同时，仍然需要保证京津的供水，缺水形势更为严峻。河北省单位国内生产总值能耗比全国平均水平高出63%，煤炭消费占能源消费总量的70%以上，污染物排放巨大。京津冀地区已成为中国污染最严重的地区，雾霾频发。河北省承接部分产业转移，可以缓解京津冀人口、资源、土地的压力。资源与生态环境问题是京津冀面临的一致问题，因此必须联合治理，共同防治污染，建设京津冀生态环境支撑区。

（三）京津冀协同发展的产业转移趋势分析

在区域经济学的研究中，区位商常用来评估特定地区中某个产业的集中与专业程度，从而判断该地区产业的相对优势与竞争力。通过区位商理论来分析京津冀地区协同发展的产业转移趋势。结果显示，京津冀优势产业相差较大，具有显著的产业梯度，北京的第三产业专业化优势突出。随着全国第三产业的发展，北京的优势程度有所下滑，但与天津和河北相比仍有较大优势。河北和冀北的第二产业则具有较大优势，但第三产业与京津相比存在较大差距。

2017年12月20日，京津冀三省市协同办在京联合宣传了京津冀三地联合制定的第一份综合性、指导性文件——《关于加强京津冀产业转移承接重点平台建设的意见》（以下简称《意见》）。《意见》初步明确了京津冀"2+4+46"平台，包括北京城市副中心和河北雄安新区两个集中承载地，四大战略合作功能区及46个专业化、特色化承接平台。

针对两个集中承载地北京城市副中心和雄安新区，需要增强高端产业吸引力。北京市副中心主要考虑转移全市全部或部分行政事业单位。河北雄安新区将着力发展高科技产业，打造创新高地和科技新城。

针对四大战略合作功能区，《意见》明确了四大战略合作功能区的产业承接方向，加快形成示范作用。在曹妃甸协同发展示范区，依托曹妃甸港口优势和产业基础，引导钢铁深加工、石油化工等产业及产业链上下游企业向示范区集聚。对于北京新机场临空经济区，将航空物流产业和综合保税区作为发展重点，发展知识密集型、资本密集型的高端服务业。在张承生态功能区，发挥2022年冬奥会的牵引作用，共建京张文化体育旅游带。在天津滨海新区，将落实天津滨海—中关村科技园合作协议和共建方案，开展跨区域利益共享机制创新试点。

针对46个专业创业平台，共同打造一批高水平协同创新平台和专业产业合作平台。京津将充分发挥中关村、滨海国家自主创新示范区优势，支持河北省建立国家科技成果转移转化试验区。《意见》还将一批专业平台按现代制造业、服务业和农业三个领域进行了分类。现有协同创新平台15个，现代制造平台20个，服务平台8个，农业合作平台3个。

针对15个协同创新平台，支持河北创建国家科技成果转移转化试验区。北京市将打造科技研发转化、高新技术产业发展带，引导创新资源在京津交通沿线主要城镇集聚发展。对于3个现代农业合作平台，《意见》称，将围绕首都农业结构调整，共建环首都现代农业科技示范带。对于8个服务业承接平台，推进一批服务业承接平台建设。同时，将加快构建环首都1小时鲜活农产品流通圈，引导大宗仓储等功能向周边重点平台转移。

针对20个现代制造业承接平台，在京津方向上，重点打造廊坊经济技术开发区、天津经济技术开发区等平台，打造高技术产业带。在京保石方向上，以保定高新技术产业开发区、石家庄高新技术产业开发区等承接平台为重点，建设军民融合的产业基地。在京唐秦方向上，重点打造唐山高新技术产业开发区、秦皇岛经济技术开发区、京津州河科技产业园等承接平台，打造产业转型升级开发区。在京九方向上，重点打造固安经济开发区，邢台、邯郸东部特色产业聚集区等承接平台，打造特色轻纺产业带。

三 京津冀协同发展下的冀北地区负荷特性现状及变化趋势分析

本章将对京津冀地区负荷特性现状及变化趋势进行分析，主要分为两大部分，首先通过对近年来各地区、行业、产业、用户等用电量实际数据统计分析得到目前负荷特性现状，然后再根据负荷现状与趋势分析对负荷特性造成影响的主要因素。

（一）冀北地区用电量现状及变化趋势分析

本节将分地区、分产业、分行业、分大用户分析冀北地区历史全社会用电量数据，并采用图形、图表等多种方式展示冀北地区用电量结构的现状及变化趋势。

1. 冀北地区全社会用电量及其占比现状及变化趋势分析

冀北地区全社会用电量如图1所示。2013~2017年冀北地区全社会年用电量呈现先降后升态势。2015年，受到供给侧结构性改革持续发力影响，冀北地区第二产业用电量受较大冲击，导致全社会用电量骤然下降，之后又开始慢慢回升。

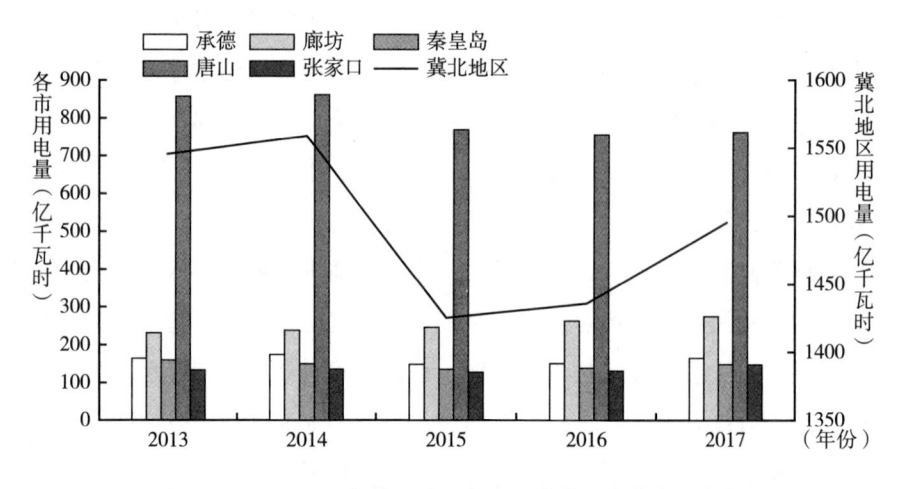

图1 2013~2017年冀北地区各市用电量及全社会用电量

冀北地区各市用电占比如图2所示。从图2各市占比情况可以看出各地区用电量在全地区用电量的占比基本保持稳定。其中，唐山市用电量常年占冀北全地区的50%以上，且唐山用电量占比逐年下降，承德、秦皇岛用电占比呈波动趋势，而张家口和廊坊的用电占比则呈持续上升趋势。

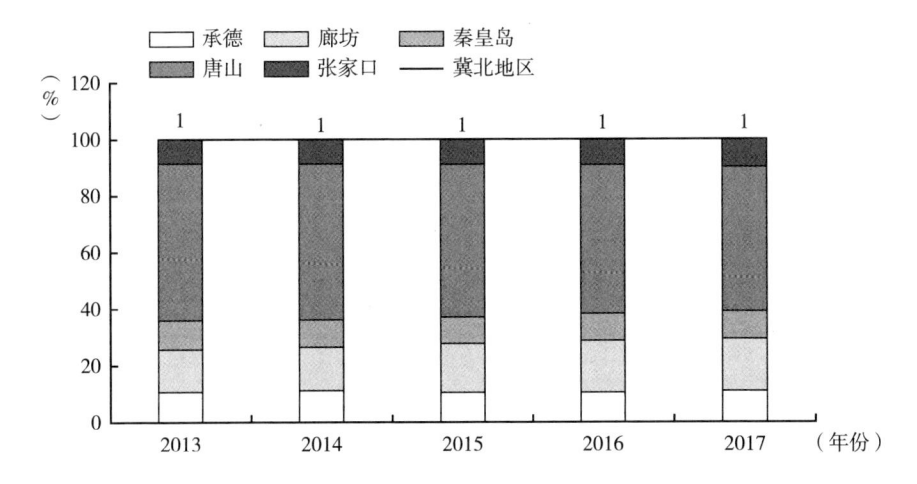

图 2　2013～2017 年冀北地区各市用电占比

2. 冀北各产业用电量现状及变化趋势分析

冀北地区用电结构如图 3 所示。第一产业比例保持缓慢增长趋势，第二产业用电占比受供给侧结构性改革影响逐步下降；第三产业用电、居民生活用电比重均有上升，其在 2014～2015 年增幅最大，上升 1.25 个百分点。

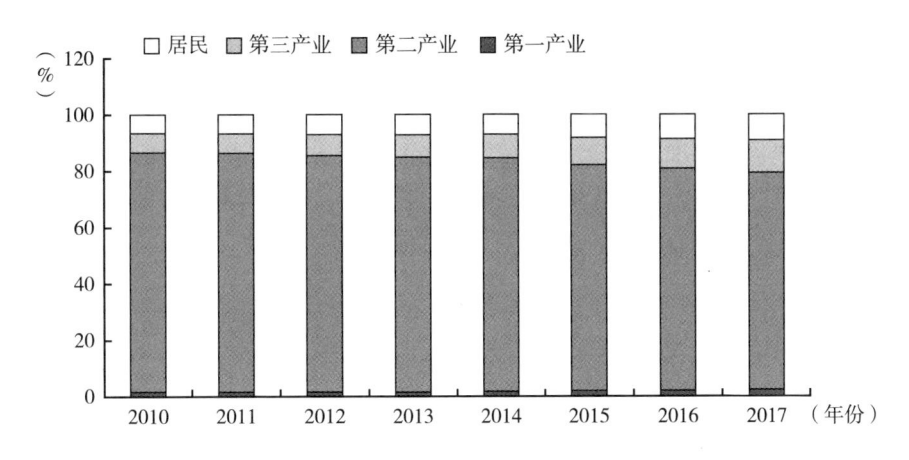

图 3　2010～2017 年冀北地区用电结构

3. 冀北各行业用电量现状及变化趋势分析

通过计算得出冀北地区各行业的年用电量，并筛选得出每年排名前八的

159

行业进行比较分析。

冀北地区2013~2017年用电排名前八行业如图4所示。

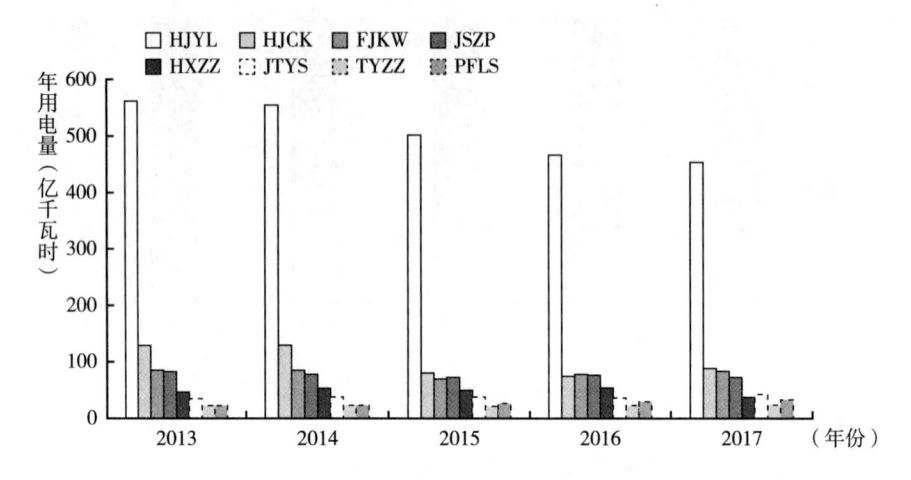

图4 2013~2017年冀北地区用电排名前八行业

说明：各行业名称用字母进行表示。黑色金属冶炼及压延加工业：HJYL；黑色金属矿采选业：HJCK；非金属矿物制品业：FJKW；金属制品业：JSZP；化学原料及化学制品制造业：HXZZ；交通运输业：JTYS；通用及专用设备制造业：TYZZ；批发和零售业：PFLS。

通过图4可知，2013年与2017年用电量排名前八位的行业相同，排名相对固定，仅有微小波动。黑色金属冶炼及压延加工业在这五年中的年用电量均排在第一位，且用电量远远超过其他行业；其他行业的年用电量在一定范围内有一定波动。

4. 冀北各地区用电结构现状分析

选取2017年各地区的用电量数据分行业进行用电量结构分析。承德、廊坊、秦皇岛、唐山、张家口各市的用电量排名前八行业的占比如图5至图9所示。

通过以上对冀北各地区用电量结构的分析，可以得出结论：冀北各地区用电占比最高的行业为黑色金属冶炼及压延加工业，这就使该行业为冀北整个地区用电占比较高的行业，由于冀北地区的能源分布和经济发展定位，该地区的主导产业是黑色金属冶炼等高能耗产业；且在各市用电量占比前八位

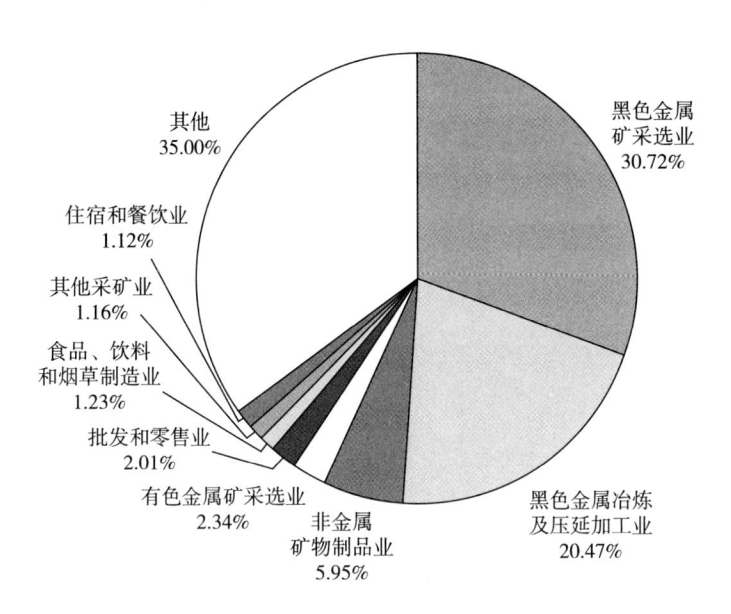

图 5 2017 年承德用电量占比前八行业

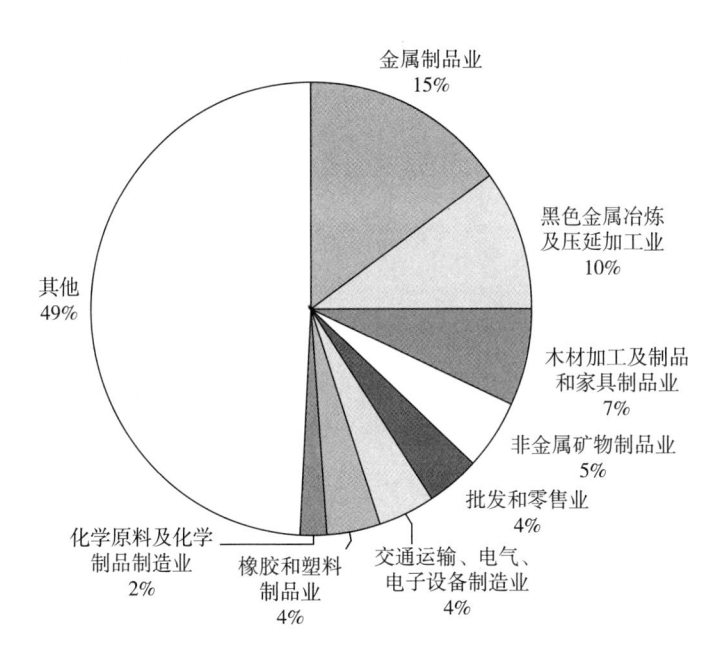

图 6 2017 年廊坊用电量占比前八行业

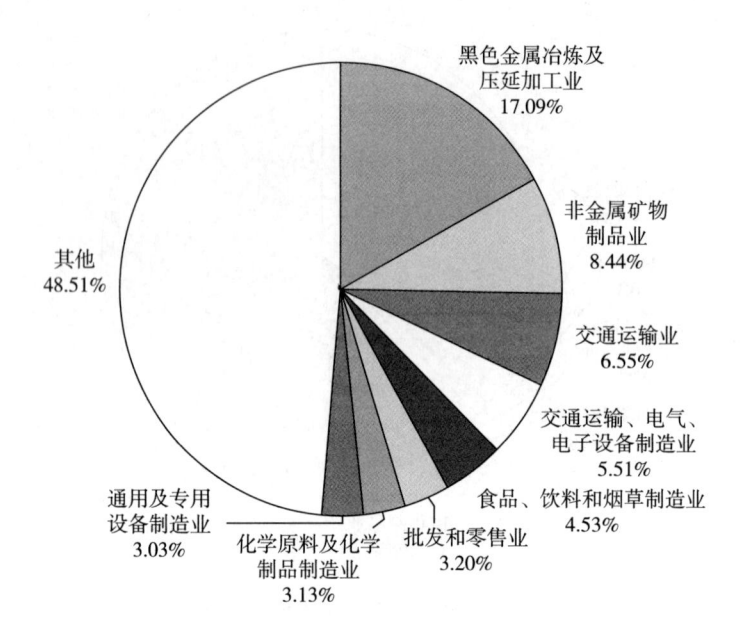

图7　2017年秦皇岛用电量占比前八行业

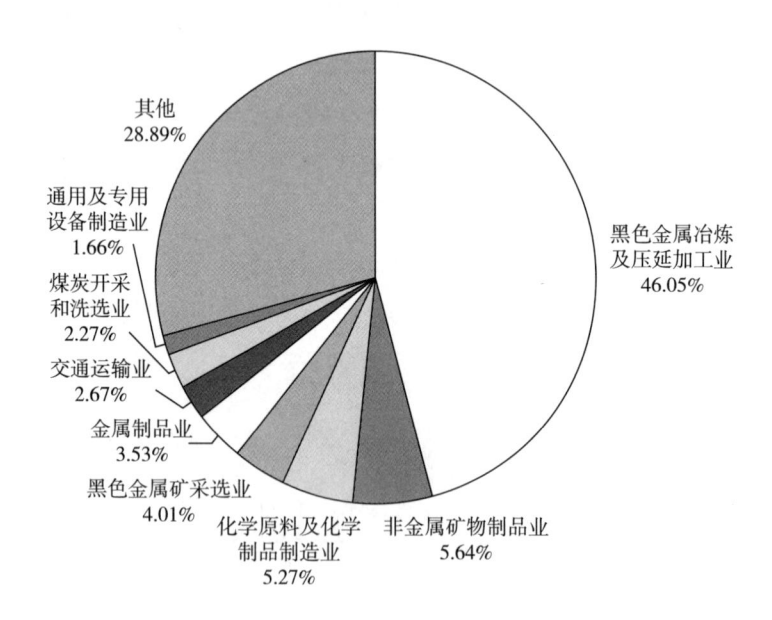

图8　2017年唐山用电量占比前八行业

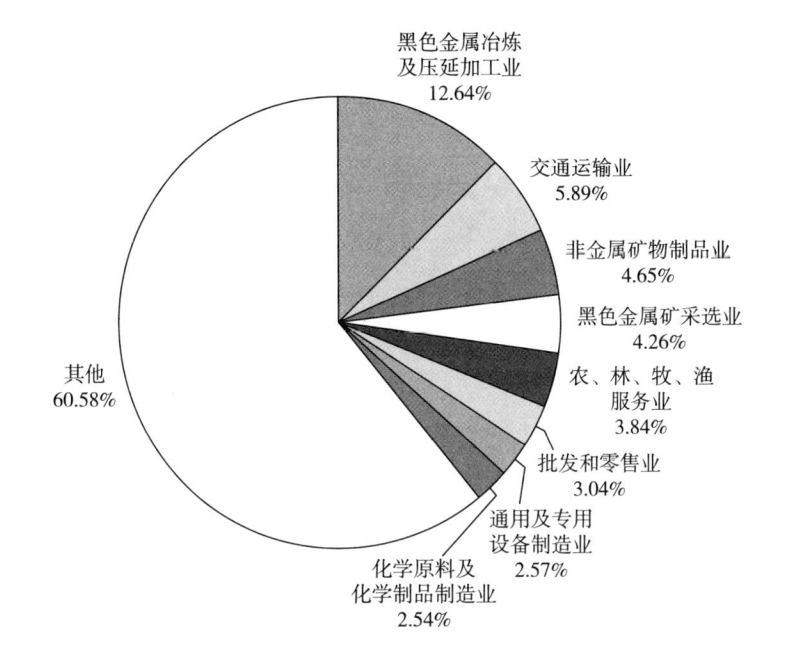

图9 2017年张家口用电量占比前八行业

中,均出现了采矿业、制造业和金属加工业,这是由冀北地区的行业结构决定的;各地用电占比前八的行业虽然存在很多相似之处,但各地区也具有地区特点,有些地区拥有特色行业,故在其用电占比前十的行业中就出现了不同于其他地区的行业。

5. 冀北地区大用户用电量特点及变化趋势分析

选取2017年各地区的用电量数据分行业进行用电量结构分析。分别对2013~2017年冀北地区按用电量排名的前100名大用户分析,得出冀北地区大用户电量特点及结构变化趋势(见图10至图14)。

根据图10至图14可以看出,炼钢业在冀北地区是支柱型行业,在用电量排名前100的企业中,属于炼钢业的大用户在这五年中占比均超过60%,远远超过其他行业,但是随着产业转移政策的实施,从2013年到2017年炼钢行业大用户数量的占比逐年减少。铁矿采选行业和钢压延加工行业大用户数量占比排名靠前,且铁矿采选行业的大用户数量基本处于较稳定的占比水

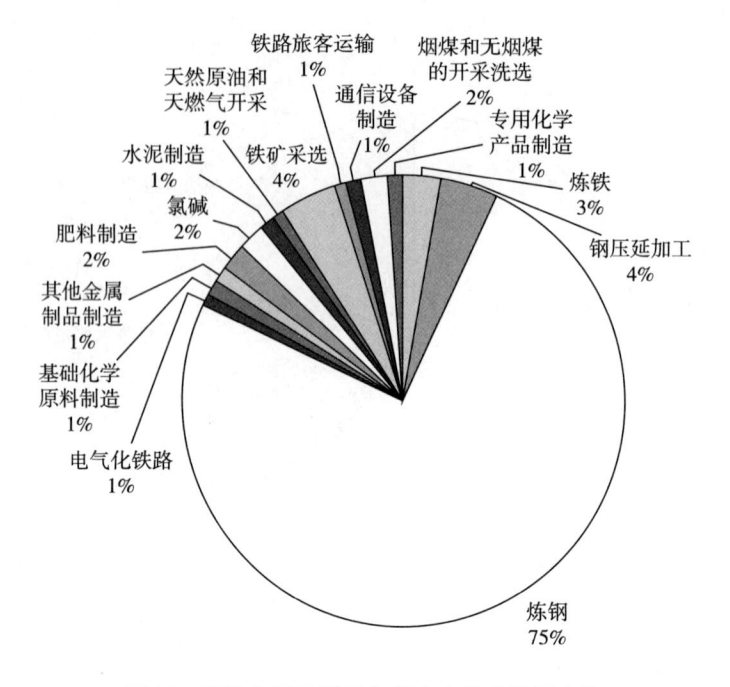

图10 2013年冀北地区各行业大用户数量占比

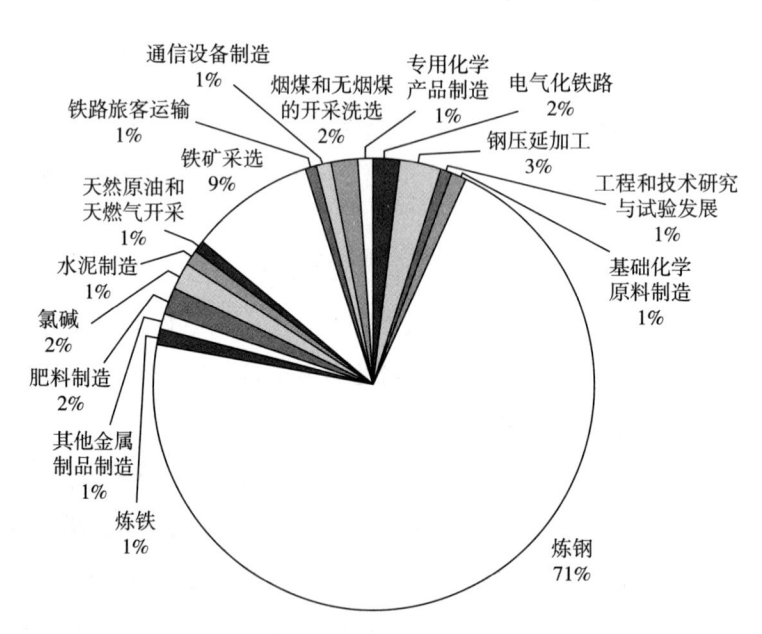

图11 2014年冀北地区各行业大用户数量占比

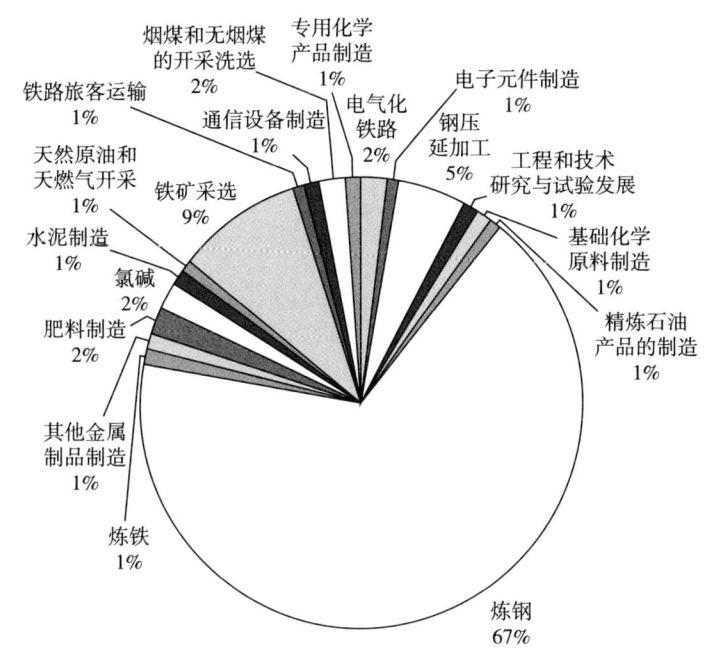

图 12 2015 年冀北地区各行业大用户数量占比

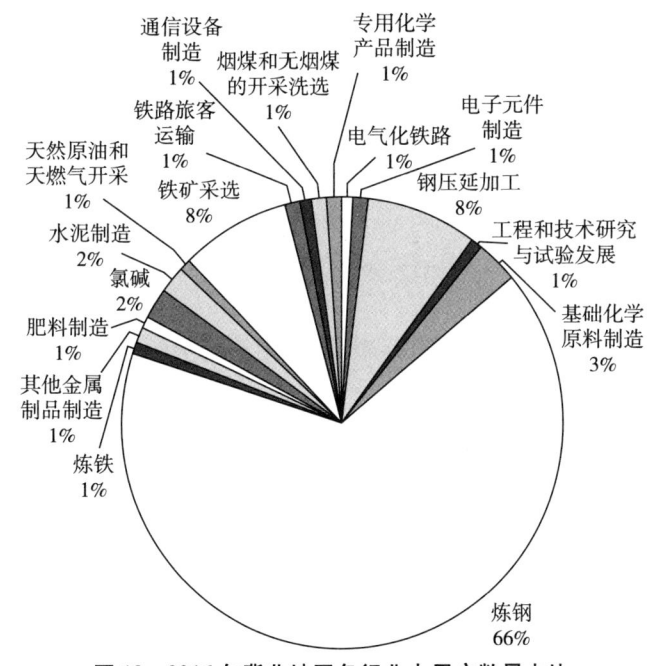

图 13 2016 年冀北地区各行业大用户数量占比

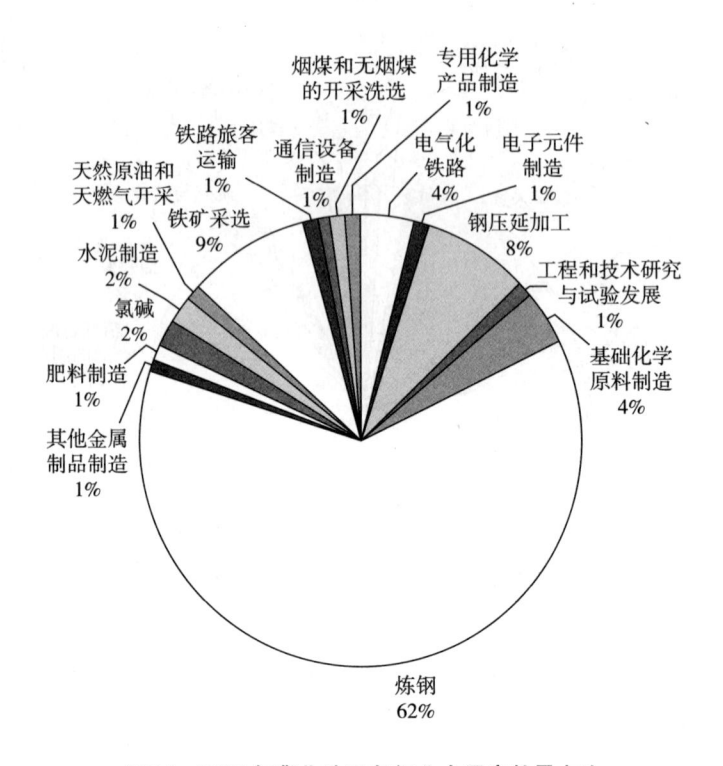

图14 2017年冀北地区各行业大用户数量占比

平，在这五年中，有属于工程和技术研究与试验发展行业的大用户进入用电量前100名，但属于精炼石油产品的制造业的大用户在进入之后又退出前100名，这与冀北地区逐步转型发展有关。

（二）冀北地区负荷特性现状及变化趋势分析

1. 年最大负荷、年持续负荷与典型负荷变化趋势分析

（1）年最大负荷及其增长率

冀北地区年最大负荷及其增长率如图15所示。2010～2017年，冀北地区年度最大负荷总体呈持续增长趋势。2015年受到供给侧结构性改革政策影响，冀北地区高耗能行业受较大冲击，导致最大负荷下降，之后逐年增长。

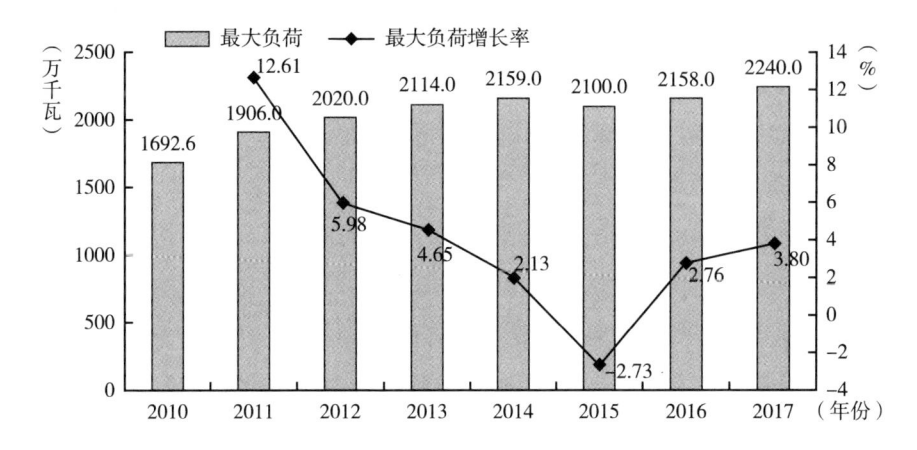

图 15　2010～2017 年冀北电网最大负荷及其增长率统计

（2）年持续负荷

从图 16 可以看出年持续曲线都是连续单调下降的光滑曲线，曲线形状较为相似。从尖峰负荷水平看，近八年中，2014 年、2017 年尖峰负荷水平明显偏高。

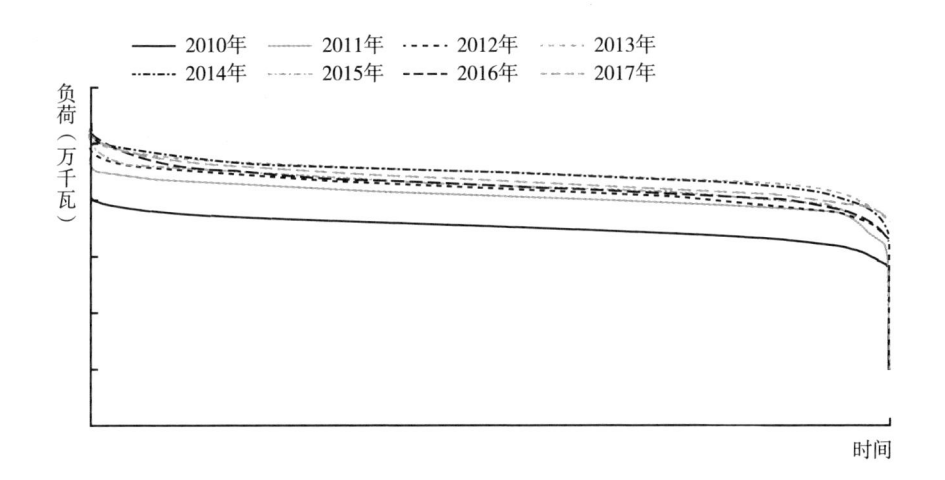

图 16　2010～2017 年冀北电网持续负荷曲线

（3）典型负荷曲线

在进行负荷分析时，将高峰负荷分解为基础负荷和降温负荷，然后分别进行分析，对准确掌握冀北电网负荷的特点及影响因素更为有利。取2010~2017年春季温度适宜日（日平均气温在17℃左右，当日温度在23℃~10℃）电网负荷水平稳定期工作日最大负荷均值为夏季基础负荷。

综合统计数据可以得出如下结论。

一是夏季基础负荷增长趋势有所增加，在2014年之后夏季基础负荷趋向稳定（见图17）；二是夏季高峰时段降温负荷占比各年分布不均，受天气因素影响显著；三是随着"煤改电"工程的推进，冀北地区冬季最大负荷总体呈持续增长趋势（见图18）。

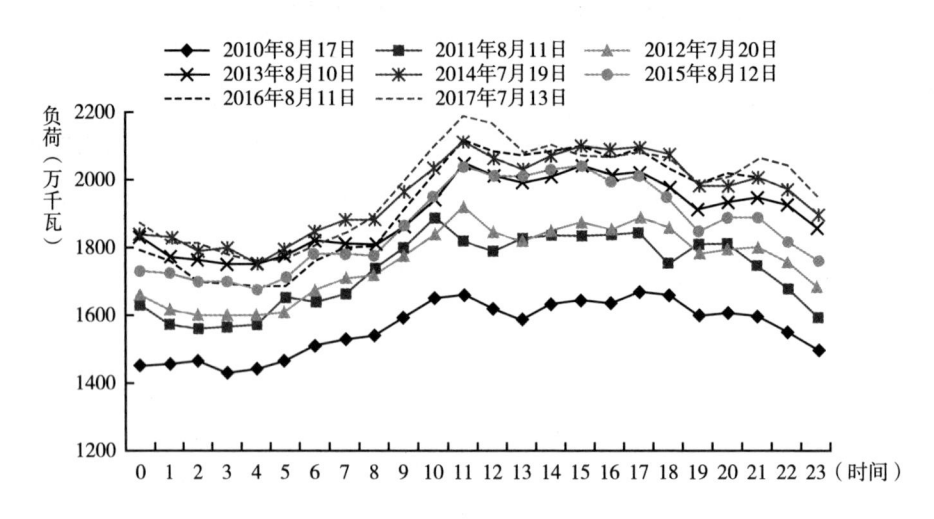

图17 2010~2017年夏季冀北最大负荷日负荷曲线

2010~2017年冀北电网春季典型负荷日的日负荷曲线如图19所示。可以看出，春季负荷水平整体较低。

2010~2017年冀北电网秋季典型负荷日的日负荷曲线如图20所示。可以看出，秋季负荷水平也整体较低。

2. 负荷率、峰谷差率

2013~2017年冀北电网各年的平均日负荷率和最大日峰谷差率情况如图21所示。

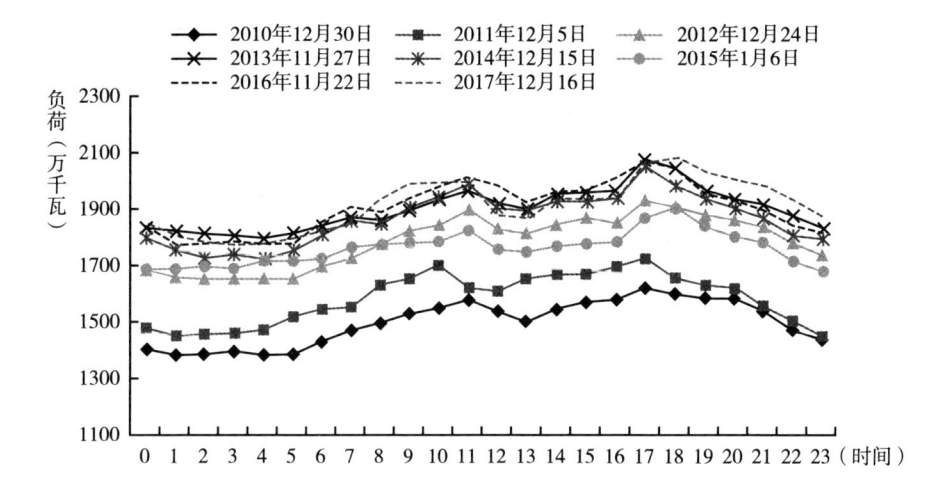

图 18　2010~2017 年冬季冀北最大负荷日负荷曲线

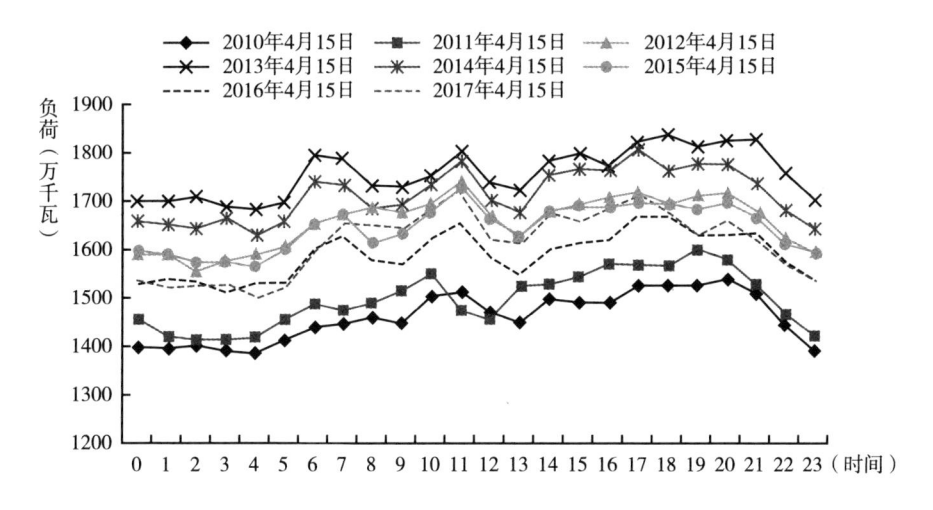

图 19　2010~2017 年春季冀北电网典型日负荷曲线

从图 21 中可以看出，冀北电网平均日负荷率保持在 92% 以上，这与冀北区域内第二产业占比较大有关。平均日负荷率逐渐下降，与第二产业受供给侧结构性改革影响比重下降有直接关系。最大日峰谷差率水平也在 2015 年明显下降，在后两年又有了小幅的增长，这显示冀北电网日负荷均衡水平有所提升。

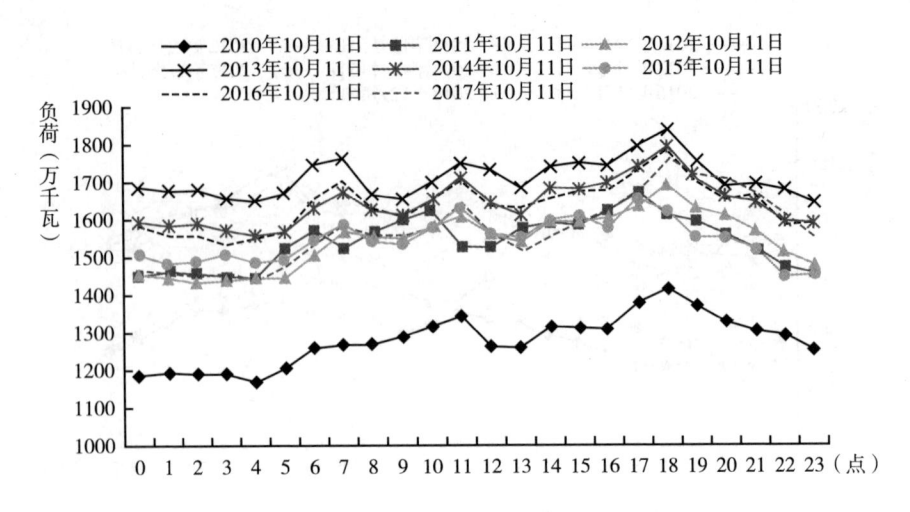

图20 2010~2017年秋季冀北电网典型日负荷曲线

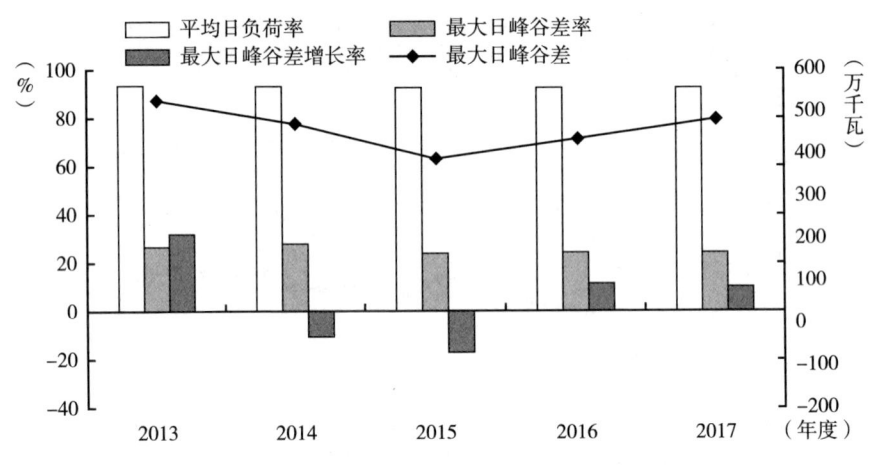

图21 2013~2017年冀北地区平均日负荷率和最大日峰谷差率

3. 最大负荷利用小时数

冀北地区以工业负荷为主,"十二五"期间最大负荷利用小时数长期保持在7000小时以上。2015年起,随着供给侧结构性改革的推进,高耗能行业用电量大幅下滑,导致冀北地区全社会用电量增速由正转负,最大负荷利用小时数也随之降至7000小时以下,并呈稳步下降态势。受夏季有序用电影响,2016~2017年最大负荷利用小时数略有回升(见图22)。

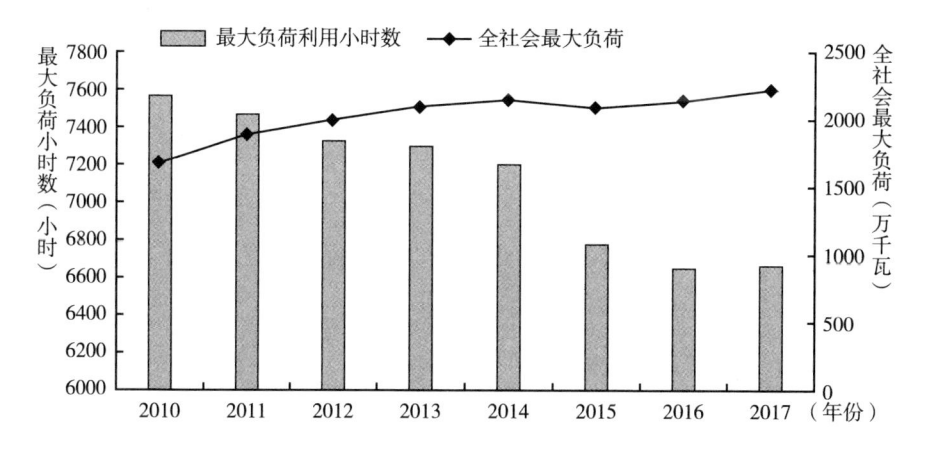

图 22　2010～2017 年冀北电网负荷特性分析

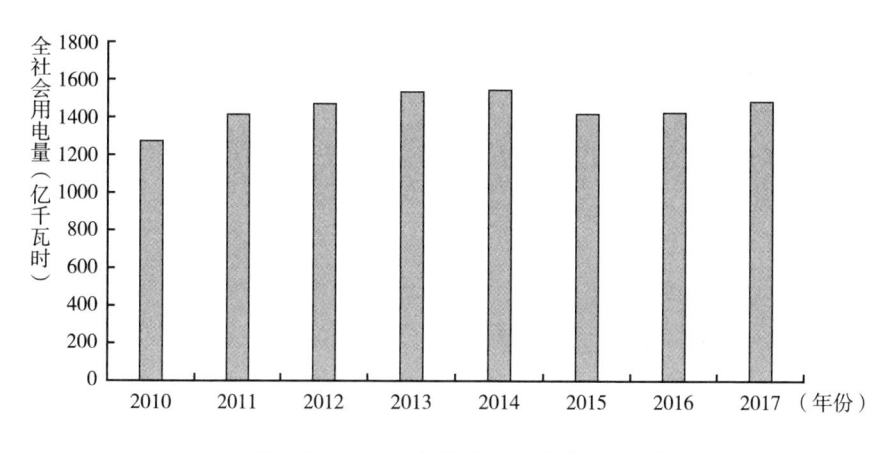

图 23　2010～2017 年冀北地区全社会用电量

（三）重点用户及行业负荷特性现状及变化趋势分析

本部分选取冀北地区黑色金属矿采选业、黑色金属冶炼及压延加工业、化学原料及化学制品制造业、金属制品业、非金属矿物制品业五个行业中用电量排名前五的企业，进行企业工作日和节假日的负荷特性分析。

1. 峰谷差

各个行业中前五企业峰谷差如图 24 至图 28 所示。

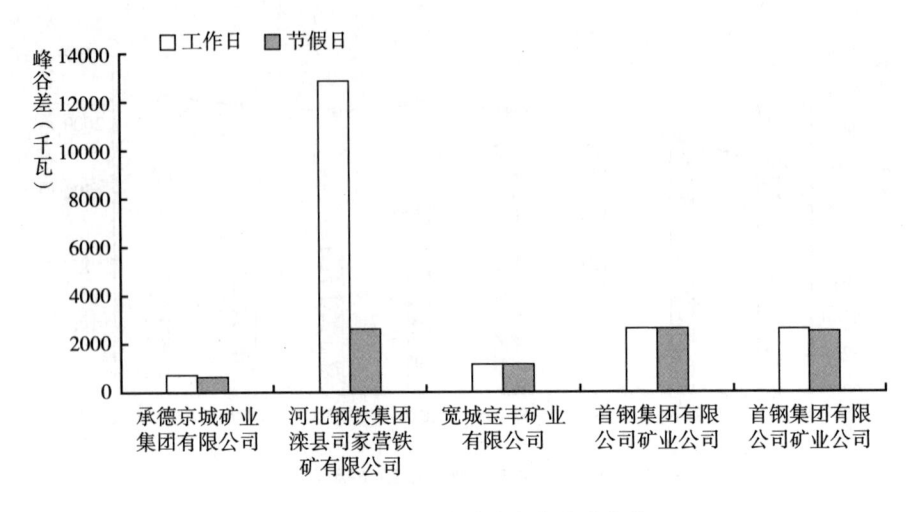

图 24 黑色金属矿采选业企业峰谷差

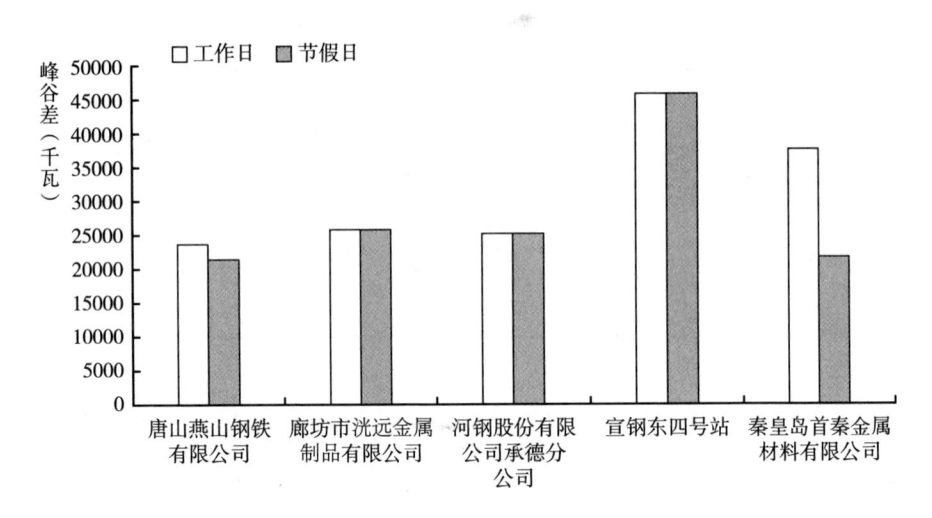

图 25 黑色金属冶炼及压延加工业企业峰谷差

综上，黑色金属冶炼及压延加工业企业峰谷差明显高于其他行业，且峰谷差较稳定，黑色金属矿采选业与金属制品业企业峰谷差低于其他行业，化学原料及化学制品制造业与非金属矿物制品业不同企业峰谷差差别较大。

2. 负荷率

各个行业中前五企业负荷率如图29至图33所示。

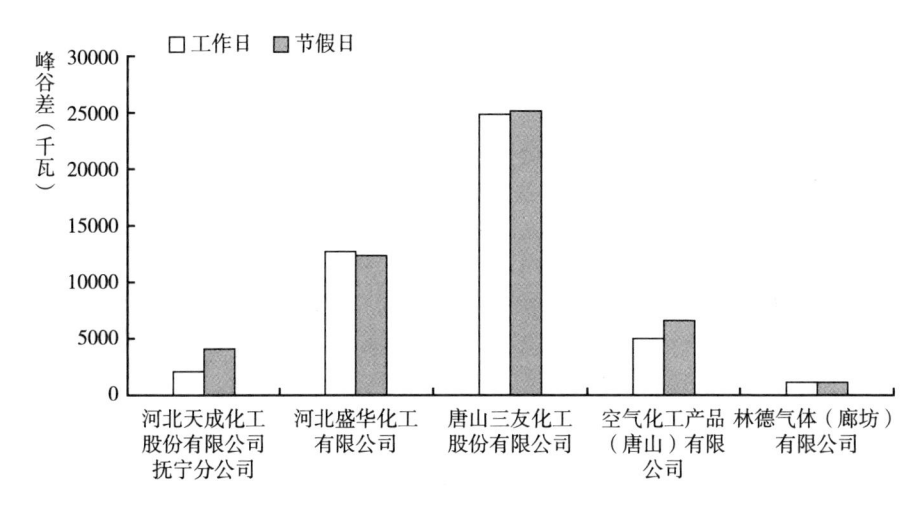

图 26　化学原料及化学制品制造业企业峰谷差

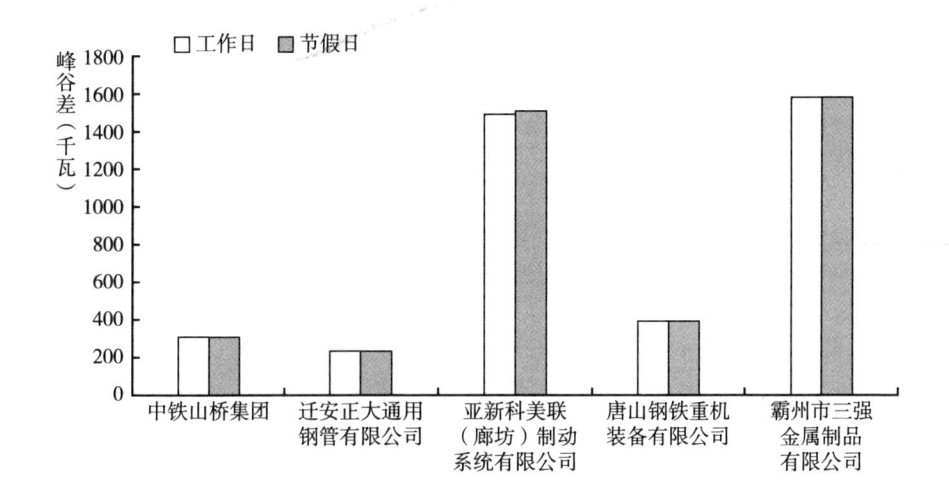

图 27　金属制品业企业峰谷差

综上，化学原料及化学制品制造业与非金属矿物制品业企业负荷率较大，黑色金属冶炼及压延加工业不同企业负荷率有一定的差别，黑色金属矿采选业与金属制品业企业整体来说负荷率较小，且比较稳定，负荷率基本在50%上下浮动。

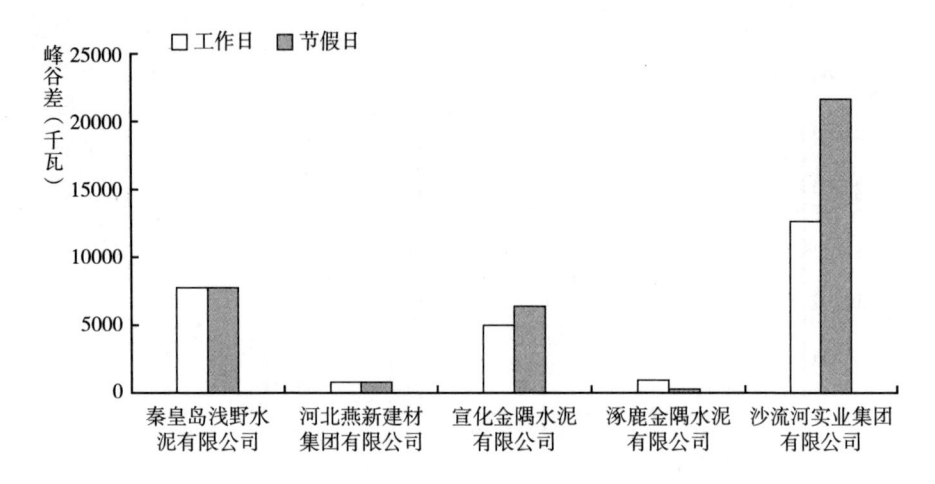

图 28　非金属矿物制品业企业峰谷差

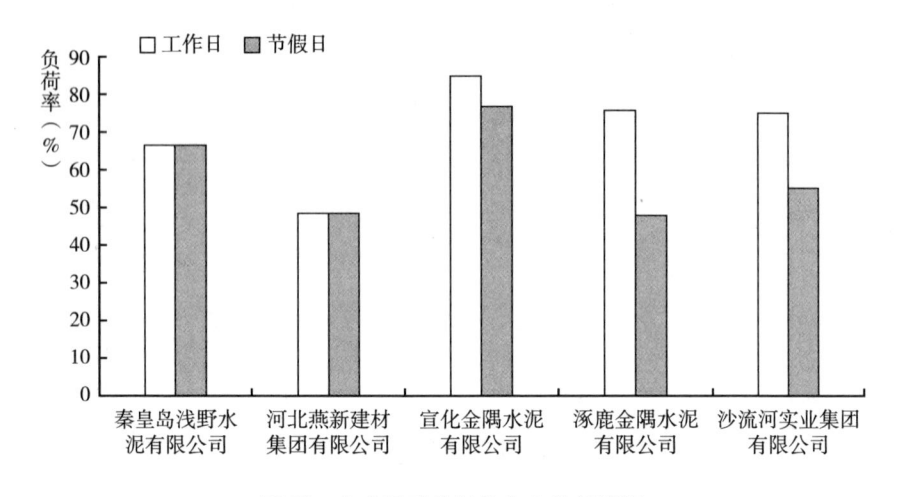

图 29　非金属矿物制品业企业负荷率

3. 负荷季节特性

分别选取冀北地区排名前五的非金属矿物制品业、黑色金属矿采选业、黑色金属冶炼及压延加工业、化学原料及化学制品制造业、金属制品业中的五个典型企业，绘制春、夏、秋、冬四季的典型日负荷曲线，进行行业季节特性分析（见图34到图38）。

综上，可以发现非金属矿物制品业、黑色金属矿采选业、黑色金属冶炼

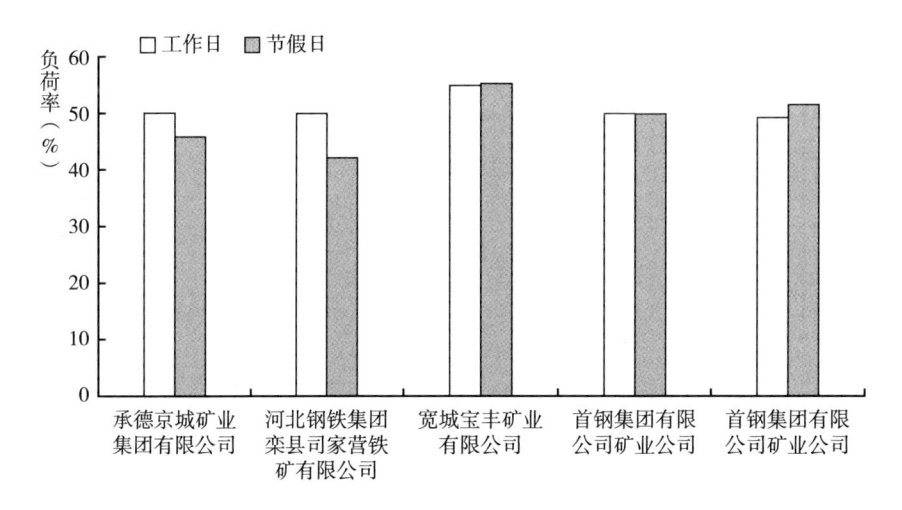

图30 黑色金属矿采选业企业负荷率

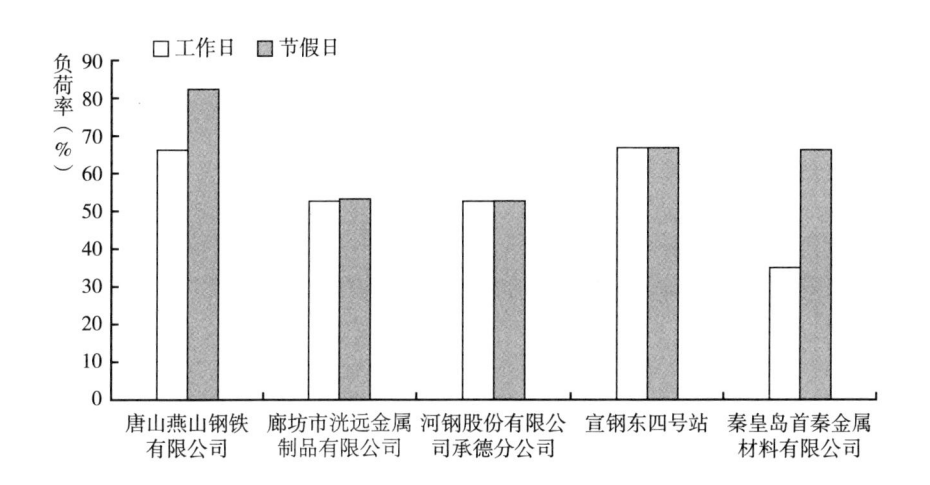

图31 黑色金属冶炼及压延加工业企业负荷率

及压延加工业、化学原料及化学制品制造业、金属制品业五个典型行业具有不同的负荷特性，其负荷波动情况与各自行业的生产设备、生产要求息息相关。相应的，在不同的季节，各个行业会根据自身的生产环境要求，产生不同程度的降温负荷或采暖负荷。与此同时，五个典型行业的负荷特性也与电价有关。

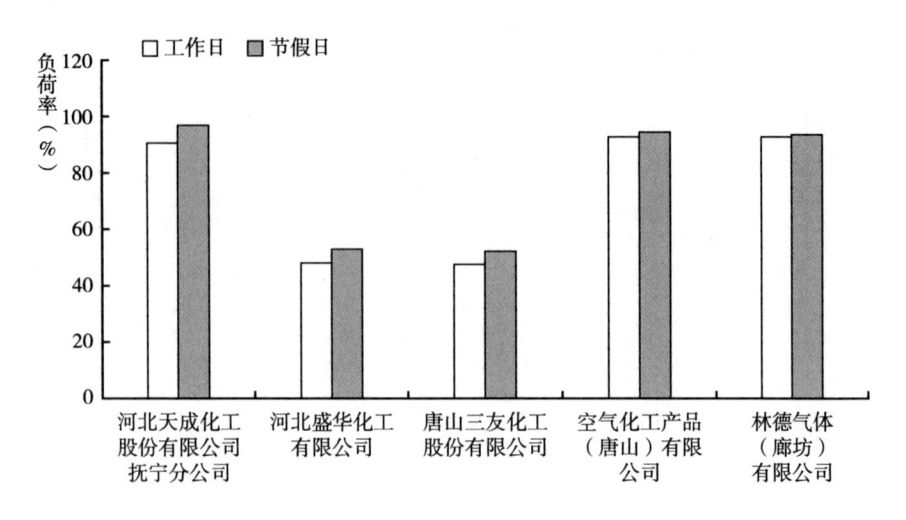

图 32 化学原料及化学制品制造业企业负荷率

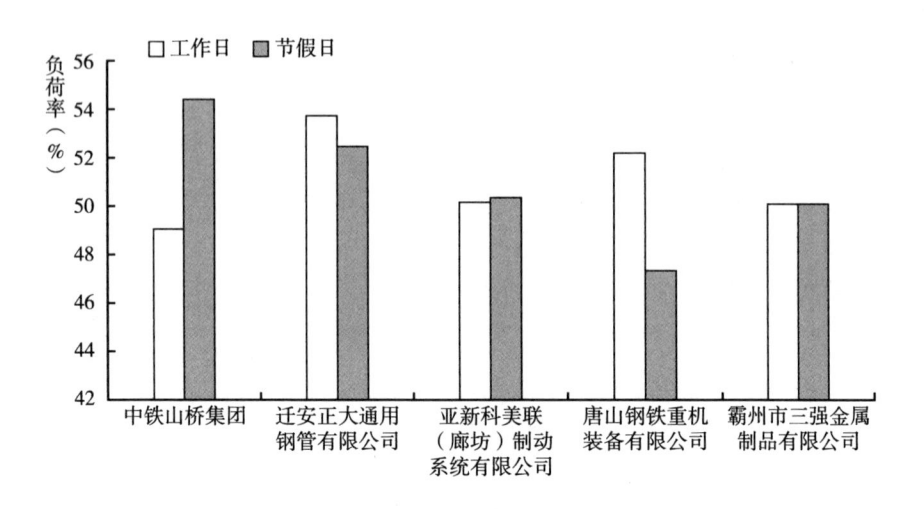

图 33 金属制品业企业负荷率

（四）新的电力增长极对冀北地区负荷特性的影响

1. 电能替代对冀北地区负荷特性的影响

电能替代是指在终端能源消费环节时，使用电能代替分散燃烧煤、石油的能源消费方式，如电采热、地面热泵、工业电热锅炉，农业电动排水灌

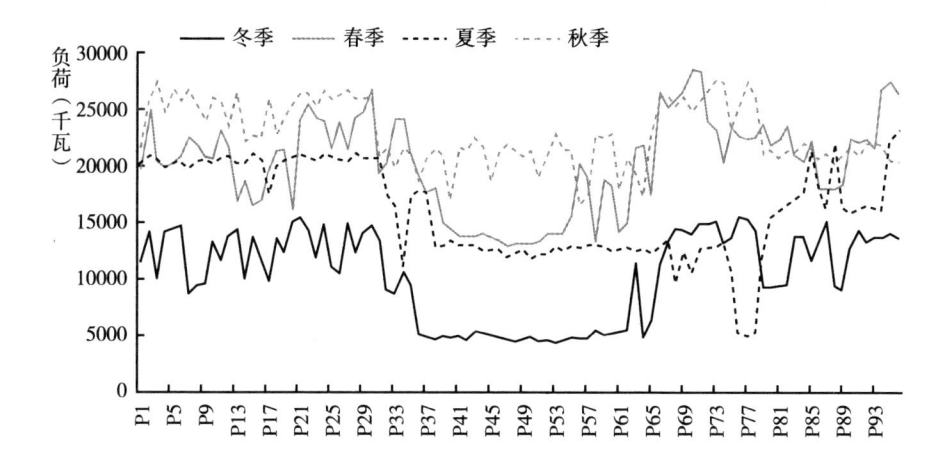

图34 非金属矿物制品业典型日负荷曲线

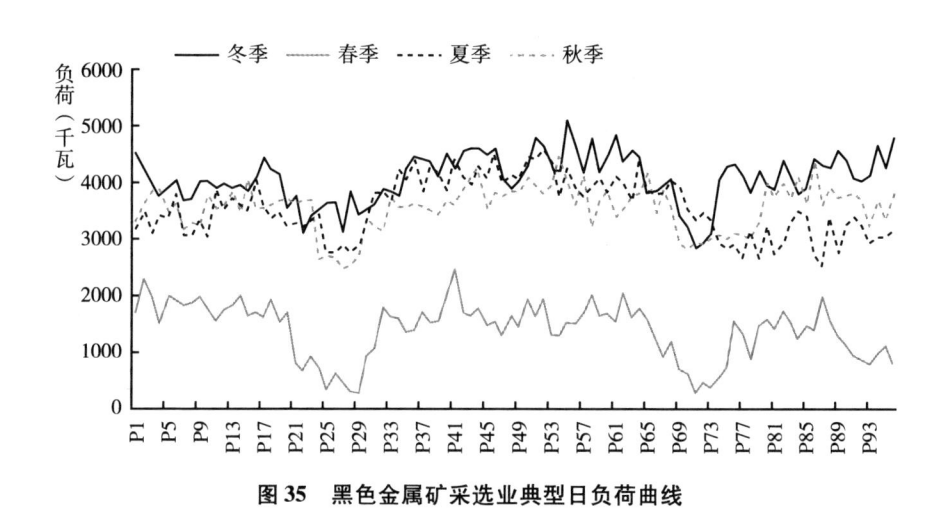

图35 黑色金属矿采选业典型日负荷曲线

溉，电动车，靠岸的船舶使用岸电、电池蓄能调峰，等等。电能替代形式多样，涉及住宅供热、工农业生产、交通运输、电力的供应和消费等诸多领域，主要是分布式应用。而京津冀地区作为电能替代先行区，必将对冀北地区的负荷特性产生一定影响。

（1）钢铁行业电能替代

京津冀地区是我国钢铁生产最集中的地区，其钢铁产量占全国钢铁产量的1/4，对其他钢铁供应不足地区的贡献突出。然而，在新的历史时期，京

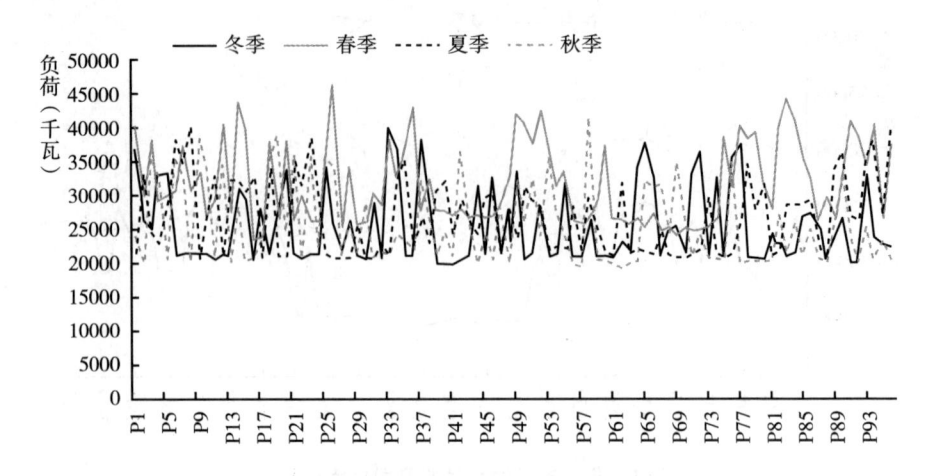

图36 黑色金属冶炼及压延加工业典型日负荷曲线

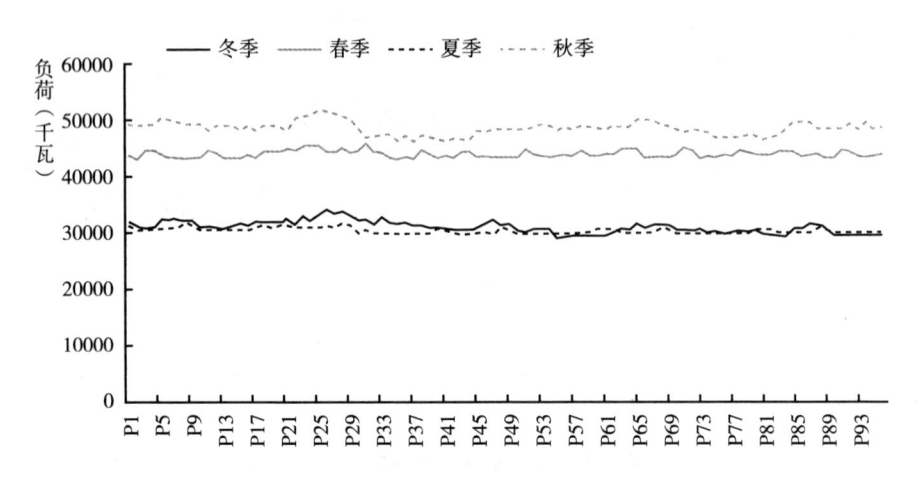

图37 化学原料及化学制品制造业典型日负荷曲线

津冀地区过度发展的钢铁工业也面临着产能过剩和污染加剧的问题，这使环境问题更为严重。

目前全球电炉钢占比约为25.3%，在美国占比高达67%，在德国为29.9%，在日本和韩国则分别为22.2%和30.7%，而我国电炉钢占比只有10%，仍具有较大发展潜力。以唐山市为例，2017年唐山市有国家备案的钢铁企业已减至39家，其中电炉炼钢企业仅有4家，共具备电弧炉7座，

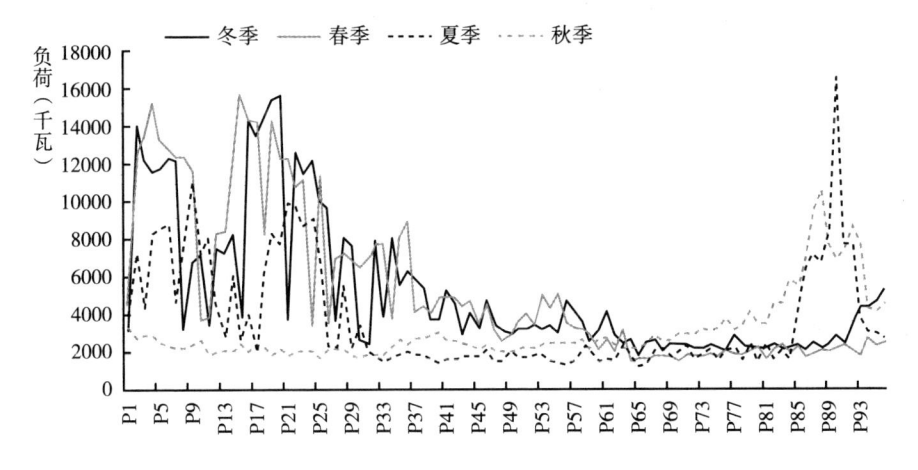

图38 金属制品业典型日负荷曲线

现有产能255万吨,2017年唐山电弧炉钢年产量205万吨,在唐山占比仅为2%,对冀北地区用电量和最大负荷影响极其有限。

虽然京津冀钢铁行业的产量预计将维持下降趋势,但随着电炉炼钢等电能替代技术的普及,冀北地区钢铁行业用电量仍存在一定的增长潜力,钢铁行业电能替代对冀北地区最大负荷的增长也将起到有效拉动作用,并在一定程度上提升冀北电网负荷率和最大负荷利用小时数。需要注意的是,目前我国废钢回收体系尚不完善,流通性差,另外,受国际铁矿石成本低、供应容易的影响,炼钢在未来很长一段时间内仍然具有成本和规模优势。

因此短时间内冀北地区电炉炼钢的企业增加的数量和电炉炼钢产量较为有限。预计2020年以后,废钢资源将逐渐丰富,届时冀北地区电炉钢将迎来新的发展机遇,占比将逐步提高。

(2) 居民供暖电能替代

冬季燃煤锅炉采暖被认为是大气污染"祸首"之一。11月、12月是中国北方地区重污染易发季节。京津冀地处我国北方,作为采暖刚需地区,为标本兼治,改善空气质量,减少烟尘排放,亟须大力推行居民供暖电能替代。居民供暖电能替代的方式主要为"煤改电",推广蓄热式电锅炉、热泵、分散电采暖等方式，主要有固体蓄热式电锅炉替代区域燃煤供暖锅炉和空气源热泵替代户用燃煤采暖炉等方式。

近年来，冀北地区开始实施气代煤、电代煤等方法采取电供暖，以此减少大气污染，如唐山市气代煤、电代煤工作领导办公室印发《唐山市气代煤电代煤工作实施方案》，方案规定，到2020年，唐山市农村清洁采暖面积要达到90%以上，气代煤和电代煤100万户以上；廊坊地区煤改电主要集中于三河、香河和永清三县，按照《京津冀2016-2017年"煤改电"重点区域（河北）实施方案》，河北省电采暖户均负荷暂取9000万千瓦，考虑现状负荷为1000万千瓦，则户均新增负荷8000万千瓦，考虑同时率0.6，则新增负荷共计35.52万千瓦，由于"煤改电"采暖设备为蓄热式电暖气，其每日用电时间为晚8点至早8点共计12小时（峰谷电价），则供暖季共计使用时间为1440小时，则供暖季新增电量共计5.11亿千瓦时；张家口市政府清洁能源供暖规划，到2020年将实现电采暖面积3749万平方米，涉及张家口市辖区内7区、10县、2个管理区（察北、塞北），需求电力容量约为262万千伏安。

未来一段时间，随着煤改电工作的深入推进，冀北地区冬季电采暖负荷将有显著增长，从而将有效拉动居民生活用电量增长，并显著提高冀北地区冬季最大负荷水平，具体负荷增长情况将随政府计划、气象条件、居民用电习惯等若干因素的变化而变化。

（3）电动汽车

电能替代能够有效提高能源效率、促进清洁发展、提高电气化水平。加快充电设施建设，促进电动汽车发展也是电力"十三五"重点任务之一。电动汽车的推广和使用可以明显改善能源短缺问题，减少石油燃料的使用，减少空气环境污染，这是未来推广和使用的新趋势。然而，电动汽车的大规模充电将对主动式配电网产生巨大的负荷影响，因此需要对主要影响方面进行研究，积极应对影响，推进主动配电网的发展，其中主要的影响方面可分为四类，分别为充电桩的负荷、商用车充换电站的负荷、乘用车充换电站的负荷和充换电服务网络对电网负荷的影响。

2. 热点区域建设对冀北地区负荷特性的影响

在一些热点地区,比如北京、张家口等地,由于举办冬奥会,包括冰上、雪上运动等项目,故需要在这些热点地区进行场馆建设,由此影响到地区负荷特性。

在《河北省张家口市可再生能源示范区发展规划》中,张家口市将打造低碳奥运专区,在建设冬奥会场馆时,张家口将全面采用可再生能源,一方面将可再生能源应用于城市交通设施方面,另一方面通过建设智能电网和特高压输变电工程提高风电、光电的外输能力。张家口风能、太阳能资源丰富,风能、太阳能可开发量分别超过4000万千瓦和3000万千瓦。而冀北地区作为我国的主要电力负荷中心之一,发展可再生能源的需求十分迫切,张家口市承办冬奥会也是促进冀北地区经济转型升级与绿色低碳发展的重要机会,冀北地区的风电、光电装机量将大幅提升,也有利于解决区域及周边的电力输配问题。

3. 人口迁移对冀北地区负荷特性的影响

（1）产业结构调整带来的人口迁移

对冀北地区来说,随着产业布局的改变,城市中心发生转移,而产业的发展会提供大量的就业机会,就会引起人口的聚集,而不同产业所提供的就业机会的多少也不同,导致人口的聚集程度不同,产业结构的调整所带来的就业岗位的变动会对人口分布产生影响,而人口的分布是影响城市用电特性的重要因素,人口聚集地区用电需求大,居民用电负荷的不断增大也会导致峰谷差的增大,周期性愈发明显,增加电力系统的负担,增大电网控制难度,在一定程度上还可能会影响电能质量。

（2）热点区域建设带来的人口迁移

热点区域建设也是人口迁移的一个重要原因,热点区域的建设会促进当地及周边地区的经济发展,实现经济发展由速度增长阶段转向高质量发展阶段,并且有可能使经济中心转移,产生大量新兴企业,提供大量的就业机会,使人口向热点区域迁移。以雄安新区为例,之前雄安地区三个县的总人口是100.5万,还不如深圳特区的1/10,但雄安新区的定位首先就是疏解北京非首都功能集中承载地，据估计，到远期控制区雄安新区的新增人口将会达到868万人。而这些疏解出的单位有很多的高层次人才，人才资源是经济发展中最重要的资源，具有物质资源不可比拟的优势，通过向雄安输入高层次人才，会促使人才资源结构优化以及产业结构优化，从而促进用电结构的优化。

由于雄安新区以及张家口冬奥会的建设，大量人口以及高层次人才会向该区域迁移，新区将会成为带动河北发展的新引擎、新动力源，张家口将会成为冀北发展新高地，这会导致冀北地区的人口布局发生变化，以上两个地区的人口密度迅速增大，人力资源优势突出，促进产业开发，第二产业用电需求与城市用电需求加大，冀北电网负荷增大。

（五）产业结构转移对冀北地区负荷特性的影响

十年来，冀北地区第一产业所占比例呈下降趋势，第二产业所占比例较大，趋势为先增加后回落，第三产业发展趋势为先降后升。虽然产业结构在逐步优化，但与"三、二、一"的最优产业结构还有一定的距离，仍然是以第二产业为主导的"二、三、一"结构。和北京天津地区相比，冀北地区仍然处于产业低梯度，正是这种发展的不平衡性为产业转移创造了条件。

各产业及居民生活用电的负荷特性有明显差异，而产业结构的变化会带来用电结构的变化，从而影响到电网的负荷及负荷特性。可以根据产业情况把负荷分为第一、第二、第三产业用电负荷。对于冀北地区来说，第一产业用电负荷所占比例不大，近年来又呈下降趋势，虽然其受季节性影响较大，但对冀北地区整体的负荷特性影响较小；第二产业用电的主要特点是负荷具有连续性，第二产业用电主要包括工业和建筑业，所占比例较大尤其是重工业用电比重高，其对负荷特性的影响有着举足轻重的作用；第三产业及生活用电的波动程度明显较第二产业大，但近年来第三产业负荷的整体趋势是增长的，其用电情况与居民的生活息息相关，由于居民生活水平的提高，用电负荷也增长明显，高峰负荷呈大幅增长的趋势，峰谷差进一步拉大，周期性愈发明显，其对地区负荷特性的影响也逐年上升。从负荷特性指标来看，冀北地区近些年年平均月负荷率窄幅波动，季不均衡系数振荡下行，振荡幅度逐渐减小。

（六）冀北地区负荷特性影响因素分析

电力负荷特性是整个电网用电结构、用电模式优劣的直观体现，随着我国经济进入新常态，电力消费需求发生了变化，影响负荷变化的因素也有了一定的变化，电力负荷发展面临着新形势。目前，冀北地区电力负荷发展面临的新形势主要有电能替代、热点区域的建设、人口迁移和产业结构转移四个方面。

1. 基于鱼骨图分析法的冀北地区负荷特性影响因素分析

在新形势下，冀北地区负荷特性的影响因素较多并且因素间的关系错综复杂，为分析各种因素对冀北地区负荷特性的影响，采用鱼骨图分析法来梳理各类影响因素间的关系。

首先需要明确描述负荷特性的指标，即负荷特性指标，一般包括日（月、年）最大负荷、日（月、年）最小负荷、日（月、年）最大峰谷差、日（月、年）负荷率、年最大负荷利用小时数、日（月、年）平均负荷等等。此处选择年最大负荷、年最大峰谷差、年负荷率和年最大负荷利用小时数为主要的研究指标。

负荷特性的主要影响因素分为自然因素、社会因素、经济结构、用电量结构四类。自然因素包括最高气温、最低气温、湿度等；社会因素包括电价、城镇化率、人均可支配收入、人口迁移、热点区域建设、电能替代、产业结构转移等；经济结构包括GDP、第一产业GDP比重、第二产业GDP比重、第三产业GDP比重等；用电量结构包括第一产业用电量比重、第二产业用电量比重、第三产业用电量比重、居民生活用电量等。

协助梳理各类因素之间的因果关系，明确因素之间的互相影响关系，年最大负荷的主要影响因素如图39所示。

年最大负荷与各影响因素的关联分析，在经济结构方面，总GDP对年最大负荷影响最大；按用电量结构分析，第一产业用电量和居民生活用电量

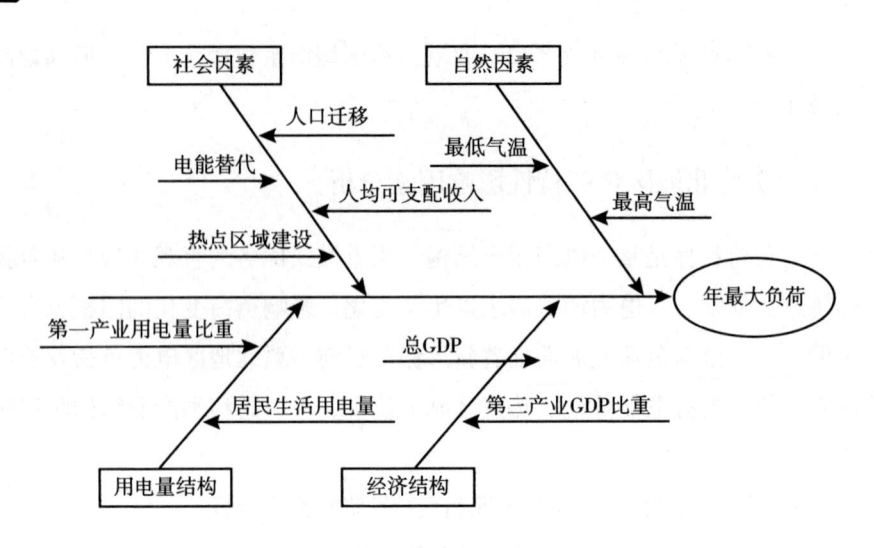

图39 年最大负荷影响因素

对年最大负荷影响较大；按社会因素分析，人均可支配收入的关联度较大；最高气温对年最大负荷的关联度也较大，这是因为最大负荷一般出现在最热月，空调负荷的增长使总负荷达到最大值。

年最大峰谷差与各影响因素的关联分析，从经济结构看，第三产业GDP与年最大峰谷差关联度较强；从用电量结构看，居民生活用电量比重关联度较大；从社会因素看，人均可支配收入关联度较大。年最大峰谷差与第三产业及居民生活用电息息相关，产业结构转移对年最大峰谷差也会产生巨大影响（见图40）。

年负荷率与各影响因素的关联分析，气温对年负荷率的影响最大。从经济结构看，第二产业GDP关联度较高；用电量结构看，第二产业用电量比重关联度较高；从社会因素看，城镇化率与年负荷率关联性较大。年负荷率与最高气温的关联性较大，这是因为降温负荷的增长使得地区负荷水平明显提高，负荷率提高。同时，年负荷率也与第二产业用电量比重关联度较高，适当提高第二产业用电量比重也会使年负荷率整体提高（见图41）。

年最大负荷利用小时数与各影响因素的关联分析，从经济结构看，第二产业和第三产业GDP与年最大负荷利用小时数关联度最高；从用电结构看，

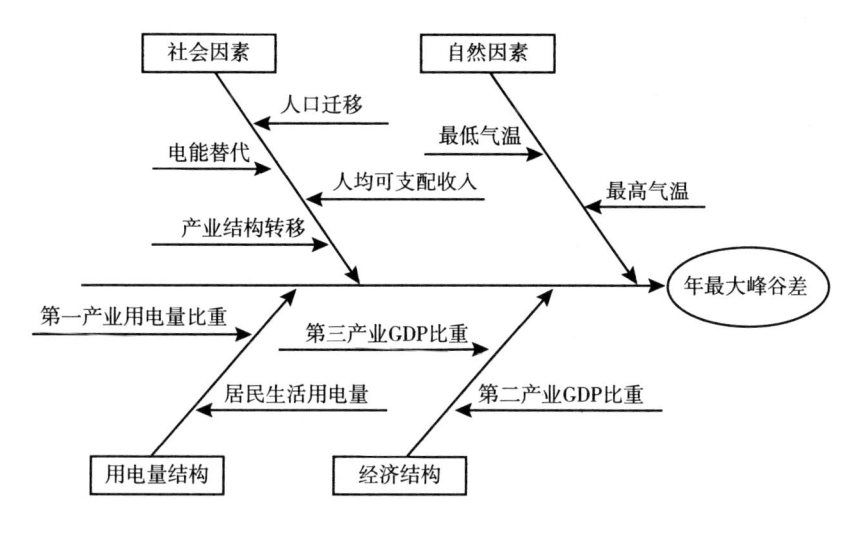

图40 年最大峰谷差影响因素

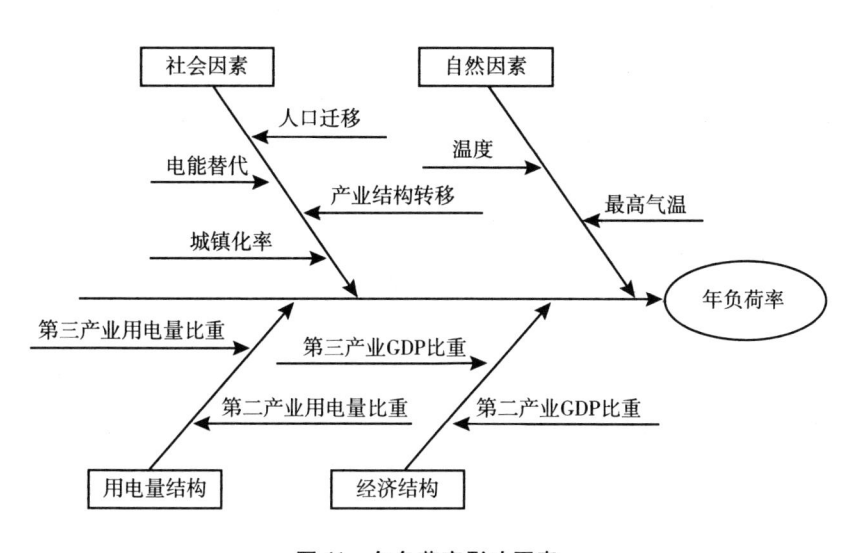

图41 年负荷率影响因素

第二产业和第三产业用电量关联度较高；从社会因素看，城镇化率的关联度较高。年最大负荷利用小时数与各个产业及用电量比重关联性较大，一般来说，当第二产业比重大时，年最大负荷利用小时数较高，当第三产业与居民用电量比重大时，年最大负荷利用小时数下降（见图42）。

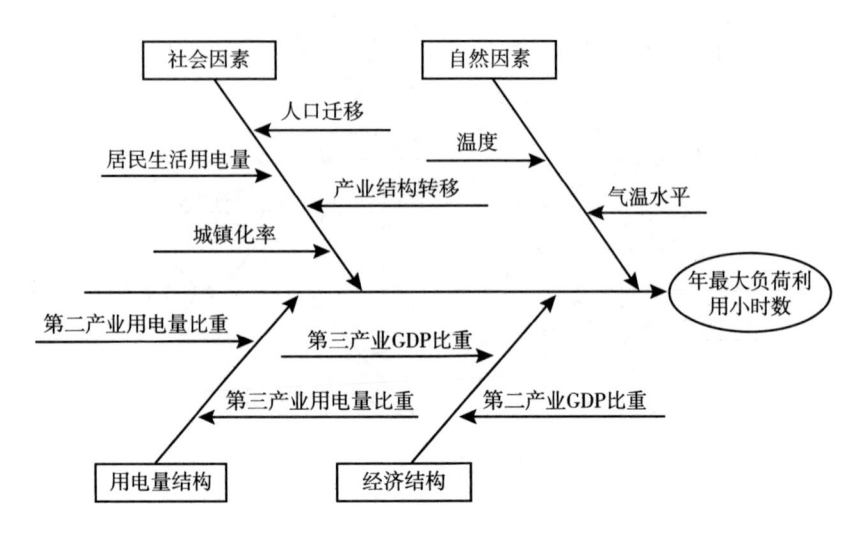

图42 年最大负荷利用小时数影响因素

2. 基于灰色关联分析的冀北地区负荷特性影响因素分析

选取年用电量、年最大负荷、年最小负荷、年最大峰谷差及年最大负荷利用小时数这五个负荷特性指标来分析冀北地区的电网负荷特性。搜集2006～2017年冀北地区的负荷特性指标数据，采用灰色关联分析模型对影响该地区负荷特性指标的因素进行量化分析。计算得出各影响因素对五个负荷特性指标的灰色关联度（见表1）。

表1 灰色关联度

参数	地区GDP	第一产业占比	第二产业占比	第三产业占比	人口
年用电量	0.2204	0.0360	0.1245	0.0996	0.0750
年最大负荷	0.1412	0.0856	0.0548	0.1861	0.0339
年最小负荷	0.0840	0.0359	0.2484	0.1110	0.1246
年最大峰谷差	0.0988	0.1340	0.0389	0.3056	0.0797
年最大负荷利用小时数	0.0172	0.1350	0.4759	0.1961	0.0953

（1）年用电量分析

由表1可知，年用电量的影响因素中，地区GDP与年用电量关联度最高，其次是第二产业占比，然后是第三产业占比，之后是人口数，最后是第一产业占比。地区 GDP 对冀北地区年用电量的影响最为显著，说明近年来冀北地区用电量加速增长的关键原因是经济增长的加速。另外，第二产业、第三产业占比的影响也十分显著，说明第二产业用电的支配地位仍没有变。同时，冀北地区用电结构优化后，第三产业用电对电力整体需求起到了拉动作用。

因此，冀北地区在预测地区未来电力需求时，要充分考虑地区 GDP、第二产业、第三产业用电占比的影响，使预测结果更精确合理。

（2）年最大负荷分析

在年最大负荷的影响因素中，第三产业占比与年最大负荷的关联度最高，其次是地区 GDP，然后是第一产业占比，之后是第二产业占比，最后是人口数。冀北地区最大负荷通常出现在最热月，这是由于近几年空调等高耗电降温设备拥有量的大量增加，降温设备负荷的增长使总负荷达到最大值，所以第三产业占比对最大负荷的影响显著。

年最大负荷对于电网规划很重要，其可以直观地表现出整年电网的负荷情况，和经济的发展也有着直接关系。因此，结合以上分析，在预测未来最大负荷变化和电网调度时，要充分考虑第三产业用电的影响。

（3）年最小负荷分析

在年最小负荷的影响因素中，第二产业占比与年最小负荷的关联度最高，其次是人口数，然后是第三产业占比，之后是地区 GDP，最后是第一产业占比。近年来第二产业 GDP 占比增速较缓慢，年最小负荷有逐渐增大的趋势，这是因为第二产业中的高耗能负荷同时率较高且负荷率较大，与年最小负荷有着较高的关联性，人口数与年最小负荷的关联性次之，而第一产业与其的关联性最小。

与年最大负荷相似，年最小负荷也对电网规划有很重要的影响，结合以上分析，在预测未来最小负荷时，要充分考虑第二产业用电的影响。

（4）年最大峰谷差分析

在年最大峰谷差的影响因素中，第三产业占比与年最大峰谷差的关联度最高，其次是第一产业占比，然后是地区 GDP，之后是人口数，最后是第二产业占比。随着经济的高速发展，GDP 对年最大峰谷差有着很大影响。第三产业 GDP 占比对年最大峰谷差的影响最为显著，这是由于受夏季高温影响，空调负荷比重逐年上升，使高峰负荷呈增长趋势，进而使年最大峰谷差处于较大数值；作为用电"压舱石"的第二产业用电，用电负荷稳定，波动较小，对年最大峰谷差影响最小。

近年来，随着产业结构的变化，冀北地区峰谷差有逐渐减小的趋势，但仍然较大，这表明负荷特性仍有一定的改善空间。因此，冀北地区应采用需求侧管理手段，引导用户合理用电，并通过合理安排调峰容量来优化系统的峰谷差。

（5）年最大负荷利用小时数分析

年最大负荷利用小时数与三次产业的比重变化有着直接的关系。随着产业结构的变化，年最大负荷利用小时数也发生较大改变。这个负荷指标对于冀北地区的产业结构变化有着重要的影响，对负荷的预测工作也有着很大的意义。在预测未来年最大负荷利用小时数时，要充分考虑各个产业 GDP 占比的影响。

四 冀北地区电力负荷预测研究

冀北地区隶属河北省，地处河北省的北部，包括唐山市、廊坊市、承德市、张家口市和秦皇岛市共五个城市，是疏解非首都功能、承接产业转移的重要地区。近年来，冀北地区经济增长一直保持着良好的态势，电网中传统的负荷特性在新经济形势下已发生了改变，有必要对其演变与转移规律进行研究，明确经济社会因素对于电力负荷的新影响，做出符合冀北地区发展需求的电力规划。

（一）冀北地区产业结构特点

产业结构是国民经济的部门结构。主要内容是国民经济各产业部门之间和内部的构成。社会经济发展的重点或产业结构的重心从第一产业逐次转移到第二产业和第三产业，称为产业结构升级。产业结构标志着经济发展水平的高低和发展阶段、方向。近几年来，冀北地区不断加强产业结构调整，力求产业结构高级化，经济也有明显的增长趋势。2005～2017年冀北地区三次产业结构情况变如图43所示。

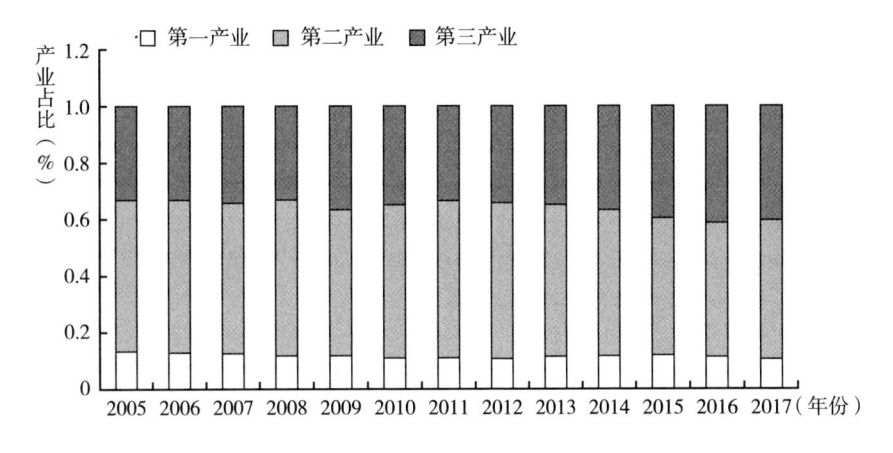

图43 2005～2017年冀北地区三次产业结构情况

从图43看出，2005年至今，产业结构也在逐步优化。其中，第一产业所占比例呈下降趋势，第二产业所占比例较大，呈先增加、后回落的趋势，第三产业所占比例呈先降后升的趋势。

冀北地区近年来产业结构始终为"二、三、一"结构。冀北地区产业结构近5年来虽处于逐步优化状态，但与"三、二、一"型最优产业结构仍有较大差距。

冀北地区第二产业主导地位的形成与重点用能产业的崛起和快速发展有着密切关系。所谓重点用能行业，也称为能源消费密集型行业，是指生产过程中能源成本在产值中所占比重较大的行业。重点用能行业是国民经济生产活动中重要生产资料和能源的供应部门，虽然为经济社会发展提供强有力的基础性支撑，但由于其具有高能耗、高排放的特点而使生态环境受到危害，从而对经济社会的可持续发展有一定的制约。根据用电量和单位工业增加值能耗的高低，确定冀北地区重点用能行业主要有：金属制品业、黑色金属冶炼及压延加工业、非金属矿物制品业、黑色金属矿采选业、化学原料及化学制品制造业。

2005~2016年，冀北地区重点用能行业增加值逐年上升，且对于地区生产总值的保持有一定的贡献度。2011年，冀北地区重点用能行业增加值为1780.57亿元，占比17.21%，达到近几年的高点。同时，通过计算2005~2016年冀北地区生产总值与冀北地区重点用能行业增加值之间的相关系数为0.989，可以判断，冀北地区目前"二、三、一"产业结构的形成，以及冀北地区第二产业主导地位的形成，与重点用能行业的兴起与迅猛发展息息相关。

目前，重点用能行业是经济增长的重要推动力，在冀北产业结构中也占有重要份额。但是，冀北地区长期面临产业结构偏重、产能过剩、能耗总量过大、碳排放过高、资源承载能力弱化等问题，严重影响着生态环境。因此，在协调发展的背景下，京津冀地区的产业结构调整已经成为解决产能过剩和环境污染问题的有效途径，以及实现冀北经济软着陆的立足点和支撑点。

（二）冀北地区未来电力需求与负荷特性预测

采用冀北地区用电量数据进行仿真，选取2007~2017年冀北地区用电量数据为训练样本，结果如下。

从图44可以看出，PSOSVM模型得出的仿真曲线与实际曲线相差甚微，并且残差值也在要求范围之内（见图45），说明PSOSVM模型在很大程度上符合预测要求。

将PSOSVM模型与LS—SVM模型、RBF模型进行对比，如图46所示。

可以看出PSOSVM模型比LS—SVM模型、RBF模型更接近实际曲线，并且误差波动很小，误差值也很小（见图47），说明与其他两种模型相比，运用PSOSVM模型进行未来电力需求与负荷特性预测是可行并且有效的。

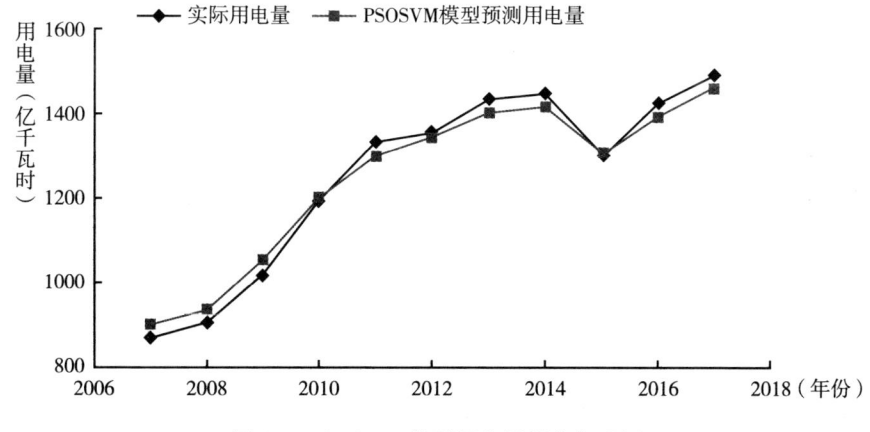

图 44　PSOSVM 模型用电量拟合与预测

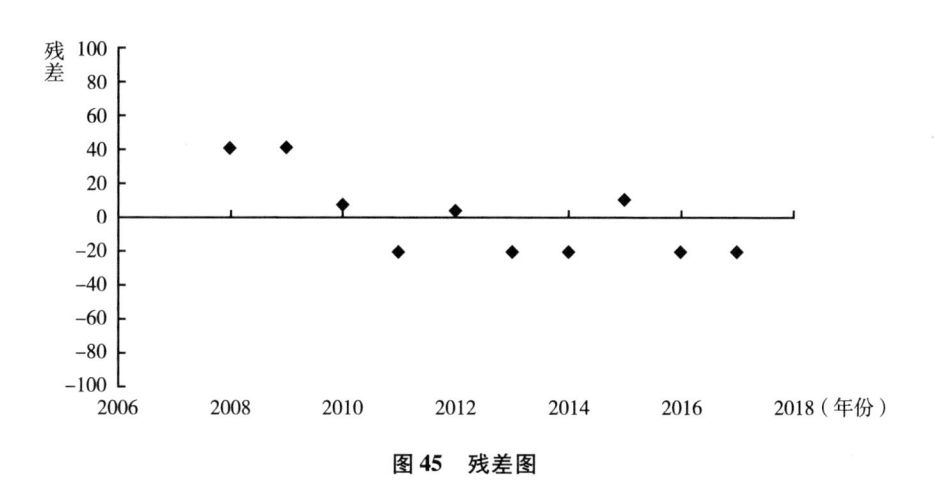

图 45　残差图

基于灰色关联分析对 2018～2025 年冀北地区 GDP、第二产业 GDP 占比、人口进行预测，并以预测数据为基础，运用 PSOSVM 模型对 2018～2025 年冀北地区用电量进行预测，预测结果如图 48 所示。

通过分析预测结果可以得出，在未来的几年中，冀北地区的电量将会呈稳定增长态势，增速将呈稳中趋缓态势。

基于灰色关联分析对 2018～2025 年冀北地区第三产业 GDP 占比、GDP、第一产业 GDP 占比进行预测，并以此数据为基础，运用 PSOSVM 模型对 2018～2025 年冀北地区年最大负荷进行预测，预测结果如图 49 所示，

191

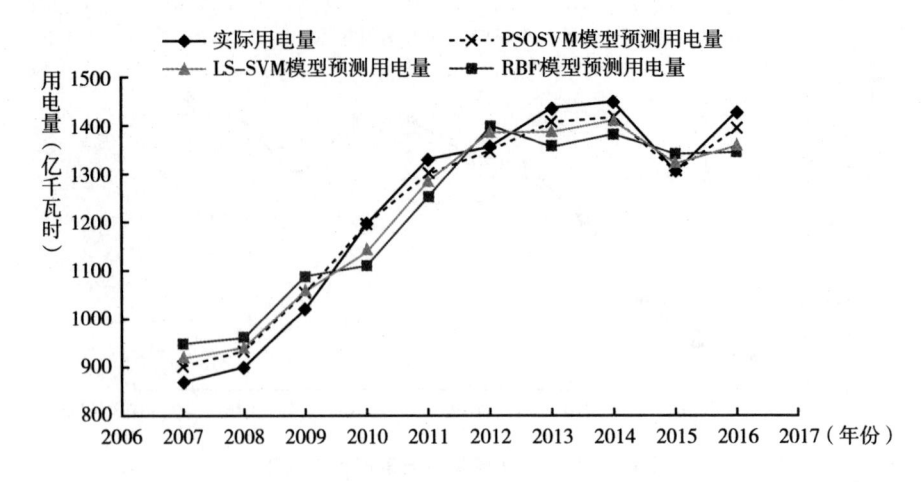

图46 三种模型结果对比

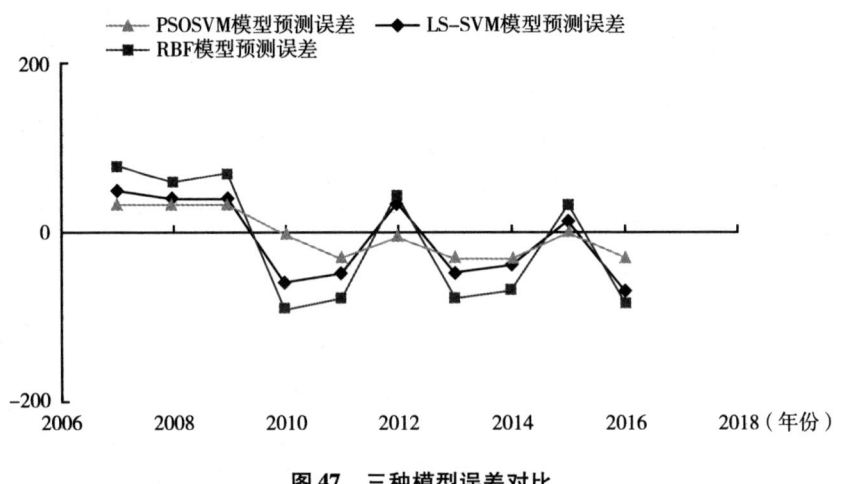

图47 三种模型误差对比

可以看出冀北地区最大负荷总体仍呈增长态势。

基于灰色模型对2018～2025年冀北地区第二产业GDP占比、第三产业GDP占比、第一产业GDP占比进行预测,并以此预测数据为基础,运用PSOSVM模型对2018～2025年冀北地区年最大负荷利用小时数进行预测,预测结果如图50所示,可以看出随着冀北地区经济社会发展和产业结构调整,最大负荷利用小时数总体呈下降趋势。

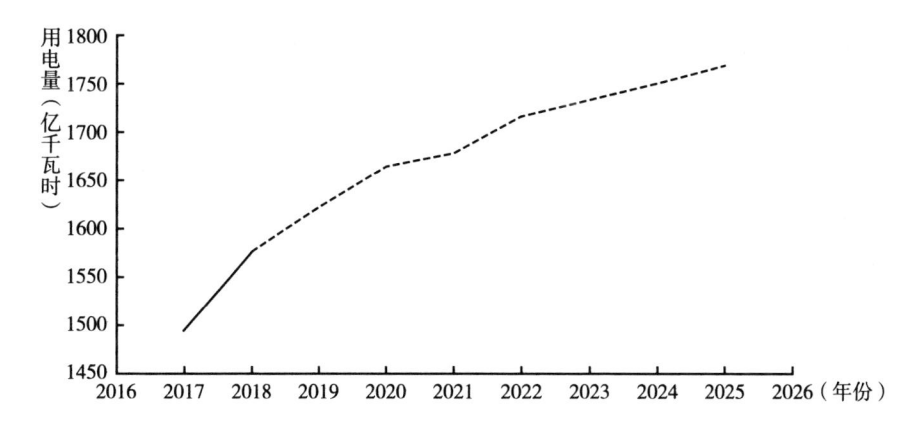

图 48 用电量预测结果

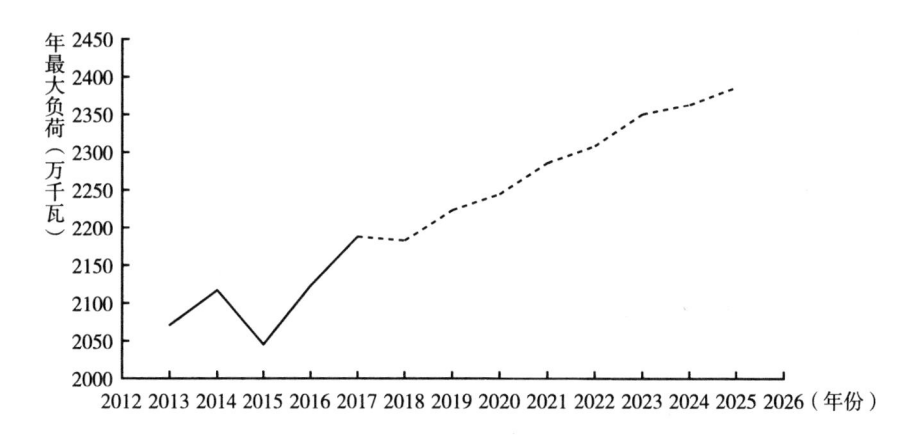

图 49 冀北地区年最大负荷预测

运用 PSOSVM 模型对 2018～2025 年冀北地区年负荷率进行预测，预测结果如图 51 所示，可以看出冀北地区负荷率总体呈稳中有降的态势。

基于灰色模型对 2018～2025 年冀北地区第三产业 GDP 占比、第一产业 GDP 占比、地区 GDP 占比进行预测，以此数据为基础，运用 PSOSVM 模型对 2018～2025 年冀北地区年峰谷差进行预测，预测结果如图 52 所示，总体来看，冀北地区峰谷差将保持波动态势。

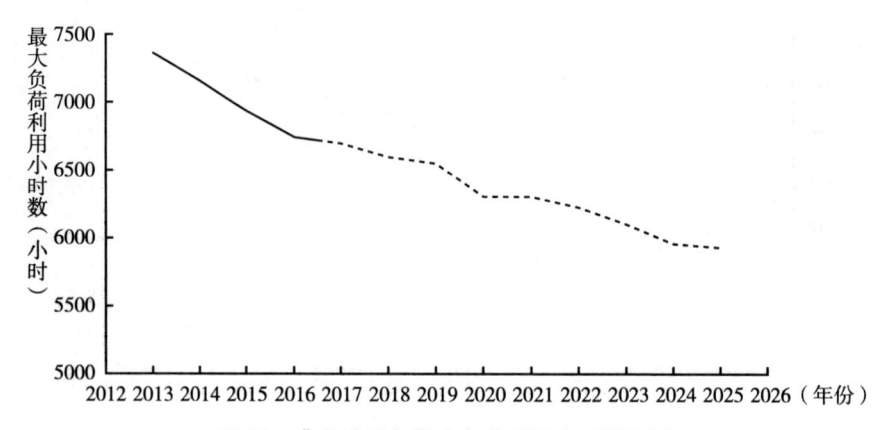

图 50　冀北地区年最大负荷利用小时数预测

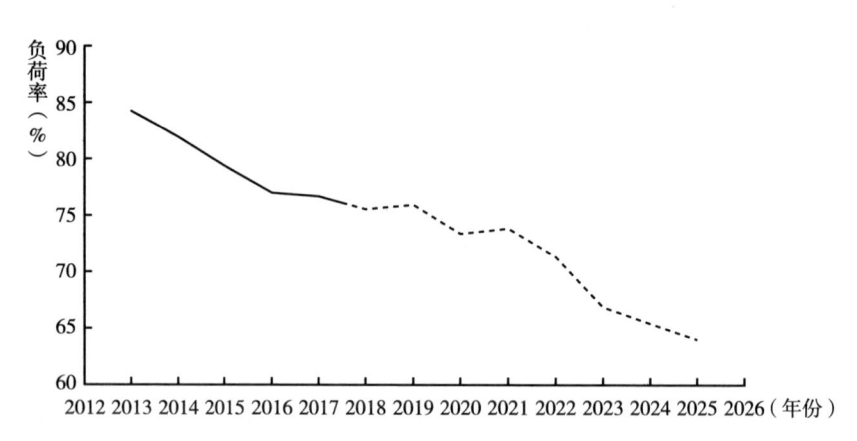

图 51　冀北地区年负荷率预测

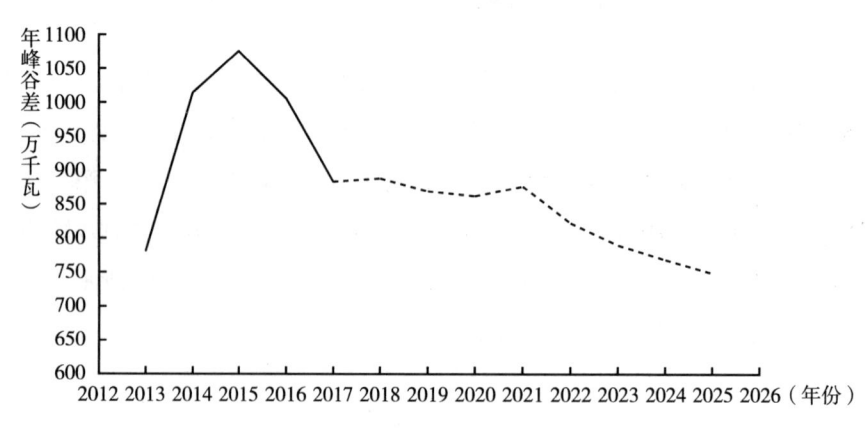

图 52　冀北地区年峰谷差预测

五　总结与展望

京津冀协同发展下电网负荷特性研究，是在我国京津冀协同发展的新政策、能源结构调整的新布局、智能电网建设规模逐渐扩大的新形势背景下，进行的一项创新性研究工作。本报告在大量查阅相关政策的基础上，结合冀北的产业、经济等特点，研究新背景下负荷特性分析和负荷预测的新方法。本报告的主要研究成果体现在，得到了京津冀协同发展下的冀北电网负荷转移规律、分析了新的电力增长对负荷特性的影响以及对冀北地区电力供需前景进行预判等方面。

在对冀北电网负荷转移规律的研究中，报告从产业、行业、大用户的角度研究了用电量和用电结构的特点及变化趋势，并对冀北地区整体的负荷特性指标进行现状及变化趋势研究，最后对冀北地区的重点用户及行业负荷特性现状及变化趋势进行分析。在研究新的电力增长对负荷特性的影响时，报告分析了对冀北地区负荷特性产生主要影响的新的电力增长极，同时分析了产业结构转移对冀北负荷特性的影响，最后对冀北地区负荷特性的影响因素进行了分析。

报告在对冀北地区电力供需前景进行预判时，基于冀北地区产业结构特点，利用改进的电力需求预测模型对冀北地区未来电力需求与负荷特性进行了预测。研究结果表明，在未来的几年中，冀北地区用电量和最大负荷仍将保持稳定增长态势，冀北地区负荷率和最大负荷利用小时数将保持稳中有降的态势。

在未来的研究中，首先，应重视冀北地区黑色金属冶炼及压延加工业企业对该地区峰谷差的影响，深入了解其行业负荷特性及变化趋势，从而对京津冀协同发展下的冀北电网负荷转移规律有更精确的把握。其次，由以上研究成果可知，产业结构转移对冀北负荷特性也有着重要的影响，因此，应重视产业结构的变化会带来的用电结构变化，从而更好地分析电网的负荷及其负荷特性。除此之外，冀北地区长期面临产业结构偏重第二产业、产能过剩、能耗总量过大、碳排放过高、资源承载能力弱化等问题，对生态环境有很大影响。因此，在对冀北地区电力供需前景进行预判时，应将产业结构和生态情况考虑在内，在提高电力需求预测精度的同时，保证良好的社会经济性。

参考文献

廖红伟、张楠：《京津冀协同发展下产业转移问题研究》，《济南大学学报》（社会科学版）2016年第3期。

康田园：《大型城市电网负荷特性研究》，郑州大学硕士学位论文，2015。

康田园、尹淑萍、王现法、董双慧、邓小磊、陈根永：《大型城市电网负荷特性及其影响因素分析》，《电测与仪表》2016年第6期。

何佳艳：《京津冀产业转移确定46个承接平台》，《投资北京》2018年第2期。

康辉、牛东晓：《产业结构调整背景下的区域用电量预测模型库构建》，《科技和产业》2018年第6期。

《关于加强京津冀产业转移承接重点平台建设的意见》，《解读天津冶金》2017年第6期。

吴海波、姚建刚、韦亦龙：《基于负荷特性分析的中长期负荷预测主导因素辨识法》，《电力需求侧管理》2014年第5期。

仲伟宽：《数据挖掘技术在负荷特性分析中的应用》，东南大学硕士学位论文，2006。

崔立勃、张菁、袁森、程涛、尹志、赵晶：《地区电网负荷特性规律统计与分析》，《山东电力技术》2015年第2期。

王一夫、黄静波：《大湘南承接产业转移示范区研究——基于郴州市"打造承接产业转移示范先行区"的实证分析》，《湘南学院学报》2013年第34（03）期。

姚康：《基于企业视角的兰州市制造业地理集中与集聚研究》，兰州大学硕士学位论文，2010。

袁其刚、朱学昌、樊娜娜、商辉：《我国对"迷雾四国"出口贸易潜力测算——基于引力模型的实证分析》，《山东财政学院学报》2014年第2期。

孙翠香：《京津冀职业教育协同发展：现实审视与困境突破》，《职业教育研究》2018年第11期。

苏浩尊：《基于K均值聚类算法的电力负荷分类研究》，《电子世界》2017年第23期。

高全成、王恩胡：《西部地区特色优势产业发展状况综述》，《西安财经学院学报》

2008年第3期。

李海澎：《企业电力负荷特性及需求侧管理技术措施的研究》，华北电力大学硕士学位论文（河北），2009。

楚波、严飑：《"两型社会"建设目标下的产业发展遴选——以北京市为例》，《中国环保产业》2009年第4期。

刘盟：《京津冀协同发展背景下区域人才集聚效应评价研究》，天津大学硕士学位论文，2017。

冯博：《巴彦淖尔地区电力负荷特性分析及需求侧管理研究》，华北电力大学硕士学位论文，2013。

魏翀：《城市区域电网电力负荷分析与预测方法》，天津大学硕士学位论文，2016。

B.13
河北"外电入冀"专题研究

齐晓光 刘芮 张章*

摘　要： 结合河北经济发展和负荷预测，本报告研判外受电需求，从电源送端区域的环境容量、资源开发强度、输送距离、电源出力特性等方面综合研究，初步提出不同送端方向下的送电方案，并对各送电方案逐一论证，结合河北电网远景目标网架，提出"外电入冀"战略总体规划布局以及外受电落点布局和建设时序。

关键词： 电力供需　外电入冀　电网建设

受资源禀赋限制和生态环境约束，河北已成为全国为数不多的"硬缺电"省份。2018年夏季河北南网最大有序用电512万千瓦、冀北电网采取有序用电80万千瓦。随着经济社会的快速发展，用电需求不断提升，省内新增供电能力已不能满足新增负荷需求。

我国能源资源整体充裕，但呈现逆向分布，水电资源2/3集中在西南地区，80%以上的煤炭资源和风电、太阳能分布在北部。考虑到现阶段特（超）高压技术已十分成熟，为电力大规模、远距离输送和大范围优化配置提供了可能。

---

* 齐晓光，国家电网河北省电力有限公司经济技术研究院工程师，工学硕士，研究方向为电网规划；刘芮，国家电网河北省电力有限公司经济技术研究院工程师，工学硕士，研究方向为电网规划；张章，国家电网河北省电力有限公司经济技术研究院工程师，工学硕士，研究方向为电网规划。

河北实施"外电入冀"战略，需从自身负荷特性及需求出发，研究送端电源类型、电力输送方式、受端网架适应性等内容。同时，结合大电网电力互济、需求侧管理等技术手段，实现电力资源的优化配置。

一 电力供需形势分析

（一）负荷特性分析

1. 大负荷时长分析

按照年时间尺度分析，对2014~2018年河北省负荷分布情况进行统计，结果见图1。2014~2016年，系统大负荷（90%及以上）出现的时长逐渐缩小；2017~2018年，大负荷出现的时长逐渐增加，当年最大负荷90%及以上的时间分别为94小时和149小时，分别占全年8760小时的1.07%和1.70%。

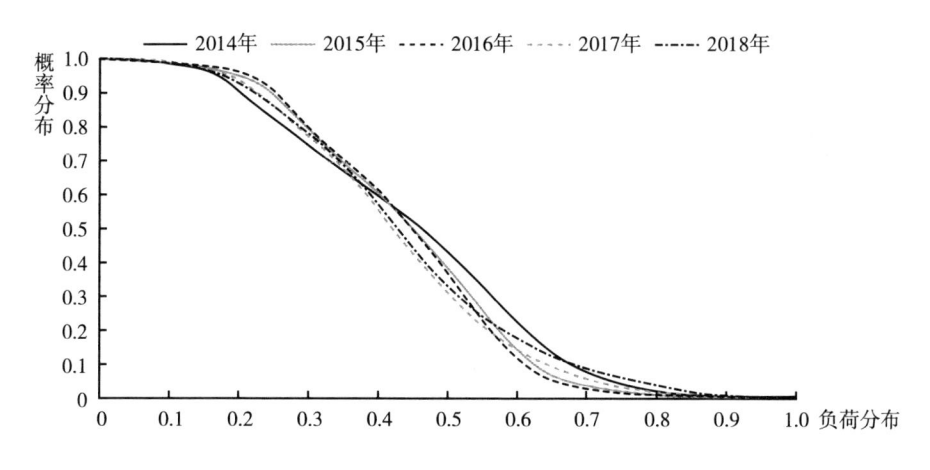

图1 2014~2018年河北省负荷分布统计

分季节进行负荷分析（春季3~5月、夏季6~8月、秋季9~11月、冬季12~次年2月，下同），2014~2018年各季节最大负荷统计见图2所示。2014~2018年春、秋季最大负荷增长较慢，受夏季空调负荷、冬季采暖负荷等季节性负荷影响，夏、冬两季最大负荷快速增长，尤其是近两年受煤改电等采暖负荷影响，冬季最大负荷占夏季最大负荷的比例由2014年的86.16%增长至2018年的92.22%。全年整体呈现"两峰两谷"的特征。

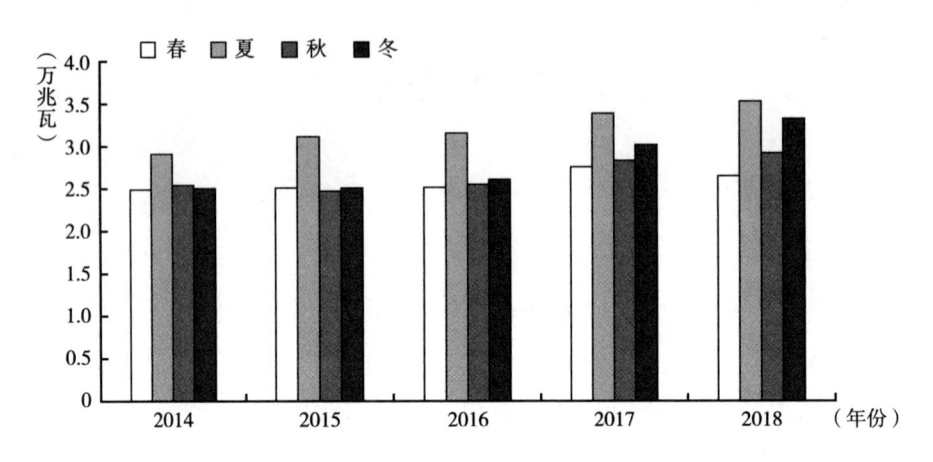

图2　2014~2018年河北省各季节负荷分布

2. 大负荷出现时刻分析

按照年时间尺度分析，对2014~2018年的每日最大负荷出现时刻进行统计，全网每日最大负荷出现时间多集中于11点、18点前后。2014~2016年，中午11点最大负荷出现概率大于18点；2017年，11点和18点最大负荷出现概率基本持平；2018年，18点最大负荷出现概率已明显大于中午11点，高峰负荷出现时间已逐步转至当日18点左右（见图3）。

造成上述变化的原因，一是目前分布式光伏出力尚未纳入全网统调出力统计，随着近些年分布式光伏装机的快速增长，午间负荷高峰期间，光伏发电起到了"削峰"作用；二是随着人民生活水平的不断提高，18点及以后居民夜间生活、娱乐用电需求不断增长。

分季节进行负荷分析，对近两年（2017~2018年）各季节每日最大负荷出现时刻进行统计，统计结果见图4。近两年，春季大负荷多出现于11点、18点前后的两个时段；夏季大负荷多出现于11点、18点、21点前后的三个时段；秋季、冬季多出现于18点前后的时段。

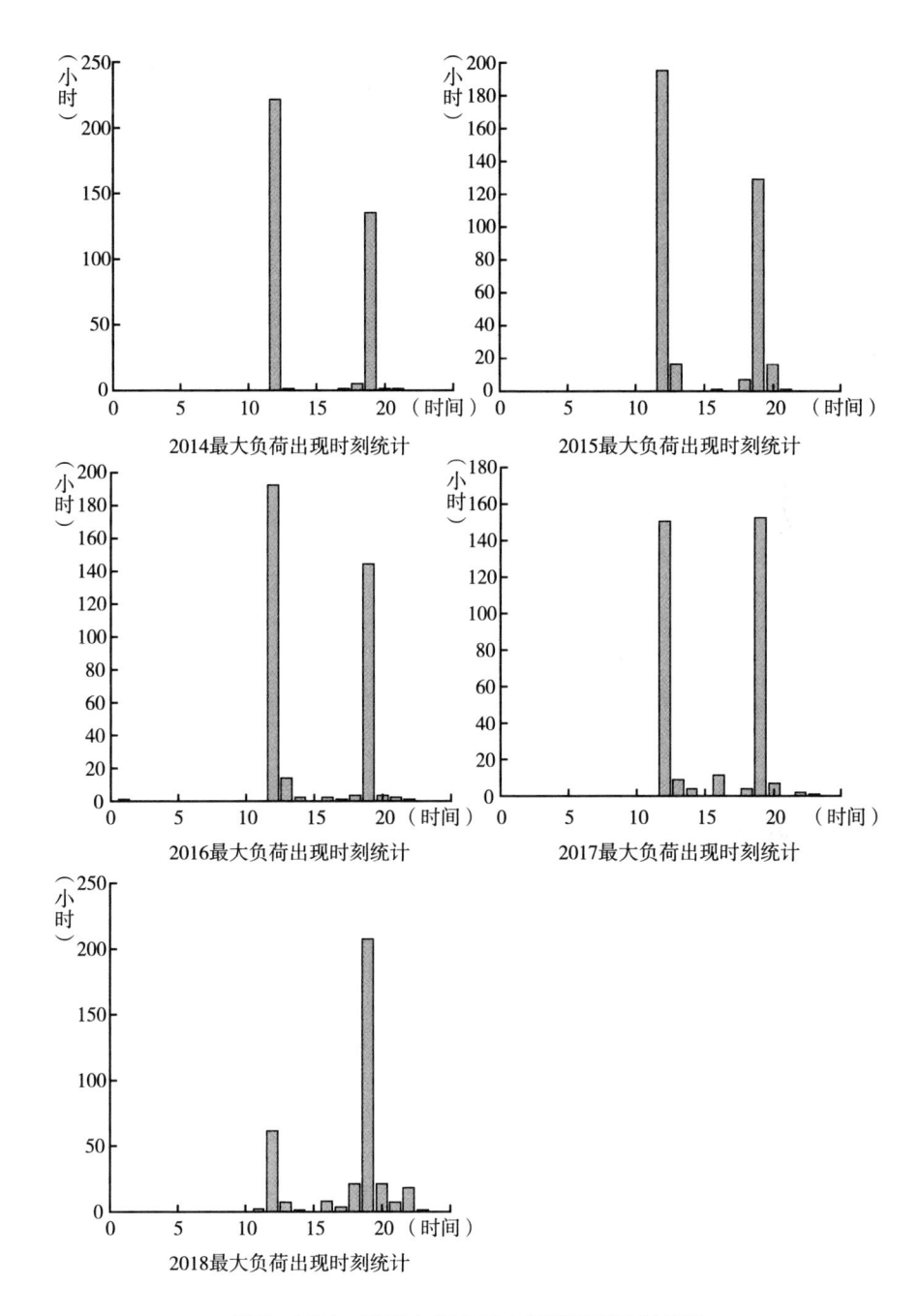

图3 2014~2018年每日最大负荷出现时刻统计

图4 2017～2018年分季节每日最大负荷出现时刻统计

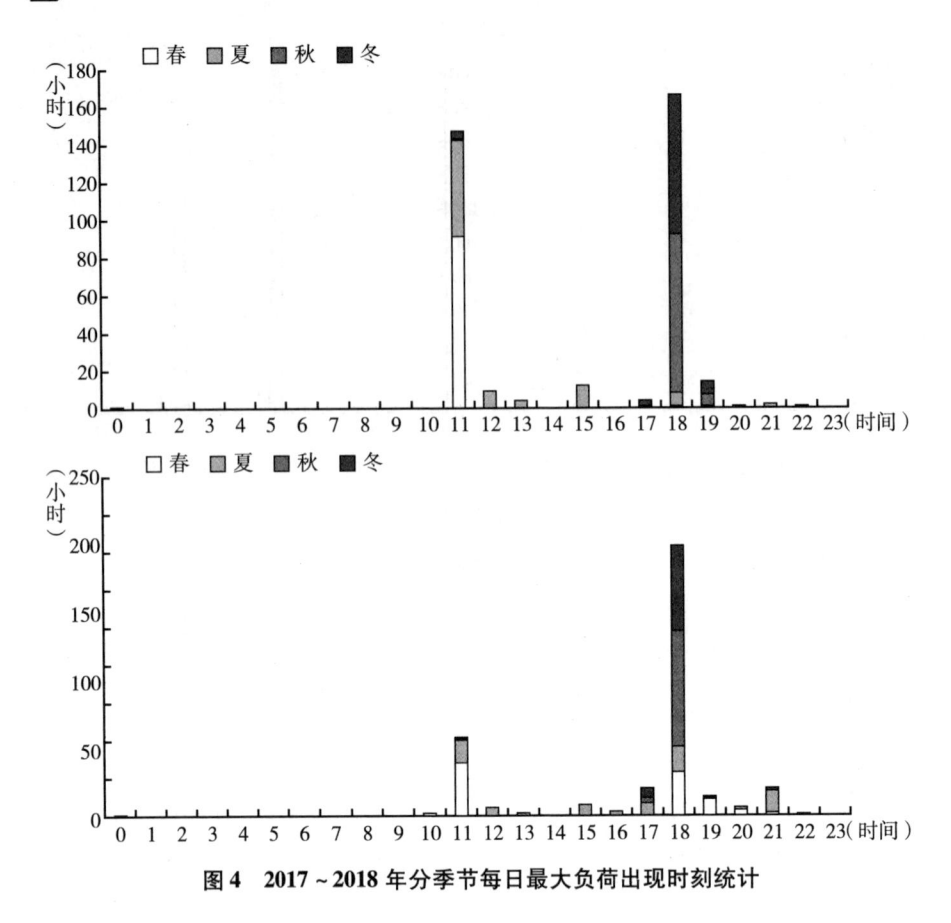

综合上述分析，可得如下结论：

受夏季空调负荷、冬季采暖负荷等因素的影响，河北南网大负荷（当年最大负荷90%及以上）出现的时长不断增加，同时冬季负荷快速增长，全年呈现明显的"两峰两谷"特征，电力供需形势日趋紧张。

受分布式光伏装机的快速增长、18点及以后居民生活、娱乐用电需求的快速增加等因素影响，河北南网大负荷出现时刻发生变化，电力供需形势日益复杂。

（二）电力需求预测

根据负荷预测，预计到2020年河北南网全社会用电量、最大负荷分别达到2275亿千瓦时、4600万千瓦,"十三五"年均分别增长5.4%、6.9%。预计2025年河北南网全社会用电量、最大负荷分别达到2870亿千瓦时、6000万千瓦,"十四五"年均分别增长4.8%、5.5%。预计远景饱和年河北南网全社会用电量、最大负荷分别达到4000亿千瓦时、8000万千瓦。

(三)电力平衡分析

1. 电源情况

截至2018年底,河北南网全口径发购电力达到4513.81万千瓦,其中燃煤火电3140万千瓦(含锦界府谷电厂)、水电装机126.19万千瓦、风电装机196.43万千瓦、光伏装机616.19万千瓦、区外长期受电435万千瓦(不含锦界府谷电厂)。

网内主力火电机组规划方面,一是在建电厂3座,装机容量231.19万千瓦,分别为石热九期燃机、沧州运东热电、保热九期;二是已核准尚未建设燃气机组4座,装机容量360万千瓦;三是根据《关于强力推进大气污染综合治理的意见》(冀发〔2017〕7号)中关于火电结构优化的专题方案《河北省火电行业减煤专项实施方案》要求,河北省"十三五"期间将淘汰落后机组400万千瓦以上,改造提升1700万千瓦,完成2000万千瓦热电机组和220万千瓦纯凝机组(60万千瓦等级)灵活性改造。

抽水蓄能规划方面,"十四五"期间,预计投产易县抽水蓄能电站120万千瓦,目前电站已开工建设。除上述电源外,境内将增加部分风电、光伏、生物生等可再生能源装机。

区外受电方面,根据掌握的盂县电厂、锦界府谷电厂扩建工程建设进度以及榆横—潍坊、蒙西—天津南特高压交流输电通道配套电源建设情况,2019年和2020年河北南网区外受电规模预计分别为851.5万千瓦和1433万千瓦。

2. 风、光等新能源电力供应能力分析

(1)风电电力供应能力

风电从年出力特性上呈现"两头高中间低"的特点,风电在春冬两季大发,在夏季有较明显的低谷。从日出力特性上呈现"昼低夜高"的特性,最大出力一般出现在夜间,其中17:00~次日8:00为出力高峰阶段,白天为出力低谷阶段。由于风电日出力曲线与河北南网日负荷曲线变化规律相反,叠加后表现出"反调峰"特性,即负荷峰谷差增加。河北南网大规模煤改电后,采暖期夜间低谷负荷有所提升,有利于优化风电"反调峰"特性。

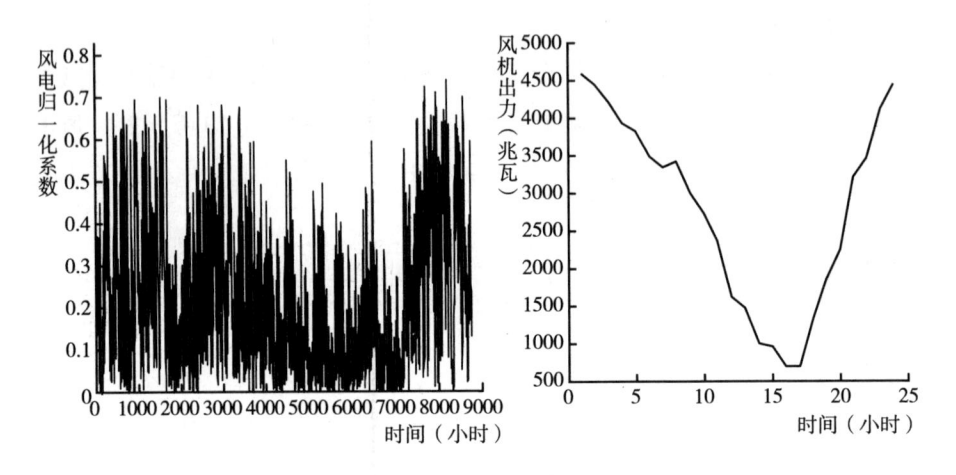

图5 风电年出力曲线、典型日出力曲线

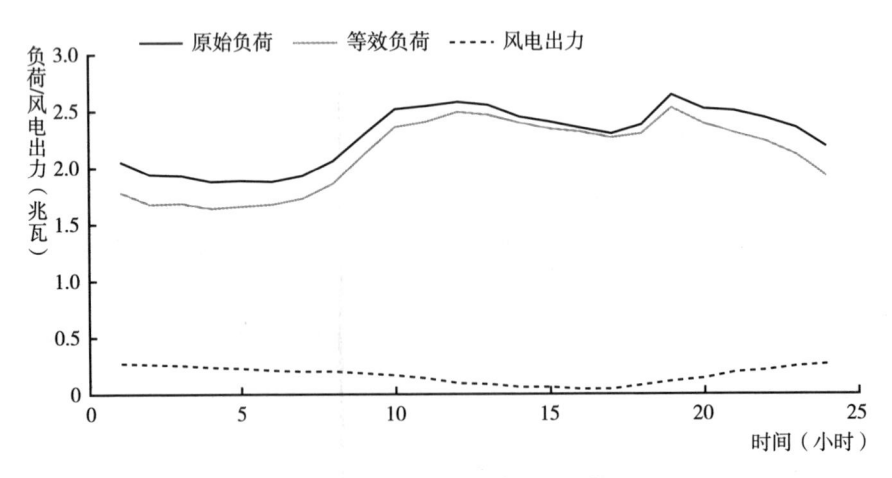

图6 风电接入后的系统峰谷差变化

结合河北南网风机的年出力特性和日出力特性的统计结果，平衡测算时各主要电力供应时段风电机组的工作容量占装机的比重见表1所示。

表1 各时段风电机组工作容量占装机比重

单位：%

季节	春季	夏季	秋季	冬季
早高峰(11~13时)	5	2	4	5
晚高峰(17~19时)	10	8	10	10
夜间高峰(21~23时)	15	10	12	15

（2）光伏电力供应能力

光伏日出力曲线与河北南网目前的日负荷曲线变化规律基本一致，叠加后表现出"正调峰"特性，即负荷峰谷差降低。若考虑河北南网大规模煤改电后，采暖期间日负荷曲线晚高峰大于午高峰后，光伏"正调峰"特性将明显减弱。

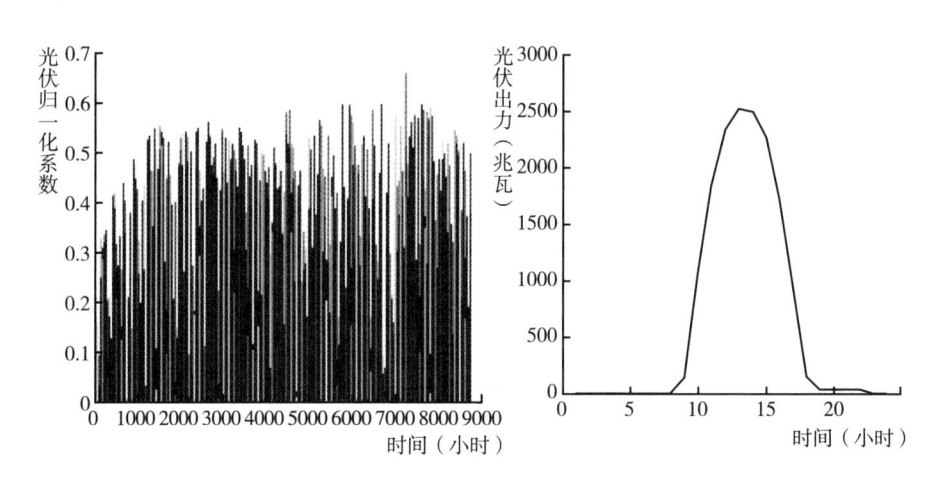

图7 光伏年出力曲线、典型日出力曲线

结合河北南网光伏的年出力特性和日出力特性的统计结果，平衡测算时各主要电力供应时段光伏的工作容量占装机的比重见表2。

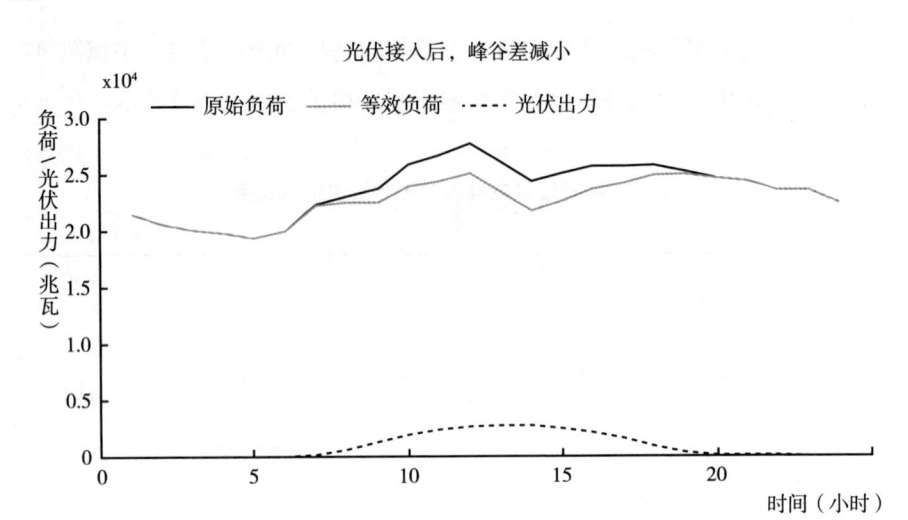

图8 光伏接入后的系统峰谷差变化（午高峰大于晚高峰）

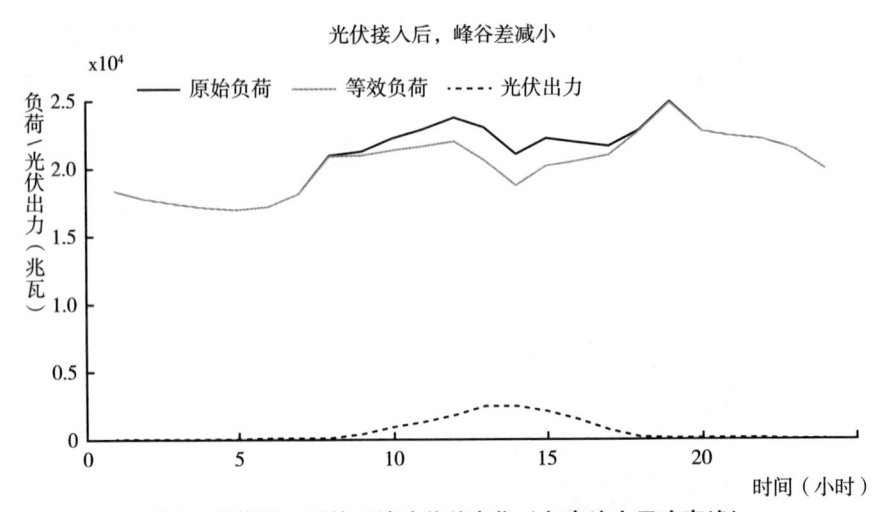

图9 光伏接入后的系统峰谷差变化（午高峰小于晚高峰）

表2 各时段光伏工作容量占装机比重

单位：%

季节	春季	夏季	秋季	冬季
早高峰(11~13时)	20	30	30	20
晚高峰(17~19时)	0	0	0	0
夜间高峰(21~23时)	0	0	0	0

3. 电力平衡分析

按照目前掌握的已明确的省内及区外电源规划情况，2020年河北南网装机缺额613万千瓦。"十四五"及以后，若无新增外来电力，供电缺口将逐年加大（燃气机组仅考虑石热九期投产），预计2025年电力缺口将达到1900万千瓦；2030年电力缺口将达到2900万千瓦；远景饱和年电力缺口将达到4000万千瓦。

受京津冀持续严重的大气污染治理影响，河北省省内新建大容量装机电源难度较大，推进"外电入冀"已较为急迫。

二 送端电源分析

（一）西南水电分析

（1）金上川藏段水电

金沙江上游位于青海省直门达至云南省奔子栏河段，分为川青、川藏和川滇三段，按照国家批复的金上流域水电规划，按"一库十三级"开发，总装机1479万千瓦。

其中，华电集团负责开发金上川藏段八级电站共计961万千瓦、年发电量439亿千瓦时，依次为岗托（120万千瓦）、岩比（30万千瓦）、波罗（92万千瓦）、叶巴滩（224万千瓦）、拉哇（200万千瓦）、巴塘（75万千瓦）、苏洼龙（120万千瓦）和昌波（82.6万千瓦）等电站。金上川藏段八级电站中仅岗托（120万千瓦）具有年调节能力，拉哇（200万千瓦）具有不完全调节能力。

（2）金沙江下游水电

金沙江下游包括乌东德、白鹤滩、溪洛渡、向家坝四座梯级电站，位于宜宾至攀枝花河段，总装机规模4646万千瓦，相当于两座三峡电站，是我国"西电东送"的骨干电源和长江防洪体系的重要组成部分。由三峡集团公司负责开发，分二期开发建设。一期工程向家坝、溪洛渡水电站（总装机容量2026万千瓦）分别于2012年、2013年按国家核准和建设计划如期实现蓄水发电目标，2014年7月全部机组投产发电。二期工程乌东德、白鹤滩水电站（总装机规模2620万千瓦）分别与2015年12月、2017年7月通过国家核准，主体工程全面开工建设。

乌东德水电站位于四川会东县和云南禄劝县交界的金沙江河道上，左右岸地下厂房各安装6台85万千瓦发电机组，总装机容量1020万千瓦，多年平均年发电量约389.1亿千瓦时，具有季调节能力。计划2020年8月底首批2台机组投产发电，2021年12月全部12台机组投产发电。南方电网公司拟推动乌东德水电站送电广东广西特高压多端直流示范工程。

白鹤滩水电站位于四川省宁南县和云南省巧家县境内，左右岸地下厂房各安装8台100万千瓦发电机组，总装机容量1600万千瓦，电站多年平均发电量624.43亿千瓦时，具备年调节能力。2018年9月3日，国家能源局下发《关于加快推进一批输变电重点工程规划建设工作的通知》（国能发电力〔2018〕70号），已明确将白鹤滩电力送至江苏和浙江。具体工程如下：白鹤滩—江苏特高压直流工程，建设1条±800千伏直流工程，落点江苏苏锡地区，输电能力800万千瓦；白鹤滩—浙江特高压直流工程，建设1条±800千伏直流工程，落点浙江，输电能力800万千瓦。

溪洛渡水电站位于四川省雷波县和云南省永善县，2015年10月电站全面竣工，共有18台机组，总装机容量1386万千瓦，多年平均发电量571.2亿千瓦时。目前已经建成投运溪洛渡—浙江±800千伏特高压直流工程（2014年6月投运），线路长度1653公里，换流容量1800万千伏安，外送能力800万千瓦。建成投运溪洛渡右岸电站送电广东±500千伏同塔双回直流输电工程，线路长度2×1223公里，单回直流输电容量320万千瓦，双回直流外送能力640万千瓦。

向家坝水电站位于云南省水富市与四川省宜宾市叙州区交界的金沙江下游河段上，电站装机容量775万千瓦（8台80万千瓦巨型水轮机和3台45万千瓦大型水轮机），多年平均发电量307.47亿千瓦时。目前已经建成投运向家坝—上海±800千伏特高压直流工程（2010年7月投运），线路长度

1907公里，换流容量1280万千伏安，外送能力640万千瓦。

（3）电力送出能力分析

西南水电出力呈现较为明显的丰水期、平水期和枯水期。通常丰水期：6~10月；枯水期：1~4月、12月；平水期：5月和11月。枯水期出力占丰水期出力的30%~40%。

西南地区电力供应主要依靠水电，近几年区域内冬季用电负荷增长较快，以2018年四川电网为例，受强降温天气影响，12月29日四川电网统调用电负荷为3700.6万千瓦，已高于8月31日最大负荷3691万千瓦，该时段用电高峰属于水电枯水期，增加了区域电力供应压力。

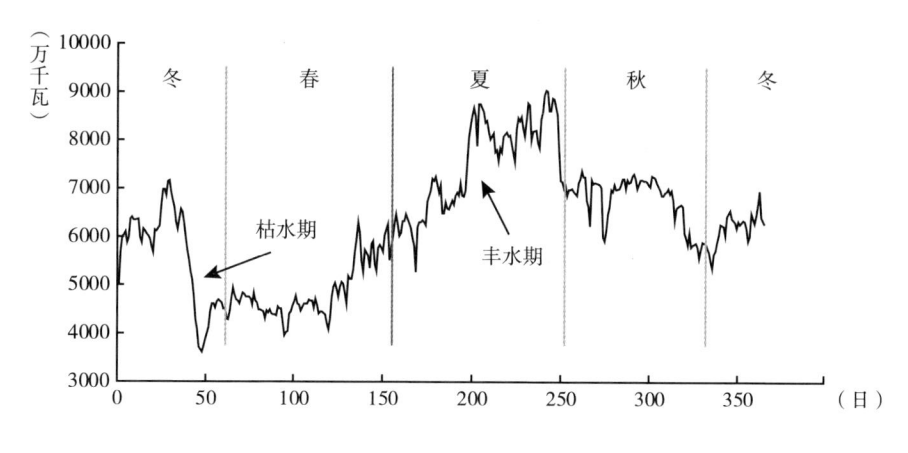

图10 西南水电送出电力

（二）北部能源基地分析

1. 山西能源开发情况

山西煤炭资源储量大、分布广、品种全、质量优。全省含煤面积6.2万平方公里，占国土面积的40.4%；全省2000米以浅煤炭预测资源储量6552亿吨，占全国煤炭资源总量的11.8%；累计查明保有资源量2674亿吨，约占全国的25%，其中，生产在建煤矿保有可采储量1302亿吨。

依据《山西省"十三五"综合能源发展规划》，山西省经济发展与资源环境约束之间的矛盾日益突出，全省可持续发展能力不足。随着煤炭资源的长期高强度开采，山西省资源瓶颈日渐显现，优质资源储量大幅下降，部分地区已出现资源枯竭现象，煤炭开采强度已经超过23%，分别是陕西、内蒙古开采强度的2.6倍和2.7倍。资源浪费和破坏严重，据测算，山西每开采1吨煤平均损耗煤炭资源2.5吨，每开采1吨原煤约损耗与煤共伴生的铝矾土、硫铁矿、高岭土、耐火黏土等矿产资源8吨。目前煤层气开采量严重不足，利用水平与其全国煤层气资源大省的身份不符，总的来看，虽然经过近年来工作的不断推进，山西省生态环境局部得到改善，但采煤对生态环境不可逆转和永久性的破坏，造成了全省生态失衡，目前山西省仍是全国环境问题最为严重的省份之一。山西省政府明确提出，向"生态环保型"转变，着力加大采煤沉陷区治理。

目前，山西省内特高压交流外送通道3条，分别为晋北—雄安、晋中—邢台和晋东南—南阳；特高压直流外送通道1条，为±800千伏晋北—江苏（雁淮直流）；500千伏网对网送电4条，分别为大同—房山、神开—保北、阳泉—西柏坡、潞城—辛安；500千伏点对网送电2条，分别为阳城—江苏、盂县—邢西（在建）。

2. 内蒙古能源开发情况

内蒙古是世界最大的"露天煤矿"之乡，煤炭资源丰富，分布广、储量大、埋藏浅、易开发、煤种全，是中国重要的能源保障基地。全区煤炭累计勘查估算资源总量9120.32亿吨，其中查明的资源储量为4331.57亿吨，预测的资源量为4788.75亿吨。全区煤炭保有资源储量为4205.25亿吨，占全国总量的25.03%，居全国第二位。依据内蒙古自治区能源发展"十三五"规划，将稳步推进煤炭生产基地建设。统筹安排煤炭总量和布局，依托胜利、五间房、白音华、准格尔、东胜、上海庙、伊敏、宝日希勒等大型整装煤田，按照国家总体能源战略部署，重点围绕保障煤电、现代煤化工等主要耗煤项目用煤需求，推动鄂尔多斯、锡林郭勒、呼伦贝尔三大煤炭生产基地建设，力争到2020年原煤产量控制在11.5亿吨左右。"十三五"期间，建成投产煤矿项目35项，总规模2.5亿吨左右。续建煤矿项目19项，总规模1.4亿吨左右，其中鄂尔多斯1.2亿吨、呼伦贝尔2000万吨左右。围绕煤电和煤化工基地配套用煤项目，拟新开工并建成煤矿项目16项，总规模1.2亿吨左右，其中鄂尔多斯新增产能6500万吨、锡林郭勒新增产能4500万吨、通辽新增产能600万吨左右。

内蒙古风、光等资源丰富，开发潜力巨大。全区风能资源总储量为13.8亿千瓦，技术可开发量3.8亿千瓦，占全国50%以上，居全国首位，且风向稳定、连续性强、无破坏性台风和飓风，风能利用率高。根据美国宇航局NASA数据库气象资料统计，全区太阳能资源较丰富，太阳能总辐射为1331～1722千瓦时/平方米·年，属全国高值地区。全区太阳能资源分布特点是自东向西南递增，阿拉善盟、鄂尔多斯市和巴彦淖尔市等地区太阳能资源较好，尤其是阿拉善盟额济纳旗太阳能资源最为丰富。根据内蒙古自治区能源发展"十三五"规模，"十三五"期间，力争新增新能源本地消纳装机850万千瓦，其中风电300万千瓦、太阳能发电550万千瓦；力争新增新能源外送装机2300万千瓦，其中风电1800万千瓦、太阳能发电500万千瓦左右。

依据内蒙古自治区能源发展"十三五"规划，煤电外送通道建设方面，将重点围绕鄂尔多斯、锡林郭勒、呼伦贝尔三个以电力外送为主的大型煤电基地。鄂尔多斯煤电基地重点推进上海庙—山东、蒙西—天津南等输电通道配套煤电建设；锡林郭勒煤电基地重点推进锡林郭勒盟—山东、锡林郭勒盟—江苏等输电通道配套煤电建设；呼伦贝尔煤电基地积极启动呼伦贝尔外送输电通道配套煤电建设。

3. 宁夏能源开发情况

宁夏回族自治区已探明煤炭储量469亿吨，居全国第6位，其中宁东煤田探明储量393亿吨，被列为国家14个大型煤炭基地之一；现有大中型火电20座，人均发电量居全国第1位；探明矿产资源50多种，人均自然资源潜值为全国平均值的163.59%，居全国第5位。

依据宁夏回族自治区能源发展"十三五"规划，宁夏将稳步推进宁东大型煤炭基地开发，按照优化存量、保障供给、提升效益的原则，在充分利用现有煤矿产能的基础上，以市场为导向，重点围绕宁东基地电力外送和现代煤化工项目用煤需要，按照减量置换原则配套建设一批煤—化、煤—电—铝一体化煤矿，稳步提高宁东煤炭基地煤炭产能，到2020年，宁东形成1亿吨煤炭产能，建成亿吨级大型煤炭基地。有序发展风电，科学规划风电场布局和规模，建成贺兰山、麻黄山、香山、南华山、西华山等大型风电场，依据风能资源条件和市场消纳能力，有序开发韦州、正义关、高沙窝、六盘山、月亮山等地区风电资源。鼓励企业引进推广微风发电技术，建设满足区域供电需求的小型风电项目，形成集中开发与分散开发相结合的风电发展格局。到2020年，风电装机规模达到1100万千瓦以上。大力发展太阳能，鼓励在工业园区、大型公共建筑及民用住宅屋顶、农业大棚建设分布式光伏发电，推进光伏与设施农业、畜牧养殖、水产开发、防沙治沙、生态旅游一体化发展。加快实施光伏扶贫工程。到2020年，争取光伏发电规模达到1000万千瓦以上。

宁夏境内已建设（特）高压直流外送通道3条，分别为±660千伏银东直流（输送电力600万千瓦）、±800千伏灵绍直流（输送电力800万千瓦），同时，汇集境内富余电力和蒙西地区富余电力通过±800千伏昭沂直流（输送电力1000万千瓦）送电山东。

4. 甘肃能源开发情况

风能资源情况。甘肃省是全国风能资源较丰富的省区，其中河西走廊的酒泉市被誉为"世界风库"，是我国规划开发的千万千瓦级风电基地之一（河西新能源基地）。全省风能资源理论储量为2.37亿千瓦，技术可开发量在4000万千瓦左右。有效风能储量由西北向东南逐渐减少，风能资源丰富区为河西北部区域，年平均有效风功率密度在150瓦/平方米以上。可利用区为河西走廊南部和省内其他北纬40°以上的高山区，约占全省面积的24%，年有效风能储量在500千瓦时/平方米左右，年平均有效风功率密度在100瓦/平方米左右，有效风速时数在4500小时左右。酒泉是河西走廊北部风能资源最为富集的地区，地区风能技术可开发量为3998万千瓦，主要分布在瓜州、玉门地区。按照《甘肃省"十三五"能源发展规划》，至2020年风电装机预计达到1400万千瓦。

煤炭资源情况。临近酒泉市的蒙古国南戈壁省煤炭资源极为丰富，主要有那林苏海特、陶云陶勒盖等众多煤田，这些煤矿煤质优、价格低、运距相对较短，仅就那林苏海特煤田而言，现地质储量16.9亿吨，远景储量较大，且埋藏较浅，适于大规模露天开采，可采储量12.3亿吨，近期运煤能力为720万吨/年，远期运能可根据需求大幅增加，完全可以满足酒嘉煤电基地建设的煤炭需求；紧邻酒泉市的新疆哈密市煤炭资源储量大、品种多、易开采，含煤国土面积约3.5万平方公里，全地区预测资源量5708亿吨，占全国煤炭资源预测资源量的12.5%，已探明煤炭资源量约420亿吨。河西走廊地区位于新疆煤炭外送主通道的第一站，且是新疆煤炭外送主要目标市场之一；酒泉市肃北县马鬃山镇的驼马滩矿区，探明煤炭资源储量23151.6万吨；煤质主要为中硫、高挥发分、高灰、高热值的褐煤，是良好的动力煤，具有较大的开发潜力。综上所述，根据酒泉地区所处地理位置及本地区煤炭资源储量来看，酒泉地区的煤炭资源完全可支撑建设大型煤电基地的需要。按照《甘肃省"十三五"能源发展规划》，"结合受端市场需求能力和外送通道工程进度，有序推进特高压配套调峰火电项目建设。结合全省电力供需形势及各地民生供热需求，严控煤电新增和总量规模，把控核准（在建）煤电机组建设投运时序。到2020年，争取使全省火电装机总规模达到2530万千瓦"。同样需要注意的是，随着近年来煤炭开采强度和规模不断加大，许多采煤地区形成了范围较大的沉陷区。

甘肃省内已建成投运酒泉至湖南±800千伏特高压直流输电通道，输电规模800万千瓦，截至2018年，酒泉至湖南±800千伏特高压直流线路受到配套电源、送受端网架等因素制约，既未达满送能力且利用小时数未达4000小时。

5. 陕西能源开发情况

陕西煤炭资源丰富，分布地区较广，按照地质时代及地域分布情况，陕西省主要煤炭资源可分为五大煤田，即陕北侏罗纪煤田、陕北石炭二叠纪煤田、陕北石炭三叠纪煤田、渭北石炭二叠纪煤田和黄陇侏罗纪煤田，五大煤田煤炭资源量占全省煤炭资源总量的99.9%以上。其中，陕北侏罗纪煤田占全省煤炭资源总量的一半以上，主要分布于府谷、神木、榆林、横山、靖边、定边等区域。

陕北地区能源开采与生态环境可持续发展中存在的部分突出问题，一是水资源匮乏，陕北地区两个人口密集的城市（榆林和延安）都严重缺水，延安地下水缺乏，主要依赖地表水，淡水资源极其缺乏，而流经延安的延河在春秋季基本处于断流期。近几年来，随着延安市经济的高速发展，人口城镇化的转移，水资源的缺乏将成为延安市经济发展的瓶颈。二是水污染严重，由于陕北地区石油、天然气、煤炭工业废水排放量较大，延河、洛河、无定河、窟野河等河流都受到了不同程度的污染。由于大小煤矿集成开发，经过暴雨冲刷，很多河流河水变成黑色，出现"黑河"。三是植被破坏，水土流失加剧，煤炭石油开采造成了地面破坏，加剧了陕北地区的水土流失。榆林露天煤矿较多，一般开采1吨煤炭，需剥离土壤达5~6吨之多，经过集中堆放，土地、水源、植被以及土层结构均发生巨大变化，表土松散，经过暴雨的冲刷后，水土流失严重。

目前陕北地区锦界、府谷电厂通过点对网方式送电河北南网360万千瓦，"十三五"末通过电厂扩建，可新增送电264万千瓦，至2020年，锦界、府谷电厂累计可送电河北南网624万千瓦。

2018年9月3日，国家能源局下发《关于加快推进一批输变电重点工程规划建设工作的通知》（国能发电力〔2018〕70号），已明确将陕北电力送至武汉。具体工程包括：陕北至湖北特高压直流工程，建设1条±800千伏特高压直流工程，落点湖北武汉，输电能力800万千瓦，配套建设荆门—武汉特高压交流工程。

6.新疆能源开发情况

新疆维吾尔自治区位于祖国西北边疆，东西横跨2200公里，南北纵贯1600公里，面积166万平方公里，占中国国土总面积的1/6，拥有"九大煤田"、"九大风区"、"三大油田"以及"十八条大河"，蕴藏着丰富的能源资源，且品质优良，是我国重要的能源资源战略基地，具备建设大型能源基地的有利条件。

煤炭资源：新疆煤炭资源丰富，预测储量2.19万亿吨，约占全国的40.5%，居全国首位。新疆煤炭资源分布特点是北富南贫，分布集中，主要分布在北疆的准东、伊犁，东疆的吐哈以及南疆的库拜煤炭基地。

风能资源：新疆风能资源蕴藏量极为丰富，是全国风能资源最丰富的省区之一。风能资源总储量9.57亿千瓦，技术开发量2.34亿千瓦，约占全国的20.4%，居全国第二位。主要分布在三塘湖—淖毛湖风区、哈密东南部风区、乌鲁木齐达坂城风区、十三间房等九大风区。

太阳能资源：新疆日照时间长，太阳能资源丰富。年太阳能辐射量在550~660万千焦/平方米，年日照时数在2500~3550小时，技术可开发量1.6×10^7亿千瓦时，居全国第二位。主要分布在东疆的哈密、吐鲁番地区以及南疆五地州，太阳辐射量从东南向西北不均匀递减。

至2020年，新疆形成2条特高压直流外送通道（±800千伏天中直流和±1100千伏吉泉直流），其中±800千伏天中直流工程2014年1月建成投运，设计输电能力800万千瓦，配套火电电源660万千瓦、风电800万千瓦、光伏125万千瓦；已投产配套火电528万千瓦、风电783万千瓦、光伏115万千瓦。±1100千伏吉泉直流工程2018年12月31日实现双极全压投运，设计输电能力1200万千瓦，配套火电电源1320万千瓦、风电520万千瓦、光伏250万千瓦；目前尚无配套火电投产、已投产配套风电103.8万千瓦，光伏48万千瓦。

7. 综合评价

北部能源基地煤炭产能区域集中，向西部发展的趋势明晰。根据2015年国家能源局发布的《关于促进煤炭工业科学发展的指导意见》，对优化煤炭开发布局提出"控制东部、稳定中部、发展西部"的总体要求。

北部能源基地涵盖的重点城市从东向西空气质量呈现逐步提高的趋势。考虑环境承载力或者环境容量，内蒙古、宁夏、新疆等西部省份在可持续供电能力上较山西、陕西等中部省份更具优势。

煤炭产量比例与储量比例不平衡，西部地区煤炭产量比例低于资源储量比例，中部、东部和东北地区煤炭产量比例高于资源储量比例。新疆拥有丰富的煤炭资源,但煤矿产能和产量均相对较低,开发潜力较大。

从送电距离考虑,山西送电河北南网的距离约在200公里以内;内蒙古、宁夏、陕西三省送电河北南网的距离在1000公里以内;青海、甘肃、新疆三省送电河北南网的距离多为1500~2000公里。从送电线路建设成本考虑,山西、内蒙古、宁夏、陕西四省的送电线路建设成本较低,更具优势。

三 电力输送形式分析

500千伏交流送电方面,山西省毗邻河北,富余电力可新建500千伏交流输电通道点对网送电河北南网。

表3 已投运及在建±1100千伏~±500千伏直流简况

工程	电压等级(千伏)	规模(万千瓦)	直流线路长度(公里)
昌吉直流	±1100	1200	3319
云广直流	±800	500	1378
糯扎渡直流	±800	500	1451
滇西北直流	±800	500	1928
哈郑直流	±800	500	2210
雁淮直流	±800	800	1118.5
酒湖直流	±800	800	2413
灵绍直流	±800	800	1720
宾金直流	±800	800	1680
昭沂直流	±800	1000	1238
锡泰直流	±800	1000	1620
扎青直流	±800	1000	1234
宁东直流	±660	400	1335
巴基斯坦默蒂亚里—拉合尔	±660	400	878
溪洛渡右岸—广东	±500	2×320	2×1223
金沙江中游—广西	±500	320	1105
永富直流	±500	300	556

特高压交流方面，随着张北—雄安—邢台特高压交流输电通道建成投运、蒙西—雄安—天津南以及榆横—邢台—潍坊通道配套电源的陆续投产，需抓紧推进雄安、邢台特高压站扩建工程，随着特高压送端电源建设进一步增加分电电力。

特（超）高压直流方面，结合送端电源规模、送电距离等因素综合分析，西南水电可通过±800千伏特高压直流向河北送电；中部地区（蒙西、宁夏等）可通过±800千伏或±660千伏特（超）高压直流向河北送电；西部（新疆等）可通过±800千伏或者±1100千伏特高压直流向河北送电。

四 受端网架适应性分析

（一）规划思路

远景年河北南网境内形成"两交三直"五落点和西部山西多通道点对网分散接入的基本受电格局，"两交"分别为北部雄安特高压交流站和南部邢台特高压交流站，"三直"落点至负荷中心，沿河北南网中纵通道依次排布，依托省内坚强的500千伏主网架实现电力的合理、分散受入，形成以北部"火电+新能源"打捆、南部水电、西部山西煤电的"外电入冀"总体方案（若西南水电落点河北受限，则河北南网受电电力将全部来源于北部、西部火电和新能源）。

（二）落点分析

针对河北南网日益严峻的供电形势，需加紧落实第一条特高压直流输电通道，第一条特高压直流建议选择北落点（保定、沧州、衡水交界区域），有利于减轻雄安特高压交流站及其送出线路供电压力，有效支持雄安新区建设；第二条特高压直流输电落点建议选择南落点（邯郸、邢台交界区域）；第三条特高压直流（若需要）建议落点选择中落点（石家庄、衡水、邢台交界区域），解决远景年河北南网用电需求。特（超）高压直流最终落点需结合送端电源建设进度、来源方向进一步专题论证。

五 相关建议

一是合理推动省内火电、新能源等建设，保障网内电源支撑水平。利用拟关停煤电机组和其他行业淘汰落后产能容量实施减煤量、减排放替代，在河北建设一定规模热电联产和大型火电支撑电源；继续推动分布式可再生能源建设和用户侧储能建设，优先自发自用、余电上网项目；适量建设一定规模的抽水蓄能和燃气调峰电源。

二是推广实施需求侧响应，力争削减5%～10%的尖峰负荷，有效提高电源和电网运行效率效益。

三是推进西南水电、北部能源基地至河北的输电通道，尽快纳入国家特高压规划，实施河北"外电入冀"战略，满足区域负荷发展需要。

参考文献

山西省人民政府：《山西省"十三五"综合能源发展规划》，2016。
甘肃省人民政府办公厅：《甘肃省"十三五"能源发展规划》，2017。
宁夏回族自治区发展改革委员会：《宁夏回族自治区能源发展"十三五"规划》，2017。
内蒙古自治区人民政府办公厅：《内蒙古自治区能源发展"十三五"规划》，2017。
青海省人民政府办公厅：《青海省建设国家清洁能源示范省工作方案（2018－2020年）》，2018。
国家能源局：《关于促进煤炭工业科学发展的指导意见》，2015。

实证调研篇

Field Survey Report

B.14
河北乡镇地区家庭配电及用能情况调研

陈 亮[*]

摘　要： 为掌握河北地区农村家庭用能情况，本报告选择河北南部地区6个地市、12个县开展农村家庭配电及用能情况调研工作。以全面细致的调研数据为基础，深入分析了河北地区农村家庭特征、配电情况、能源消费结构、采暖方式以及用能情况等多方面基本情况，找到推进农村能源革命面临的突出问题。以改善农村用能环境，解决农村冬季取暖困难和电网高峰负荷压力大等关键问题为出发点，完善农村家庭配电设施，加快推进能源生产与消费环节的高效利用新模式。构建农村能源利用新体系，实现农村能源清洁、低碳、安全、可靠、高效利用，促进农村地区能源优势转化为经济发展优势，

---

[*] 陈亮，国家电网河北省电力有限公司经济技术研究院高级工程师，工学博士，研究方向为能源经济与能源供需。

推动乡村振兴战略实施，助力农民增收和扶贫政策深入推进，为农村地区社会经济跨越式发展提供强劲动力保障。

关键词： 农村能源　家庭能源消费　综合能源

2014年6月，习近平总书记在中央财经领导小组第六次会议上发表重要讲话，鲜明提出推动能源消费革命、能源供给革命、能源技术革命和能源体制革命等重大战略思想，为我国能源发展改革进一步指明了方向。河北作为京津冀一体化的重点区域和环境承载区域，只有绿色健康发展才能为京津冀一体化发展的进程起到有力支撑作用。为厘清河北农村家庭配电及用能情况和特征，加速推进河北农村能源革命进程，国网河北经研院于2018年11月开展了家庭配电及用能情况调研，以摸清现状，找准农村能源革命面临的问题，寻求农村能源未来发展新方向。

一　调研概述

本次调研本着典型性、代表性、差异性和全面性的原则，采用纸质调研问卷和微信调研问卷两种形式，选择了河北南部6地市共计12个县展开调研。调研样本总量达到10656户，其中，农村地区占比78.91%，城镇占比21.09%。调研地区包括西部山区、东部沿海和中部平原地区，涵盖了河北南部所有地形地区。

调研市县包括：石家庄平山县、赵县，保定定州市、阜平县，沧州河间市、东光县，邯郸肥乡区、涉县，衡水故城县、景县，邢台巨鹿县、沙河市。其中，阜平县为全山区县，属太行山山系，境内地形复杂。县情特点是老区、山区、贫困地区"三区合一"。2013年国家主席习近平阜平考察后，各方提供年均3亿元的扶贫资金，是阜平过去20年扶贫资金总和的1.5倍。巨鹿县地处古黄河、漳河冲积平原，被评为"中国最佳生态宜居县""国家级生态示范区",是国家扶贫工作重点县。定州2015年被列为第一批国家新型城镇化综合试点地区,2018年被评为全国投资潜力百强县市、全国科技创新百强县市、全国新型城镇化质量百强县市。调研区域覆盖河北西部山区贫困县和经济发达县市,调研样本选取典型区域,全面覆盖。

本次调研包括家庭情况、配电情况和用能情况三方面内容。家庭情况调研涉及家庭成员、住宅面积和经济收入等方面内容。配电情况调研涉及入户线、保护配置、户表和室内线的型号、使用年限等方面内容。用能情况调研涉及厨房用能情况、家电使用情况、采暖及制冷方式、机动车使用情况以及费用支出情况等方面内容。调研问卷设计缜密,内容广泛,能够充分反映农村家庭用能存在的现状特征和存在问题。

二 调研分析

(一)家庭特征分析

本次调研中农村家庭和城镇家庭人口数如图1和图2所示。在接受调研的城镇家庭中,4人家庭占比最高,达到35.96%,其次是3人家庭,占比为29.98%。城镇家庭主要以4口之家和3口之家为主。农村家庭中,4人家庭占比最高,达到36.35%,其次是5人家庭,占比为20.89%。

通过分析可见,农村家庭主要以4口之家和5口之家为主。农村家庭与城镇家庭相比,农村家庭人口总数偏多。

接受本次调研的城镇家庭户主受教育水平情况如图3所示。城镇家庭户主具有大专学历的占比最高,为29.12%,具有高中学历和初中学历的占比分别为24.87%和21.37%,本科及以上学历占比19.18%。农村家庭户主受教育水平情况如图4所示。农村家庭户主中初中学历占比达到58.07%。

分析可见,城镇家庭户主高学历比例远高于农村,农村家庭户主受教育程度与城镇相比仍然存在较大差距。农村教育水平低于城市。

接受本次调研的城镇和乡村家庭年收入水平如图5所示。城镇家庭年收

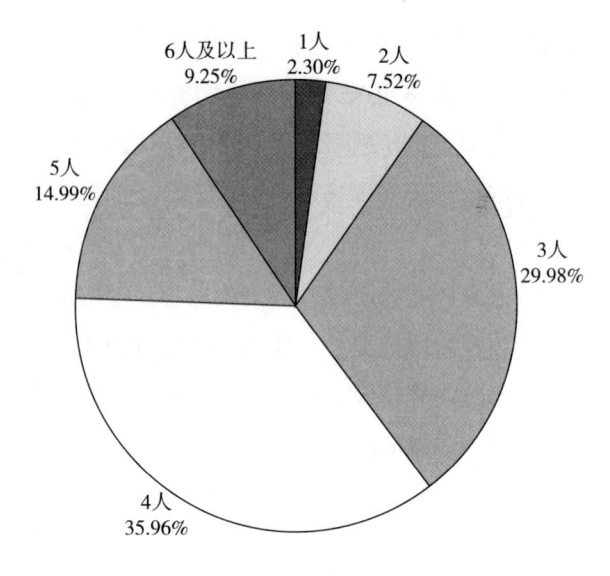

图1 城镇家庭人口构成

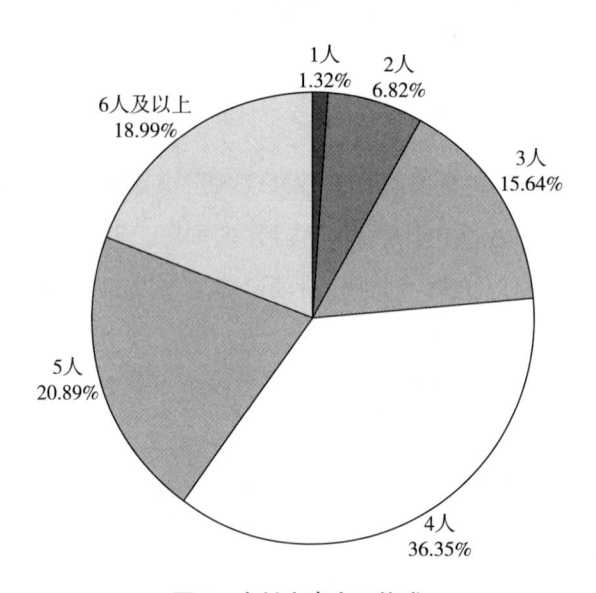

图2 农村家庭人口构成

入5万元及以下占比为44.43%，5万~10万元占比为42.59%。乡村家庭年收入5万元及以下占比为78.15%，5万~10万元占比仅为18%。

分析可见，乡村家庭年收入远低于城镇家庭，同时，乡村家庭人口总

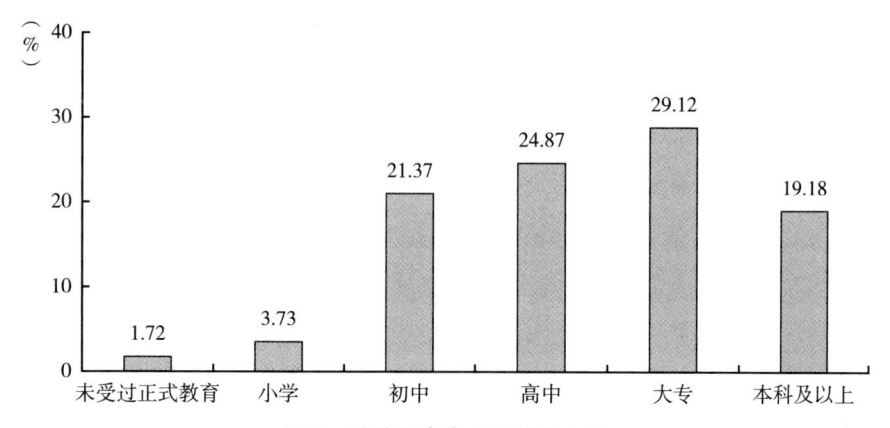

图 3 城镇家庭户主受教育水平

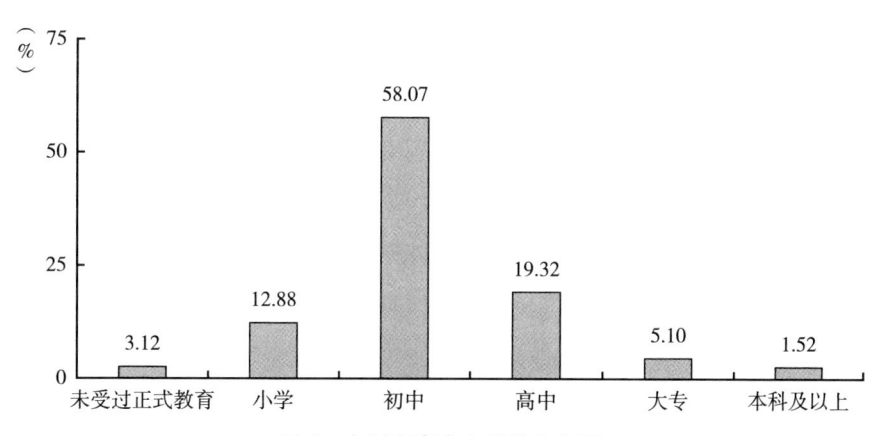

图 4 农村家庭户主受教育水平

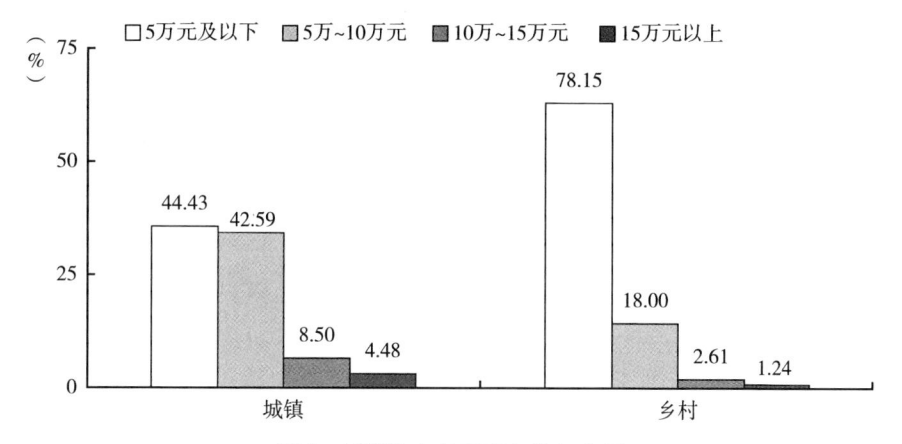

图 5 城镇和乡村家庭年收入水平

数高于城镇家庭，因此，乡村家庭人均收入水平与城镇差距较大。目前，农民收入主要来源还是依靠外出务工，外出务工人数占总劳动力数近80%。其次是经商办企业收入，纯粹依靠农业生产生活将十分困难。这是由于农民绝对收入水平较低，随着近年来农村家庭在教育、住房等方面支出增大，农村家庭开支逐年增加，大多数农户全年没有结余。农民收入水平低于城镇的另一个原因是农民整体素质和受教育水平无法适应新形势下市场经济发展需求。当前我国经济处于稳定回升的关键时期，扩大内需，特别是消费需求对于实现我国"保增长，调结构"的目标尤为关键。然而，收入差距过大，尤其农民收入增长缓慢限制了我国刺激消费需求拉动经济增长的活力与动力。因此，增加农民收入，对于扩大消费需求进而推动经济增长至关重要。

接受本次调研的家庭住宅面积如图6所示。其中住房面积在50~100平方米的家庭占43.4%，100~150平方米的家庭占35.21%。

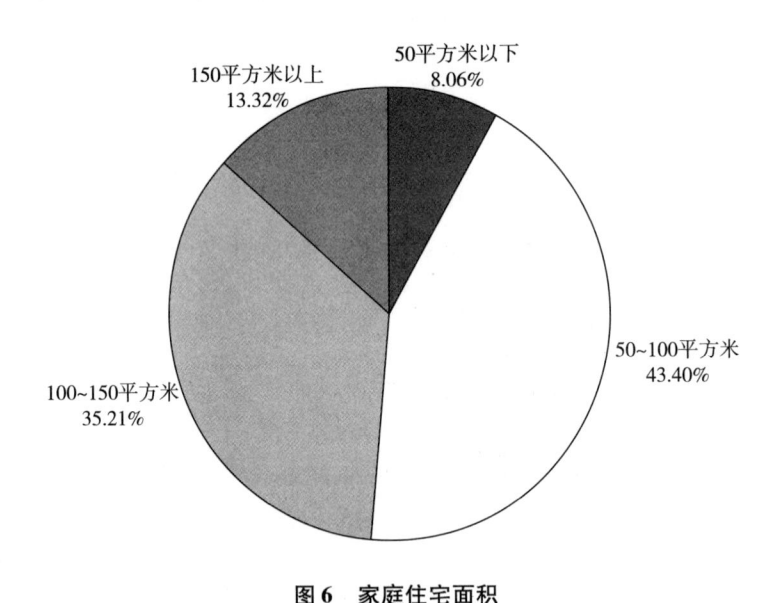

图6　家庭住宅面积

分析可见，户均住宅面积约为100平方米，按照每户4人计算，人均住宅面积约为25平方米，低于2016年国家统计局发布的人均居住面积统计数据：全国居民人均住房建筑面积为40.8平方米，城镇居民人均为36.6平方米，农村居民人均为45.8平方米。

（二）配电情况分析

接受本次调研的家庭入户线长度和使用年限分别如图7和图8所示。可见，入户线长度基本均匀分布在5~20米区间，小于5米的家庭较少。使用年限小于10年的家庭占73.2%，仍然有超过1/10的家庭入户线使用年限超过15年。

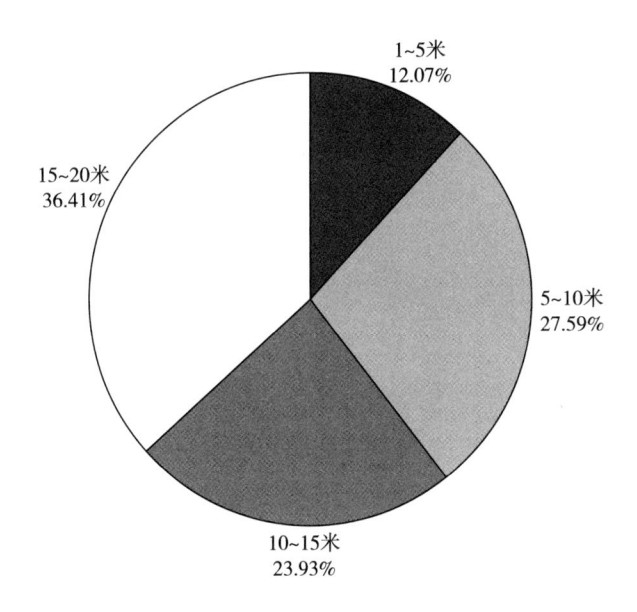

图7 家庭入户线长度

一般家用电线正常情况使用可达10~20年。通过分析可见，大多数家庭入户线使用年限不长，无须更换。然而，超过15年的家庭需根据电线绝缘老化程度，适时更换入户线，消除安全隐患。在我国，农村触电事故多于城市。据统计，农村触电事故是城市的4倍，主要原因是农村用电条件差，设备简陋，技术水平低，管理不严格，电气安全知识缺乏。

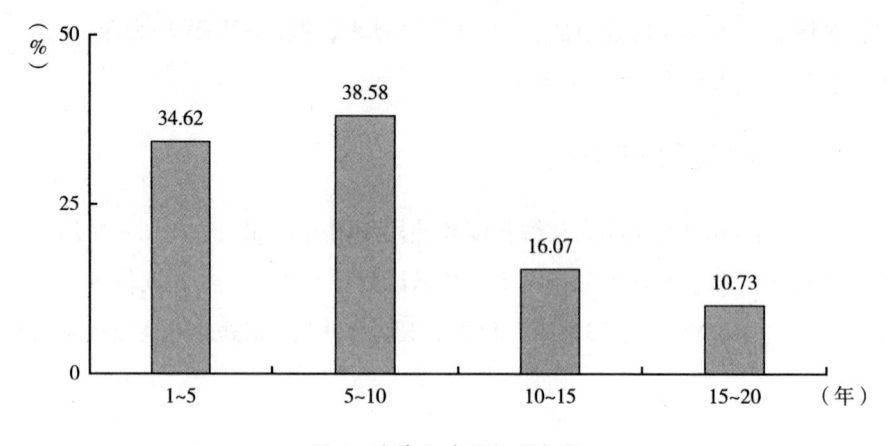

```
     %  50
             38.58
        34.62
     25
                        16.07
                                10.73
      0
        1~5    5~10   10~15  15~20  （年）
```

图 8　家庭入户线使用年限

入户线型号分布如图 9 所示，入户线为 4 平方毫米的家庭占 33.89%，6 平方毫米的占 29.61%，2.5 平方毫米和 10 平方毫米的占比较低。

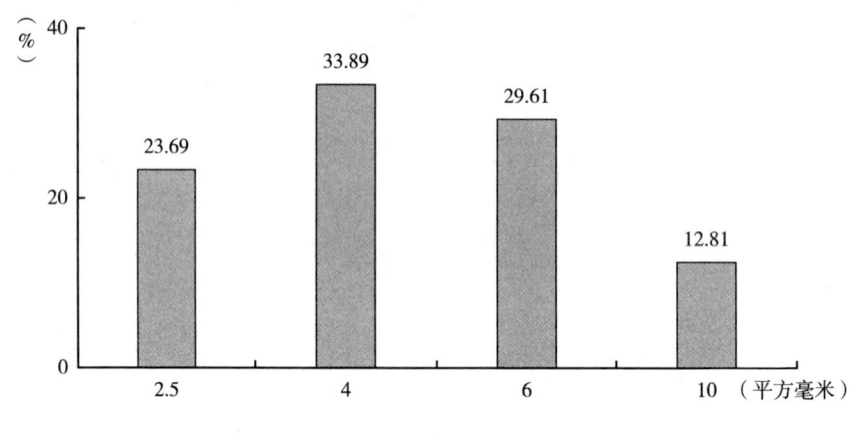

```
     %  40
              33.89
                   29.61
         23.69
     20
                         12.81
      0
        2.5    4      6     10   （平方毫米）
```

图 9　家庭入户线型号

通过分析可见，仍然有近 1/4 的家庭入户线采用 2.5 平方毫米。随着家用电器的不断增多，家庭用电负荷持续上涨，建议根据需要更换入户线。

接受本次调研的家庭中有 87% 的家庭已经安装了漏电保护设备，但仍然有近 13% 的家庭没有安装，这给家庭用电带来了安全隐患。在安装漏电保护设备的家庭中，50% 以上的保护设备使用年限均在 5～10 年，而家用漏电保护设备的实用年限为 6 年，因此，有一半的家庭需要更换漏电保护设备。

接受调研的家庭中实现一户一表的家庭占 98.6%，并都配有电表箱。电表使用 5 年以上占比为 49%。在《交流电能表（电度表）检定规程》（JJG307—1988）中有明确规定："测量生活用电的单相电能表不得超过 5 年。"因此，近一半家庭电表需要进行更换。此外，有 6% 的家庭电表箱有损坏。电表箱的作用是保护电表不受外界环境干扰，以及防止人员误碰电表导致触电。电表箱通常有塑料以及金属两种材质。电表箱损坏一方面会造成电表无法受到良好保护，损坏电表；另一方面电表箱损坏造成电表箱带电会导致人员触电的安全事故。

接受本次调研的家庭中室内线情况如图 10 所示。可见，2.5 平方毫米室内线占比最高，达到 41.44%，其次是 4 平方毫米室内线占比达到 34.16%。1.5 平方毫米和 6 平方毫米分别占比 11.43% 和 10.86%，仅有 2.11% 的家庭室内线为 10 平方毫米。

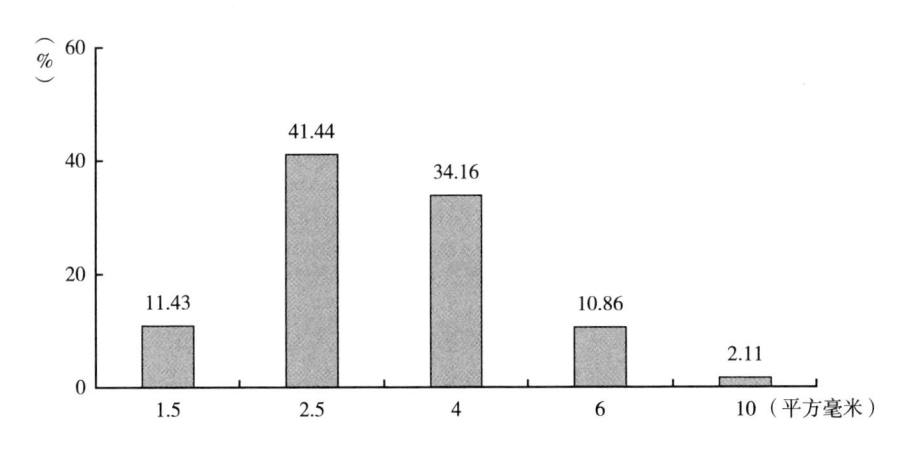

图 10　家庭室内线型号

通过分析可见，随着家庭生活水平的不断提升，家用电器数量越来越多，功率越来越高，1.5 平方毫米的室内线已经无法满足部分家庭家电的容量需求，有超过 1/10 的家庭室内线为 1.5 平方毫米，建议根据使用情况进行更换。同时，在接受调研的家庭中有40%的家庭认为室内线需要改造，该比例远高于室内线为1.5平方毫米的家庭比例。由此可见，部分家庭中2.5平方毫米的室内线仍无法满足当前使用需求，需进行更换。

（三）用能情况分析

接受本次调研的家庭中75%的家庭没有安装光伏，可见我国家庭分布式光伏产业市场仍然很大。

农村家庭灶头类型分布如图11所示，超过一半的家庭都已经拥有燃气灶，并使用电磁炉作为主要的灶头类型。然而，仍分别有12.63%和22.57%的家庭使用蜂窝煤灶和柴火灶，沼气灶的使用率仅为1.52%。

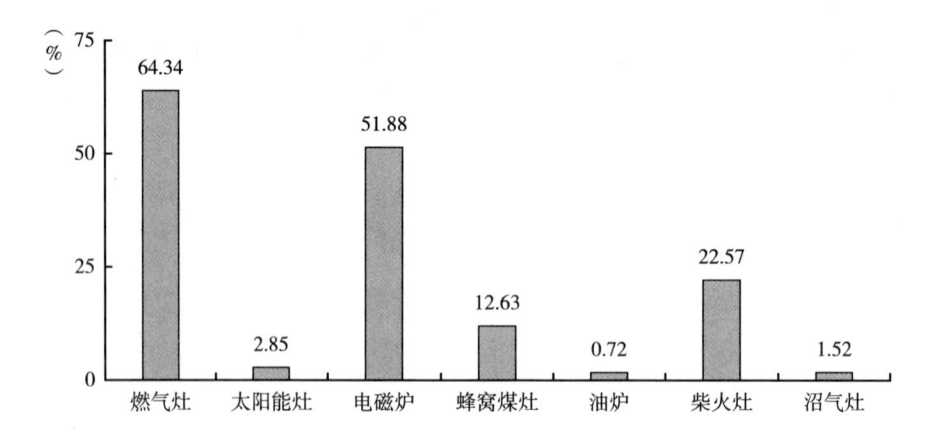

图11 农村家庭灶头类型占比

通过分析可见，农村仍然有超过1/3的家庭在使用柴火灶和蜂窝煤灶，而沼气灶的使用比例很低。农村地区大量农作物秸秆可以充分利用，将农作物秸秆发酵产生沼气作为能源形式之一进行充分利用，既可以改善农村灶具卫生情况，又可以解决农作物秸秆处理难题。

本次调研的家庭厨房用电设备拥有情况如图12所示，可见数量最多的设备是电水壶、电磁炉和电饭煲，占比分别为76.52%、54.52%和49.66%。

通过上述分析可见，随着我国人均可支配收入的提高以及健康意识的加

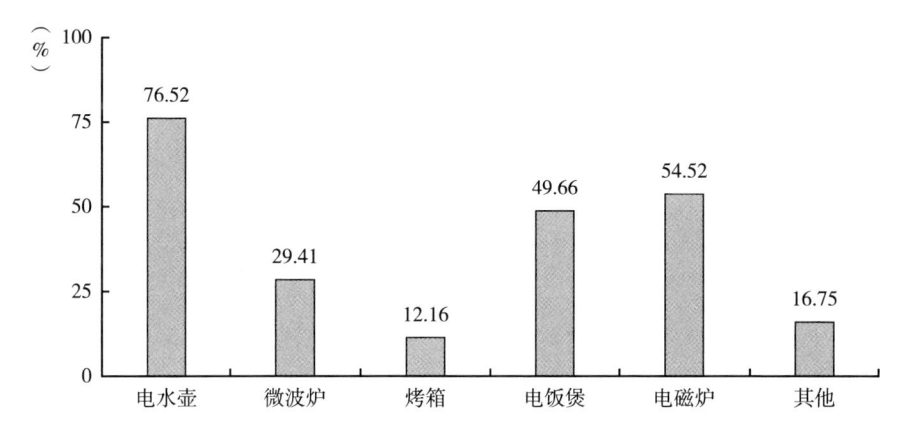

图 12 家庭厨房用电设备占比

强,越来越多的家庭开始追求更加健康、整洁的厨房生活,厨电产品已经受到越来越多家庭的认可。目前我国家庭对厨房电器的品类要求已不再满足于传统厨房电器,更多代表健康、便捷、精致生活方式的厨房电器如集成灶、榨汁机、电烤箱等产品已经出现在我国居民的厨房中。未来,随着科技进步,我国家庭对厨房电器的高端化、智能化需求将进一步提高。

调研的家庭中用电设备占比如图 13 所示。家庭用电设备最多的是电视机、洗衣机和电冰箱,占比分别达到 90.87%、90.69% 和 90.66%。拥有空调的家庭占比为 70.11%。

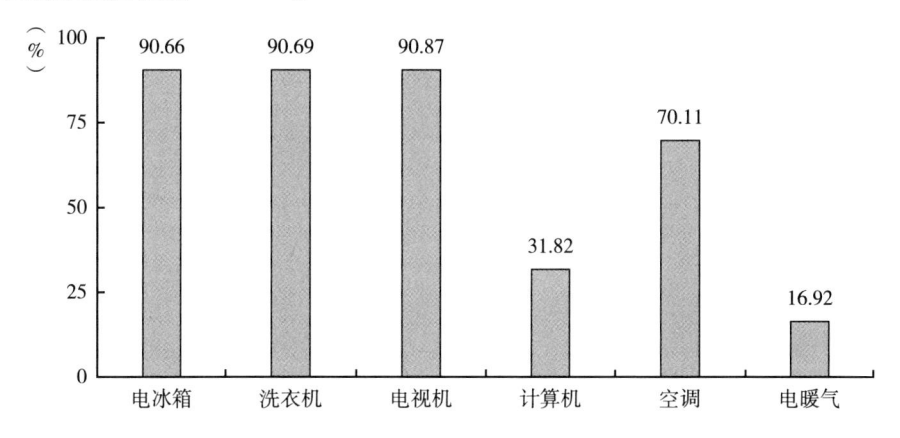

图 13 家庭用电设备占比

随着农村经济条件的改善，农民收入水平的不断增加，家用电器已经走进农村家庭。然而，通过数据分析可见，电冰箱、洗衣机和电视机的拥有量已经超过90%，而农村家庭空调拥有量还有较大的发展空间。随着农村家庭电器数量的不断增加，电力负荷还将持续增长。

调研家庭采暖方式占比如图14所示，农村和城镇存在很大差异。城镇集中供暖比例达到73.46%，而农村分户自供暖比例达到91.62%。农村采用的自供暖方式占比如图15所示，可见通过采暖火炉采暖的占比达到46.08%，是农村最主要的自采暖方式。采用火炕采暖占比为15.99%。因此，农村通过煤炭和薪柴取暖的比例高达62%，通过电采暖（空调和电暖气）比例仅为16.58%。

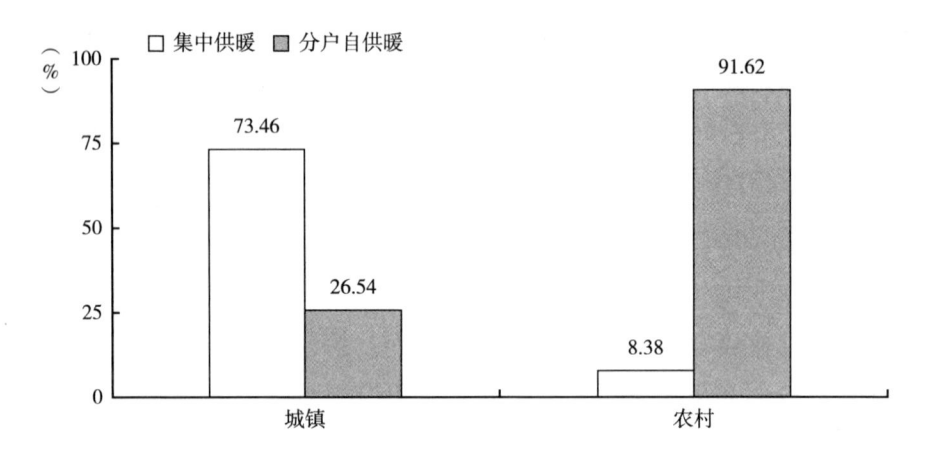

图14　家庭采暖方式占比

通过分析可见，农村冬季取暖仍以燃烧原煤或蜂窝煤为主，辅之以燃烧柴薪，然而这种取暖方式的能源利用率较低，小型的燃煤炉存在燃煤不充分、热耗散较大等一系列问题。总体上，能源利用率在40%~50%，可见在农村采暖能源利用率方面还有很大的提升空间。如果在农村地区采取集中供暖方式将会在很大程度上改善农村地区生活质量。集中供暖比分散式采暖费用支出更少，减少农民在取暖方面支出，进一步提高农民生活水平，集中供暖安全系数更高。

图 15 农村家庭自采暖方式

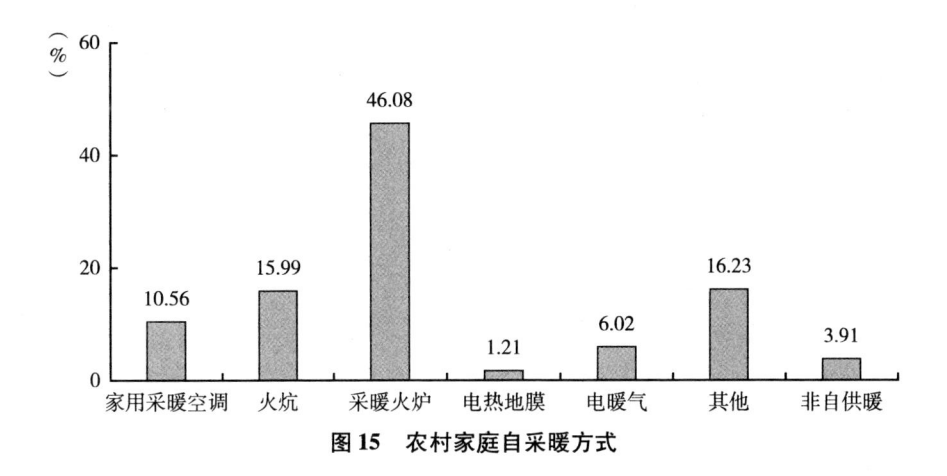

参与调研的家庭中有 40% 的农村家庭安装了热水器。热水器主要能源形式是太阳能和电力，占比如图 16 所示。太阳能热水器和电热水器占比分别为 43.62% 和 31.45%。

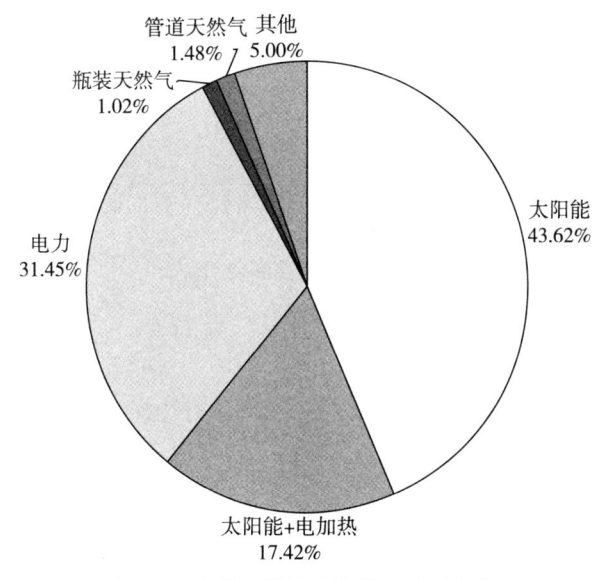

图 16 农村家庭热水器能源形式占比

通过分析可见，农村家庭安装热水器的比例仅为四成，绝大多数农村家庭仍然没有热水器。近年来，农村的发展速度越来越快，农民的生活水平不断提高，很多农村家庭安装了太阳能热水器，农村家庭中太阳能热水器占比也最高。然而，太阳能热水器在使用过程中也存在不少问题。太阳能热水器一般都安装在房顶，管线长度至少10米，每次使用都需要事先排空管线中的冷水，造成大量浪费；冬季寒冷很容易导致管线内水结冰，无法使用，甚至将管线冻裂；冬季最需要热水时通常没有热水，夏季热水充足，用量却较少。因此，现在安装太阳能热水器的家庭也在逐渐减少。

参与调研的家庭中夏季空调使用情况如图17所示，可见平均每天使用时长在7小时以上的家庭占比最高，达到16.58%，其次是小于1小时的家庭，占比达到15.35%。

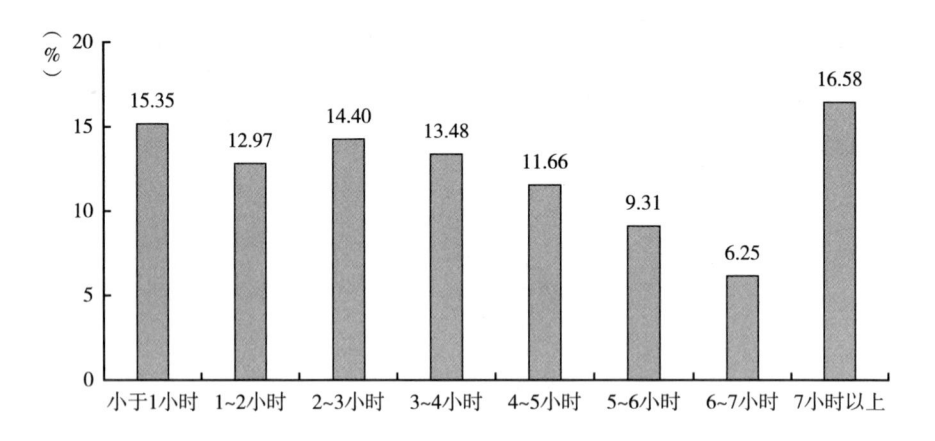

图17 家庭夏季空调使用情况

参与调研的家庭中拥有机动车的占比如图18所示，其中拥有1辆机动车的占比为56.13%，无机动车的家庭占比为31.86%。拥有机动车的家庭中机动车动力类型占比如图19所示，汽油车占比达到71.57%，电动车占比仅为12.85%。汽油车年使用油量在500~1000升的家庭占比最高，为37.12%，使用油量小于500升的家庭占比为29%。

此次调研的家庭中拥有机动车的比例高于全国机动车拥有量平均水平。主要原因是本次调研主要为农村家庭，统计中机动车除包含四轮客车外，还包括农用三轮机动车等。但仍然不可否认的是农村机动车已经很普及，一方

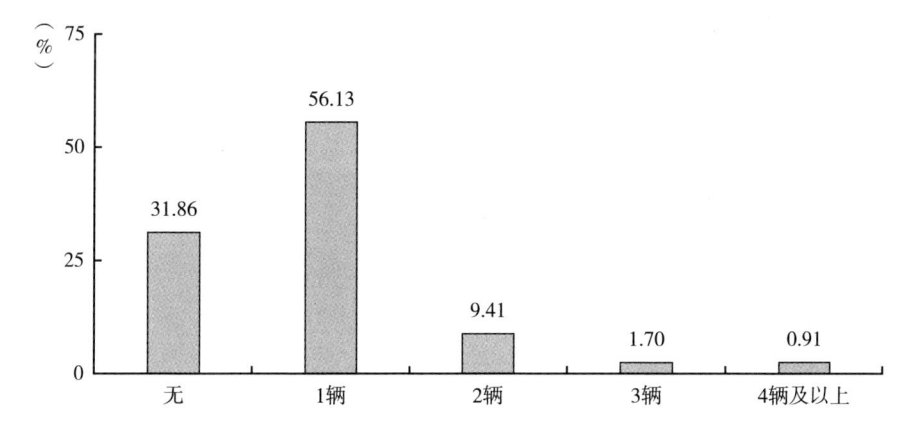

图 18 家庭拥有机动车情况

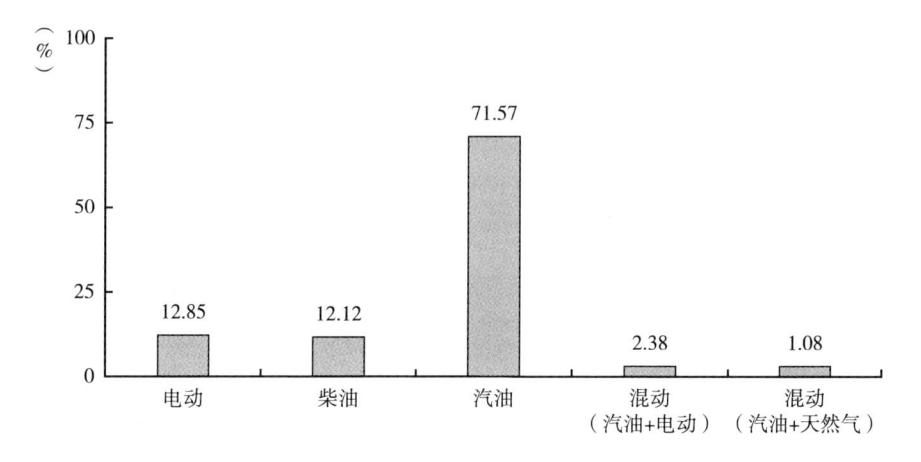

图 19 拥有机动车的家庭半机动车动力类型

面是由于农村家庭收入水平不断提高，机动车价格逐年下降，更多农村家庭具备了购买机动车的经济能力；另一方面是农村对于机动车的需求不断提升。

2018年6月，我国的机动车总保有量是在3亿辆左右，新能源汽车（包括纯电动汽车和插电混合动力汽车）的全国保有量是180万辆左右。随着电动车保有量持续上升，其暴露的问题也越来越多。首先，电池性能衰减过快，很多电动车电池不到使用寿命就已经无法继续使用了，这是锂电池需要攻克的一大难关，同时，更换电池费用过高。因此，要推动电动汽车快速发展，克服电池技术难关，降低电池成本是必要前提。其次，充电桩数量不足，无法满足当前电动车充电方便使用，建议相关部门做好充电桩规划，完善电动车使用的基础设施建设。最后，电池回收也是电动汽车发展面临的现实问题，电动汽车电池回收不当必然会造成更加严重的污染，得不偿失。

参与调研的家庭月平均电费支出情况如图20所示。可见，月平均电费为50~100元的家庭占比为43.42%；其次为100~150元，占比为20.94%。

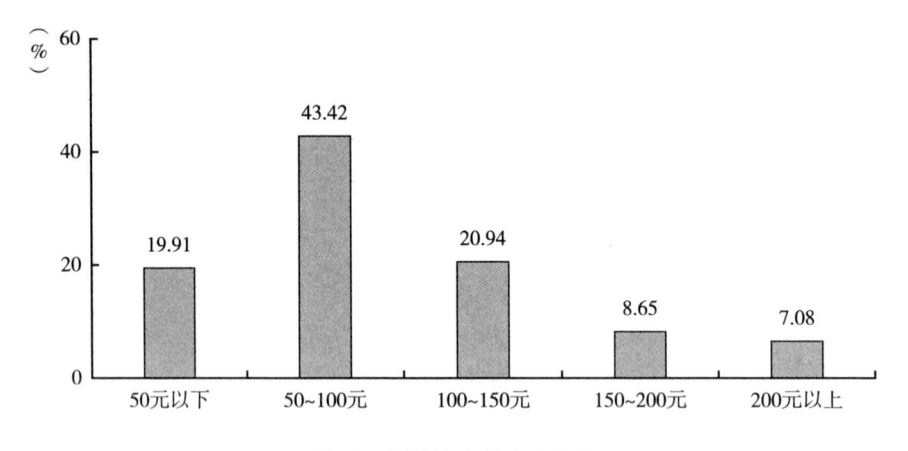

图20 月平均电费支出情况

通过分析可见，农村家庭年平均电费支出为1200元左右，占全年支出的2%~3%。随着我国电气化进程的不断推进，人民生活水平的不断提高，家庭用电量将持续提升，电费支出将越来越高。

参与调研的家庭月平均燃气费支出情况如图21所示。可见，月平均燃气费为50元以下的家庭占比为54.96%；其次为50~100元，占比为29.11%。

分析可见，农村家庭年燃气费支出有一半以上的家庭在600元以下，远低于电费支出。然而，随着河北省清洁取暖政策的不断推进，燃气采暖将越来越普及。按照农村家庭天然气价格为3元/米³计算，用天然气取暖每天

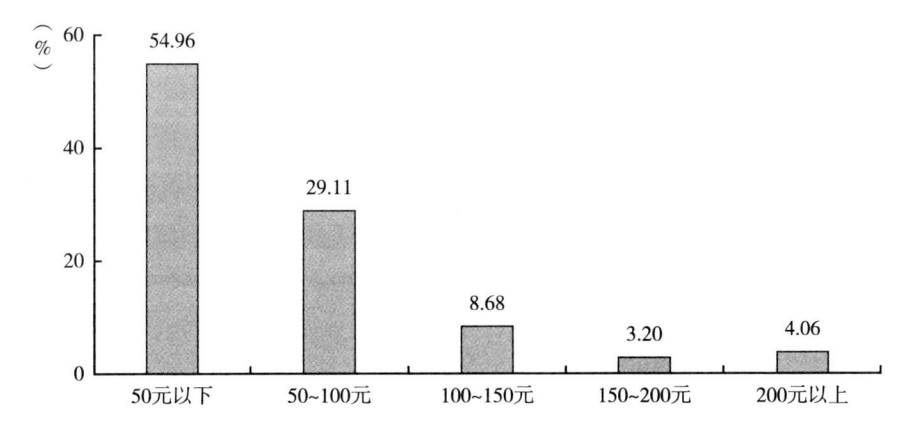

图 21　月平均燃气费支出情况

需要 20 立方米以上，按 4 个月的采暖时间来算，则要花费 7200 元，这对于年收入 5 万元以下的农村家庭来说是一笔不小的开支。

三　对策建议

（一）发展分布式光伏

党的十八大以来，习近平总书记站在全面建成小康社会，实现中华民族伟大复兴中国梦的战略高度，把脱贫攻坚摆到治国理政突出位置。中国绝大多数贫困家庭是农村家庭。光伏扶贫是实施科学扶贫、精准扶贫、精准脱贫的一项重要举措，是推进产业扶贫的一项有效措施，是一项造福贫困地区、贫困群众的民生工程。光伏扶贫是国家实施精准扶贫十大工程之一。光伏扶贫主要是通过被资本市场认可的光伏电站的投资、开发为贫困的农民带来可靠的持续收入，是当前光伏发电的规模化应用方式之一。

国产多晶硅太阳能电池板发电能力大约为 100 瓦/米^2。农村村民宅基地标准为每人 20~30 平方米，我国农村每户人口 4 人及以上家庭占比高于 75%，这些家庭宅基地的标准面积为 80~120 平方米。若每户家庭 1/4 宅基地的面积安装太阳能电池板，则光伏容量将达到 2000 瓦以上。河北省农村户数约1400万户，若4口及以上家庭中1/5的家庭安装太阳能电池板，则河北省农村家庭分布光伏发电容量将达到420万千瓦。发展分布式光伏能够在一定程度上解决部分地区脱贫问题。

近年来，河北省夏季傍晚空调制冷负荷较高。通过配备相应的储能装置，存储夏季白昼期间光伏发电可以在一定程度上减轻傍晚高峰负荷压力。同时，与集中式光伏电站相比，分布式光伏分布范围广泛，受局地天气影响产生的波动不会对电网造成过大影响，因此，分布式光伏对电网冲击小，更容易消纳。

（二）发展智能家居

2018年夏季我国电力缺口庞大，最大值"将超过1000万千瓦"，河北南网、山东、湖北、安徽、江西等省均有不同程度的缺电情况。在国网公司印发的《关于做好2018年迎峰度夏期间电力需求侧管理工作的通知》中，提出以政府为主导，切实做好有序用电和电力需求响应，全力保障迎峰度夏期间居民生活和重要用户用电。电力需求侧响应是指在用电高峰时段或系统安全可靠性存在风险时，电力用户针对价格信号或激励机制做出响应，自觉、自愿地调整其用电设备负荷以满足电力系统可靠性、动态优化平衡及系统性节能减排的市场参与行为。让用户自觉有效避峰，调整用能习惯，减少有序用电的停电损失。

家庭电器平均功率最大的是空调和热水器，分别达到了3100瓦和2000瓦，是家庭主要用电负荷，其次是厨房电器，功率分布在500~1000瓦。[①]

此次参与调研的家庭中拥有空调的比例已经达到70%，按照河北省农村户数1400万户计算，则河北省农村家庭拥有空调980万台，若考虑空调使用同时率为0.4，则空调负荷功率达到1200万千瓦。空调温度每调整1℃会影响空调负荷7%~10%，即84万~120万千瓦。

此次参与调研的家庭中拥有热水器的比例已经达到40%，其中电热水器占比31.45%，太阳能+电热水器占比17.42%。按照河北省农村户数

---

① 资料来源：《2016中国家庭能源消费研究报告》。

1400万户计算，则河北省农村家庭拥有电热水器280万台。若同时率为0.4，则热水器负荷为224万千瓦。

由上述分析可见，河北省农村家庭可调节的空调和热水器负荷已经达到百万千瓦数量级。通过实施分时电价和智能终端设备对需求侧进行有效管理，促使需求侧负荷参与峰谷差调节，能有效降低系统运行峰谷差，在一定程度上降低有序用电的负荷损失，同时，在不影响正常生活的前提下，为用户节能降耗，节约能源消费开支。因此，建议相关部门进行技术经济性分析，制订农村家庭需求侧响应发展计划，开展试点工作。

（三）发展高效清洁供暖

推进北方地区冬季清洁取暖是中央提出的一项重要战略部署，对保障人民群众温暖过冬，改善大气环境具有重要现实意义。2018年6月27日，国务院印发《打赢蓝天保卫战三年行动计划》，提出有效推进北方地区清洁取暖。坚持从实际出发，宜电则电、宜气则气、宜煤则煤、宜热则热，确保北方地区群众安全取暖过冬。2020年采暖季前，在保障能源供应的前提下，京津冀及周边地区、汾渭平原的平原地区基本完成生活和冬季取暖散煤替代。然而，我国北方农村地区散煤自供暖比例仍然很高，清洁供暖压力巨大。

河北省农村分户自供暖比例达到91.62%，其中采用煤炭和薪柴取暖的比例高达63%。可见，农村地区绝大多数家庭冬季采暖仍然使用传统的煤炭和柴薪方式，这也是造成冬季空气污染的一个因素。煤改电、煤改气在一定程度上能够改善农村供暖环境污染问题，然而，带来的问题是供暖成本过高或者气源不足，无法供暖。

中国农村能源行业协会联合北京化工大学、中国炉具网联合开展的调查发现，以采暖季120天计算，河北省元氏县煤改气煤改电前采暖支出为1875元，改后在政府补贴的情况下采暖支出为4206元，在没有补贴的情况下支出为5160元。如果要达到与散煤采暖同样的效果，用天然气取暖的成本大约是燃煤取暖的3倍，用电取暖大约是4倍。

中国煤控研究项目散煤治理课题组发布的《中国散煤综合治理调研报

告2018》显示，调查用户中约一半的居民期望的居住面积在60~120平方米，86%的农村居民期望的取暖成本在2500元以下，超过70%的农村居民期望的取暖成本在2000元以下。

发展高效清洁供暖是解决农村地区冬季采暖问题的一个有效途径。充分挖掘当地热能资源，寻求清洁环保高效的热能利用方式，通过技术手段降低利用成本，对于解决农村冬季采暖造成的环境问题具有重要意义。

（四）开展入户线及室内线改造

随着新农村建设步伐不断加快，"户户通电""家电下乡"等惠民工程的有效实施，农村电气化水平正在逐步提高。电力在给农民带来实惠的同时，用电安全也存在不少隐患，用电事故时有发生。据统计，我国农村用电事故是城市的6倍之多。因此，提升农村家庭用电安全十分必要。

接受本次调查的家庭中入户线为2.5平方毫米的比例接近1/4，室内线为2.5平方毫米以下的比例超过半数。2.5平方毫米铜线最大负载为4400瓦，而当前我国农村家用电器同时使用功率已经超过该数值。同时，室内线担负家庭中重要家电的负荷，当前厨房电器、空调以及热水器同时使用时，负荷已经远超过线路的承载极限，存在较大的安全隐患，接受调研的家庭中有40%的家庭认为室内线需要改造。可见，随着家用电器的普及，将近一半的家庭入户线和室内线已经无法满足当前家电的使用需求，存在较大的安全隐患，需要进行更换。同时，随着"煤改电"的不断推进，大容量采暖负荷的加入使入户线的改造工作更加紧迫。使用年限方面，有1/4以上的家庭入户线使用年限已经超过10年，农村地区入户线往往裸露在自然环境下，受湿度、温度和光照的变化影响比城市地区更大，因此，农村地区入户线老化速度也比城市更快。有必要对农村地区入户线进行排查，梳理问题，解决问题，避免事故发生。

漏电保护主要是用来在设备发生漏电故障时以及对有致命危险的人身触电保护，具有过载和短路保护功能，可用来保护线路或用电设备的过载和短路，是保护生命财产安全的重要一环。然而，本次调研的家庭中仍然有超过

1/10 的家庭未安装漏电保护设备，而在安装漏电保护设备的家庭中有超过一半的家庭使用年限大于 5 年。这造成了严重的用电安全隐患。

综上所述，建议相关部门对农村家庭入户线及室内线进行梳理，排查存在隐患的线路，确定规模和费用，制定相应改造方案，对需要改造的家庭尽快进行线路改造，排除隐患。

加强农村用电安全能够促进社会发展。农村用电安全关系广大人民群众切身利益，在构建和谐社会的进程中具有重要作用。没有农村的安全，社会主义新农村建设的目标就无法实现，没有农村的安全，农民就无法全面享受社会发展成果。因此，相关部门需要站在构建社会主义和谐社会的高度，充分认识加强农村用电安全工作的重要性、紧迫性和长期性，把农村用电安全纳入构建和谐社会的总体规划和社会主义新农村建设的总体布局，放在各项工作的重要位置，全面推进，协调发展。

（五）发展综合能源系统

为了引导综合能源服务产业发展，2016 年，国家发展改革委、国家能源局、工业和信息化部出台《关于推进"互联网＋"智慧能源发展的指导意见》和《关于推进多能互补集成优化示范工程建设的实施意见》。2017 年 10 月，国家电网公司下发了《国家电网公司关于在各省公司开展综合能源服务业务的意见》国家电网营销〔2017〕885 号。从国家到行业各个层面，综合能源的发展已经成为大势所趋，拥有巨大的市场潜力。

综合能源系统是多种能源联合运行系统，不同能源网络间耦合联系强，不同能源形式间互补替代可以大幅提升系统综合利用效率。综合能源系统按照不同能源间互补耦合特性，统筹规划各种能源供给计划和能源间转供计划，实现多种能源系统优化。综合能源系统可以解决可再生能源出力间歇性、波动性和随机性带来的影响。

技术层面，与城市地区相比，农村地区太阳能和风能更容易利用，同时，农村地区建设综合能源系统相关配套设施更加方便，由于供暖等存在的问题，农村地区对于发展综合能源系统的渴求更加迫切。因此，应该针对不同地区新能源分布情况，基础设施建设情况进行综合分析，规划合理的综合能源系统，充分开发利用当地可再生资源，开发相应的综合能源优化调度控制系统，充分发挥不同能源之间的互补耦合作用，充分发挥负荷侧需求响应的调节作用。

政策层面，2015年，国务院发布了《关于进一步深化电力体制改革的若干意见》，鼓励专业化能源服务公司与用户达成合作建设分布式电源。2016年2月国家发展改革委印发了《关于推进互联网智慧能源发展的指导意见》。2016年6月国务院常务会议审议国家能源局《关于实施"互联网+"智慧能源行动的工作情况汇报》。2016年7月，国家能源局和国家发展改革委联合印发了《关于推进多能互补集成优化示范工程建设的实施意见》，强调了商业模式和创新管理体制。2016年7月26日国家能源局发布《关于实施"互联网"智慧能源示范项目的通知》，鼓励企业在工业园区或者城市开发区等，推动绿色能源的自主交易，开展分布式电源直供负荷试点。2017年2月国家能源局发布《微电网管理办法》，通过城镇点网建设改造、智能点网等现有资金专项，加大推进微电网建设的资金支持力度。

河北省大部分地区处于平原，西部少数地区处于山区，东部沿海具有丰富的地理资源，新能源种类多样，具有开发综合能源的外在条件。同时，华北地区冬季环境污染问题严重，农村冬季取暖费用高，综合能源的发展能够降低取暖成本，因此，河北省农村地区具有发展综合能源的内在动力。

建议相关部门制定农村综合能源发展规划，因地制宜发展综合能源服务。在解决当地绿色供能的同时，减轻电网高峰负荷的供电压力，保障农村家庭冬季取暖，降低农村家庭经济负担。此外，以综合能源服务为中心形成一套完整产业链，通过发展综合能源服务，带动产业发展。

参考文献

中华人民共和国国家经济贸易委员会：《农村低压电力技术规程》，《中华人民共和国电力行业标准》，2001 年 10 月 8 日。

水利水电部：《供电营业规则》，1996 年 10 月 8 日。

中国煤控研究项目散煤治理课题组：《中国散煤综合治理调研报告 2018》，2018 年 8 月。

国务院：《打赢蓝天保卫战三年行动计划》，2018 年 7 月 3 日。

人大国发院能源与资源战略中心：《2016 中国家庭能源消费研究报告》，科学出版社，2017。

国家计量局：《交流电能表（电度表）检定规程》，1988 年 6 月 28 日。

附录

Appendix

B.15
2018年河北省能源十大热门事件

孙鹏飞　黄凯　胡珀　高珊　胡梦锦*

一　印发《深度贫困县农网改造升级脱贫攻坚推进方案》

根据河北省委办公厅、省政府办公厅下发的《关于印发〈推进深度贫困地区农村基础设施和基本公共服务提升工程行动计划〉的通知》（冀办字〔2017〕38号），结合全省深度贫困县农村电网现状，省发展改革委牵头制定了《深度贫困县农网改造升级脱贫攻坚推进方案》（以下简称《方案》），

---

* 孙鹏飞，国家电网河北省电力有限公司经济技术研究院工程师，工学硕士，研究方向为能源经济、电网规划；黄凯，国家电网河北省电力有限公司经济技术研究院工程师，工学硕士，研究方向为能源电力供需；胡珀，国家电网河北省电力有限公司经济技术研究院工程师，管理学硕士，研究方向为能源电力规划；高珊，国家电网河北省电力有限公司经济技术研究院工程师，管理学硕士，研究方向为能源经济、电网规划；胡梦锦，国家电网河北省电力有限公司经济技术研究院工程师，工学硕士，研究方向为能源经济与能源供需。

并于2018年1月22日正式印发。

《方案》指出，要积极推进保定阜平等10个深度贫困县农村电网改造升级工程，努力提升深度贫困地区农村电网发展水平，着力改善电力基础设施条件，将满足供电需求、提高供电质量、优化网络结构、满足新能源接入等问题作为电网改造的切入点，补齐深度贫困县电网建设和供电服务短板，确保与扶贫工作需求相适应，为打赢脱贫攻坚战提供电力保障。

《方案》明确，到2020年，深度贫困地区农村电网供电可靠率不低于99.726%，综合电压合格率不低于97%，户均配变容量不低于2000伏安，实施电代煤用户不低于6000伏安。配电网网架结构进一步优化、线路供电半径、导线截面趋于合理，农网智能化水平逐步提高，智能电表覆盖率达到100%，远程集中抄表达到98%，配电自动化覆盖率达到100%。

《方案》提出，2018～2020年，全省10个深度贫困县农网改造累计投资24.8亿元，投资重点用于提升农村电网供电可靠性、缩短停电时间，保障农村居民生活生产用电配套电网工程，全力推动深度贫困县农民从"用上电"向"用好电"转变。

《方案》的印发，从根本上明确了深度贫困地区农网改造升级的目标的重点任务，有力的保障农村电网改造升级工程的顺利推进，为深度贫困地区脱贫攻坚提供的坚强电力保障。

二　8个项目列入国家第三批增量配电业务改革试点

2018年，国家发展改革委、国家能源局印发《关于规范开展第三批增量配电业务改革试点的通知》（发改经体〔2018〕604号），公布了97个第三批增量配电业务改革试点项目，其中河北省8个试点项目在列，分别为沧东经济开发区增量配电业务改革试点、高邑新三台鞋业小镇增量配电业务试点、沙河通用航空产业园增量配电业务试点、故城县营东新区增量配电业务试点、邯郸国际陆港物流园区增量配电业务试点、承德金山岭生态文化旅游经济区增量配电业务试点、河北迁安经济开发区冷轧基地增量配电业务试点、张家口洋河新区增量配电业务试点。

自2016年增量配电业务改革以来，国家发展改革委、国家能源局在全国范围内分三批累计批复了320个试点，基本覆盖地级以上城市，其中河北省累计有14个试点项目获得国家批复（第一批2个，2016年批复；第二批4个，2017年批复，第三批8个，2018年批复）。2018年末，国家发展改革委、国家能源局下发通知，要求各地组织筛选申报第四批增量配电业务改革试点项目，本批试点项目将从地级以上城市扩展至县域，并提出七点试点项目选取原则，明确要求"原则上供电面积在10平方公里以上，规划三年内年供电量达到1亿千瓦时以上，或电网投资规模在1亿元以上"。

三 河北省政府与国家电网公司签署协议《雄安新区电网发展合作框架协议》和《2022年冬奥会电网建设合作框架协议》

2018年4月，省委书记、省人大常委会主任王东峰，省委副书记、省长许勤与国家电网有限公司董事长、党组书记舒印彪，总经理、党组副书记寇伟在石家庄进行会谈，双方就服务河北经济社会发展，加快雄安新区电网和冬奥会配套电网建设等方面达成共识，并签署了《雄安新区电网发展合作框架协议》和《2022年冬奥会电网建设合作框架协议》。

王东峰表示，当前，河北正处于历史性窗口期和战略性机遇期，面临着京津冀协同发展、雄安新区规划建设、冬奥会筹办等重大战略任务，希望与国家电网公司进一步拓展合作领域，切实提升电力保障水平。河北省委、省政府将为国家电网公司在河北的发展营造良好环境，确保重大国家战略和国家大事在河北落地见效。

舒印彪表示，国网公司将主动对接国家战略，聚焦河北重大需求，加快建设各级电网，打造雄安新区国际一流绿色智能电网，服务"零碳奥运"，加快张家口可再生能源示范区建设，推进北方地区清洁取暖，促进新能源高效开发利用,实施新一轮农村电网改造升级和精准扶贫,积极支持服务河北经济社会发展。

根据《雄安新区电网发展合作框架协议》,双方将在"雄安新区电网规划、雄安新区坚强骨干网架及外受电通道建设、国际一流绿色智能城市电网建设、电网智能化、电力公共事业服务平台、河北各级电网协调发展、冬季清洁取暖电代煤"等方面加强合作,推进雄安新区世界一流电网发展。

根据《2022年冬奥会电网建设合作框架协议》,双方将在"清洁能源外送工程、柔直示范工程、主网强化工程、智能配网工程、清洁供暖工程、高铁配套工程"等冬奥会配套电网"六大工程"建设达成合作,构建清洁低碳、安全高效的能源体系,服务低碳奥运。

四 河北省2018年冬季清洁取暖工作方案正式印发

2018年7月,河北省气代煤电代煤工作领导小组办公室正式印发《河北省2018年冬季清洁取暖工作方案》。该方案指出,农村清洁取暖坚持宜气则气、宜电则电、宜光则光、宜油则油、宜煤则煤,力推电代煤、稳推气代煤、积极开展"光伏+"、"光热+"等多种清洁能源互补利用方式试点示范。

2018年,全省农村地区统筹气源电源保障和基础设施支撑能力,安排清洁取暖农户180.2万户,并明确了电代煤和气代煤设备补贴标准,提出了聚能电暖气、石墨烯电暖和醇基燃料分散式取暖等其他采暖方式补贴政策。相比于2017年河北省财政厅、河北省环境保护厅联合印发的《河北省省级大气污染综合治理财政补助资金管理办法》,电代煤和气代煤采暖设备补贴标准保持一致,运行补贴进行了调整,分别下降0.08元/千瓦时和0.2元/立方米。

五 河北省新能源领域规划政策密集出台

2018年1月,河北省发展改革委印发《河北省2018-2020年分散式接入风电发展规划》,规划从全省能源发展总体战略出发,以提升风能资源开发利用效率为主线，以风资源土地电网三大要素为核心，分层次推进分散式接入风电项目的规划布局，推动低风速风电产业发展和技术进步。三年内全省规划开发分散式接入风电430万千瓦。到2025年力争累计风电装机容量达700万千瓦。根据不同的自然条件和电网消纳能力，河北对全省13个地市（含定州、辛集市）的风电发展进行了详细规模布局。其中，冀北电网规划开发259万千瓦，河北南网规划开发442.2万千瓦。各地市中沧州的规模最大，根据土地、电网条件落实情况，规划开发规模138万千瓦，2020年前开发103.8万千瓦，其余34.2万千瓦2025年前开发。初步估算，2018~2020年，全省分散式接入风电总计投资约360亿元。

2018年2月，河北省发展改革委印发《关于2018-2020年风电、光伏发电项目建设指导意见》，意见提出，要以全省规划为依据，以落实电网接入和市场消纳条件为前提，创新发展模式促进技术进步和成本降低，建设健全规模管理机制和政策保障，有序组织风电和光伏发电项目建设。同时公布了2018~2020年风电（集中式）新增建设规模方案和光伏电站新增建设规模方案。其中风电（集中式）新增建设842.72万千瓦，石家庄和邢台最多，分别为210万千瓦和235万千瓦。光伏电站新增建设360万千瓦，石家庄市、承德市、保定市最多，为45万千瓦；其次为唐山、秦皇岛、衡水、邢台、邯郸，均为33万千瓦。

2018年6月，河北省发展改革委印发《全省分布式光伏发电建设指导意见（试行）》。该意见提出，到2020年，全省新增分布式光伏发电规模200万千瓦，累计达到400万千瓦。同时，该意见明确了积极推广"光伏+热源"供暖、因地制宜开展分布式光伏扶贫、积极推进党政机关事业单位绿色用能、推进分布式光伏发电市场化交易四项重点任务，对"光伏+热源"供暖所需光伏发电规模优先支持、应保尽保，对光伏扶贫发电规模重点支持。

2018年9月，河北省发展改革委印发《河北省"十三五"生物质发电规划》（以下简称《规划》），《规划》提到"十三五"期间，全省规划新建农林生物质发电217.43万千瓦，城镇生活垃圾发电111.15万千瓦，推进县域清洁供热示范项目、大力发展农林生物质热电联产、稳步发展城镇生活垃圾焚烧热电联产、加快生物质热电联产技术进步四项重点任务。据初步估算，农林生物质发电项目总计投资约150亿元,城镇生活垃圾发电项目总计投资约85亿元。《规划》结合全省各地市资源条件和电网接入与消纳、交通、水资源等外部条件,对各地市发展农林生物质发电和城镇生活垃圾发电进行了规模布局。

六 《河北省打赢蓝天保卫战三年行动方案的通知》正式印发

2018年8月,河北省人民政府印发《河北省打赢蓝天保卫战三年行动方案的通知》(以下简称《方案》),《方案》以改善环境空气质量为核心,以解决突出环境问题为重点,围绕影响大气环境质量的重点领域和环节,针对性地提出措施。

《方案》提出了到2020年的实施目标、PM2.5平均浓度下降目标和各类城市空气质量排名目标,以及上述目标的年度行动目标。《方案》提出要沿冀中南太行山沿线通道、中东部平原地区通道、北部燕山沿线三个方向着力调整产业结构、能源结构、运输结构和用地结构,着力推进污染减排和应急减排联防联控,集中打好去产能和退城搬迁、散煤整治和清洁替代、机动车(船)污染防治、扬尘面源污染综合治理、工业污染深度治理和重污染天气应对六大攻坚战。其中,在能源结构调整方面明确了五项任务,一是要有效推进清洁取暖,二是要加快燃煤锅炉综合整治,三是要强化散煤市场和劣质散煤管控,四是要严格控制煤炭消费总量,五是要提高能源利用效率。

七 重点电网工程助力河北能源结构调整

(一)张北柔性直流电网试验示范工程开工建设

2018年2月,在北京召开了张北可再生能源柔性直流电网试验示范工程开工动员大会。国家电网有限公司董事长、党组书记舒印彪出席会议并宣布工程开工,省委常委、常务副省长袁桐利出席开工仪式。国家能源局、北京市有关方面领导出席会议。

张北柔性直流工程是世界首个柔性直流电网工程，是世界上电压等级最高、输送容量最大的柔性直流工程。工程新建张北、康保、丰宁和北京4座换流站，总换流容量900万千瓦，总投资125亿元，预计2020年上半年全部建成投运。

（二）张北—雄安1000千伏特高压交流输变电工程获得核准

2018年11月，河北省发展改革委核准批复张北—雄安1000千伏特高压交流输变电工程。该工程将新建张北特高压变电站，扩建雄安特高压变电站，建设线路2×319.9公里，始于张北特高压变电站，止于保定雄安特高压变电站。工程竣工后，将彻底打破张家口可再生能源电力的输出瓶颈，将张家口可再生能源电力输送至雄安新区，保障雄安新区清洁电力供应。

八　河北省政府办公厅印发《河北省用煤投资项目煤炭替代管理办法》

为落实煤炭消费总量控制目标，规范用煤固定资产投资项目煤炭替代管理，2017年8月3日，经省政府第115次常务会议审议通过，8月21日，河北省政府办公厅印发《河北省用煤投资项目煤炭替代管理暂行办法》（〔2017〕-36，以下简称《暂行办法》）。考虑到《中华人民共和国大气污染防治法》《大气污染防治行动计划》均对用煤项目煤炭替代制度做出明确规定，将在较长时期内继续实行，且《暂行办法》经过一年多的实施，运作良好，成效明显，故在《暂行办法》部分条款进行修改的基础上，以《河北省用煤投资项目煤炭替代管理办法》（以下简称《办法》）印发施行。

与《暂行办法》相比，《办法》主要是针对《暂行办法》的执行时效、统计部门提出的不再对单个企业提供和核实煤炭消费数据的问题进行了调整，并完善了部分条款内容，替代系数、替代来源和审查程序、监督管理等主体和关键条款均未作变动。

《办法》共二十八条，分为五章。一、提出用煤项目煤炭替代的适用范围、定义、监督管理部门和行业、地区差别政策。二、煤炭替代来源与替代量计算。明确煤炭替代的途径、测算方法和完成时限、比例。三、煤炭替代方案与审查。规范煤炭替代方案的内容、审查权限、审查时限、审查内容、核查费用和审查意见的有效时限。四、监督管理。确定组织管理、信息沟通、事中事后监管措施和对违规市（县）、项目单位、工作人员的处罚措施等。五、附则。明确了《办法》的实施时间。

《办法》对用煤项目的煤炭替代途径、替代系数、替代量等内容作了明确规定，提出用煤项目煤炭替代量不得抵顶年度削煤目标任务，使用煤项目煤炭替代方案审查更加严格、规范，是严控高耗煤、高耗能项目，从源头上减少排放和污染的有效措施，对完成削减煤炭消费和治理大气污染目标任务、倒逼产业结构调整和转型升级将起到积极的促进作用。

九 河北省张家口市可再生能源示范区建设各项工作取得明显成效

2018年，在国家发展改革委、国家能源局等有关部门的指导支持下，河北省和张家口市以"四梁八柱"27项重点任务及重点工作为抓手，紧盯《河北省张家口市可再生能源示范区发展规划》目标，狠抓工作落实，张家口可再生能源示范区建设各项工作取得明显成效。

一是稳步推进可再生能源开发与应用。据国家发展改革委能源研究所测算，2018年张家口市可再生能源消费量占终端能源消费比例达到23%，居全国领先水平。其中，氢能张家口建设初具规模，已成为全国氢燃料电池公交车运营数量最多的城市；大数据产业蓬勃发展，已成为全国大数据运营服务器数量最多的城市之一；蓝天保卫战纵深推进，成功入围第二批中央财政支持北方地区冬季清洁取暖试点城市。

二是大力推进京津冀可再生能源协同发展。"四方协作"机制服务对象和区域拓展取得重大突破，"张家口市建立'四方协作'机制，探索可再生能源扶贫新路"获国务院办公厅通报表扬；"张家口市创建绿电消纳新机制，助力京津冀绿色发展"被《2018年国务院大督查专刊》第125期作为

好经验、好做法予以刊发。智能化输电工程全面铺开，目前世界电压等级最高、容量最大、线路最长的柔性直流工程顺利推进，张北—雄安特高压工程获得核准，京津冀能源一体化联动体系建设迈上新台阶。

三是加快推进可再生能源技术创新引领。有两大示范项目列入中科院先导A专项，分别是100兆瓦压缩空气储能示范项目、100%可再生能源黄帝城多能互补示范项目。示范区国内外合作日益紧密，成功举办两大论坛，第一届长城·国际可再生能源论坛、第一届中国·张家口氢能与可再生能源论坛，为推进示范区国际合作、开放创新搭建了良好平台。

四是全力打造以可再生能源为核心的产业集群。产业集聚度进一步提高，签约引进了20家装备制造企业，初步形成风电全产业链、光伏产业链、氢能全产业链。

十 河北省去产能力度持续加大

河北将去产能作为实现高质量发展的重要途径，综合发力，2013~2017年，炼钢、水泥、煤炭、玻璃分别累计压减产能6994万吨、7056万吨、4538万吨和7174万重量箱。2018~2020年预计钢铁产能、平板玻璃、煤炭分别压减退出约4000万吨、2300万重量箱、2700万吨。

为了保障河北省去产能工作有序进行，河北省坚持运用严于国家的环保、质量、能耗、水耗、安全、技术等标准，倒逼产能退出。并加大资金支持方面，对提前完成钢铁、煤炭产能压减任务的企业，给予梯度额外奖补，对承担产能压减任务的水泥、平板玻璃企业，可以异地购买产能。

参考文献

河北省发展改革委：《关于印发〈深度贫困县农网改造脱贫攻坚推进方案〉的通知》（冀发改能源〔2018〕28号），2018年1月22日。

国家发展改革委、国家能源局：《关于规范开展第三批增量配电业务改革试点的通知》（发改经体〔2018〕604号），2018年4月18日。

国家发展改革委办公厅国家能源局综合司：《关于请报送第四批增量配电业务改革试点项目的通知》（发改办运行〔2018〕1673号），2018年12月26日。

河北新闻网：《省政府与国家电网公司签署合作框架协议，携手合作提升电力保障水平助力雄安新区规划建设和全省改革发展，王东峰许勤舒印彪寇伟出席签约仪式》，2018年4月23日。

《河北省人民政府国家电网公司雄安新区电网发展合作框架协议》，2018年4月22日。

《河北省人民政府国家电网公司2022年冬奥会电网建设合作框架协议》，2018年4月22日。

河北省气代煤电代煤工作领导小组办公室：《关于印发〈河北省2018年冬季清洁取暖工作方案〉的通知》（冀代煤办〔2018〕29号），2018年7月18日。

河北省气代煤电代煤工作领导小组办公室：《关于调整完善农村地区清洁取暖财政补助政策的通知》（冀代煤办〔2018〕30号），2018年7月18日

河北省财政厅、河北省环境保护厅：《关于印发〈河北省省级大气污染综合治理财政补助资金管理办法〉（冀财建〔2017〕179号），2017年7月11日。

河北省发展改革委：《关于印发〈河北省2018-2020年分散式接入风电发展规划〉的通知》（冀发改能源〔2018〕754号），2018年1月22日。

河北省发展改革委：《关于2018-2020年风电、光伏发电项目建设指导意见》（冀发改能源〔2018〕279号），2018年2月27日。

河北省发展改革委：《关于印发〈全省分布式光伏发电建设指导意见（试行）〉的通知》（冀发改能源〔2018〕817号），2018年6月20日。

河北省发展改革委：《关于印发〈河北省"十三五"生物质发电规划〉的通知》（冀发改能源〔2018〕1185号），2018年9月3日。

河北省人民政府：《关于印发河北省打赢蓝天保卫战三年行动方案的通知》（冀政发〔2018〕18号），2018年8月23日。

河北省人民政府：《张北柔性直流电网试验示范工程开工》，2018年3月1日。

河北省发展改革委：《关于张北—雄安1000千伏特高压交流输变电工程核准的批复》（冀发改能源〔2018〕1600号），2018年11月29日。

权威报告·一手数据·特色资源

皮书数据库
ANNUAL REPORT(YEARBOOK) DATABASE

当代中国经济与社会发展高端智库平台

所获荣誉

- 2016年，入选"'十三五'国家重点电子出版物出版规划骨干工程"
- 2015年，荣获"搜索中国正能量 点赞2015""创新中国科技创新奖"
- 2013年，荣获"中国出版政府奖·网络出版物奖"提名奖
- 连续多年荣获中国数字出版博览会"数字出版·优秀品牌"奖

成为会员

通过网址www.pishu.com.cn访问皮书数据库网站或下载皮书数据库APP，进行手机号码验证或邮箱验证即可成为皮书数据库会员。

会员福利

- 已注册用户购书后可免费获赠100元皮书数据库充值卡。刮开充值卡涂层获取充值密码，登录并进入"会员中心"—"在线充值"—"充值卡充值"，充值成功即可购买和查看数据库内容。
- 会员福利最终解释权归社会科学文献出版社所有。

卡号：274551639267

数据库服务热线：400-008-6695
数据库服务QQ：2475522410
数据库服务邮箱：database@ssap.cn
图书销售热线：010-59367070/7028
图书服务QQ：1265056568
图书服务邮箱：duzhe@ssap.cn

S 基本子库
SUB DATABASE

中国社会发展数据库（下设 12 个子库）

全面整合国内外中国社会发展研究成果，汇聚独家统计数据、深度分析报告，涉及社会、人口、政治、教育、法律等 12 个领域，为了解中国社会发展动态、跟踪社会核心热点、分析社会发展趋势提供一站式资源搜索和数据分析与挖掘服务。

中国经济发展数据库（下设 12 个子库）

基于"皮书系列"中涉及中国经济发展的研究资料构建，内容涵盖宏观经济、农业经济、工业经济、产业经济等 12 个重点经济领域，为实时掌控经济运行态势、把握经济发展规律、洞察经济形势、进行经济决策提供参考和依据。

中国行业发展数据库（下设 17 个子库）

以中国国民经济行业分类为依据，覆盖金融业、旅游、医疗卫生、交通运输、能源矿产等 100 多个行业，跟踪分析国民经济相关行业市场运行状况和政策导向，汇集行业发展前沿资讯，为投资、从业及各种经济决策提供理论基础和实践指导。

中国区域发展数据库（下设 6 个子库）

对中国特定区域内的经济、社会、文化等领域现状与发展情况进行深度分析和预测，研究层级至县及县以下行政区，涉及地区、区域经济体、城市、农村等不同维度。为地方经济社会宏观态势研究、发展经验研究、案例分析提供数据服务。

中国文化传媒数据库（下设 18 个子库）

汇聚文化传媒领域专家观点、热点资讯，梳理国内外中国文化发展相关学术研究成果、一手统计数据，涵盖文化产业、新闻传播、电影娱乐、文学艺术、群众文化等 18 个重点研究领域。为文化传媒研究提供相关数据、研究报告和综合分析服务。

世界经济与国际关系数据库（下设 6 个子库）

立足"皮书系列"世界经济、国际关系相关学术资源，整合世界经济、国际政治、世界文化与科技、全球性问题、国际组织与国际法、区域研究 6 大领域研究成果，为世界经济与国际关系研究提供全方位数据分析，为决策和形势研判提供参考。

法律声明

"皮书系列"(含蓝皮书、绿皮书、黄皮书)之品牌由社会科学文献出版社最早使用并持续至今,现已被中国图书市场所熟知。"皮书系列"的相关商标已在中华人民共和国国家工商行政管理总局商标局注册,如LOGO( )、皮书、Pishu、经济蓝皮书、社会蓝皮书等。"皮书系列"图书的注册商标专用权及封面设计、版式设计的著作权均为社会科学文献出版社所有。未经社会科学文献出版社书面授权许可,任何使用与"皮书系列"图书注册商标、封面设计、版式设计相同或者近似的文字、图形或其组合的行为均系侵权行为。

经作者授权,本书的专有出版权及信息网络传播权等为社会科学文献出版社享有。未经社会科学文献出版社书面授权许可,任何就本书内容的复制、发行或以数字形式进行网络传播的行为均系侵权行为。

社会科学文献出版社将通过法律途径追究上述侵权行为的法律责任,维护自身合法权益。

欢迎社会各界人士对侵犯社会科学文献出版社上述权利的侵权行为进行举报。电话:010-59367121,电子邮箱:fawubu@ssap.cn。

社会科学文献出版社